비즈니스의
# 거짓말

# 비즈니스의 거짓말

프릭 버뮬렌 지음
정윤미 옮김

그들이 당신을 감쪽같이 속이고 있는 8가지

프롬북스
frombooks

어느 과학자가 원숭이 5마리, 우리, 바나나, 사다리, 물 호스 하나를 준비하여 흥미로운 실험을 했다.

그는 우리의 천장에 바나나를 달아두고 원숭이 5마리를 모두 우리 속에 집어넣었다(원숭이에게 먹이려고 달아준 것이다). 바나나 아래에는 사다리를 놓아두었다. 원숭이 한 마리가 사다리로 뛰어올라가 바나나를 잡으려는 찰나, 이 못된(?) 과학자가 얼음같이 차가운 물을 원숭이에게 마구 뿌렸다. 사다리에 올라간 원숭이뿐 아니라 아래에 있던 원숭이들도 모두 얼음물 세례를 받았다.

또 다른 원숭이가 사다리에 올라가자 과학자는 어김없이 찬물을 마구 뿌렸다. 이번에도 사다리 아래에 있던 원숭이들까지 찬물을 뒤집어썼다. 세 번째, 네 번째 시도 역시 찬물 세례로 끝났다(네 번째까지 실험이 계속된 것을 보면 원숭이들이 좀 멍청하다는 생각이 든다). 이쯤 되면 원숭이들은 바나나가 있든 없든 사다리에 절대로 올라가서는 안 된다고 생각하게 된다.

원숭이를 너 괴롭히고 싶었는지 실험을 더 연장하고 싶었는지 모르지만, 아무튼 우리 밖에서 원숭이들을 지켜보던 과학자는 원숭이 한 마리를 꺼내고 다른 원숭이를 집어넣었다. 예상대로 우리에 새로이 들어간 원숭이는 사다리로 다가갔다. 그 원숭이는 '다들 지금까지 바나나를 안 먹고 뭘 했던 거야?' 라고 생각했을지 모른다. 그러자 차가운 물세례를 여러 차례 맞았던 나머지 원숭이들이 그 원숭이를 사다리에서 끌어내려 마구 때리기 시작했다. 이 원숭이는 다행히 얼음물 세례를 받지 않고도 그 사실을 깨닫게 됐을 것이다. 바나나가 있든 없든 사다리에 올라가면 안 된다는 것 말이다.

그러고 나서 또 원숭이 한 마리를 꺼내고 다른 원숭이를 넣었다. 역시나 같은 현상이 일어났다. 새로 들어간 원숭이는 바로 사다리에 뛰어올랐지만 나머지 원숭이들이 그 원숭이를 제지하며 폭력을 행사했다. 흠씬 두들겨맞은 원숭이도 역시 사다리에 올라가면 안 된다는 점을 깨달았다. 흥미롭게도 물세례를 받지 않고 처음으로 몰매를 맞았던 원숭이 역시 다른 원숭이들 못지않게 결사적으로 주먹을 휘둘렀다. 사다리에 올라가면 안 되는 진짜 이유를 모르면서 말이다.

실험을 진행하던 과학자는 세 번에 걸쳐 원숭이를 한 마리씩 교체하고 우리 안을 지켜보았는데 결과는 달라지지 않았다. 결국 원래 있던 원숭이 5마리를 모두 교체해 찬물 세례를 받은 적 없는 원숭이들만 우리 안에 있게 되었다.

이제 또 다른 원숭이를 우리에 들여보냈다. 이 녀석도 사다리에 올라가려다가 다른 원숭이들에게 몰매를 맞았다. "나는 바나나를 먹으려고 사다리에 올라간 것뿐인데 왜 때려?" 그러자 나머지 원숭이들이 당황한 표정으로 어깨를 으쓱하며 말했다. "우리도 몰라. 그냥 여기선 다들 그렇게 하는 거야."

• • •

런던 경영대학원의 동료 교수이자 저명한 학자인 코스타스 마르키데스는 수업 시간에 앞의 이야기를 자주 인용한다. 실제로 우리 두 사람이 지켜본 기업 중에는 이 실험의 원숭이들과 비슷하게 행동하는 기업이 많았다. 비즈니스 세계에도 (원숭이가 우글거리는 곳이라서) 이유를 알 수도 없고 알려고 해서도 안 되는 관행이 많다.

그런데 그런 관행 중에는 누가 봐도 말이 안 되는 것도 있고, 전혀 효과가 없는 것도 있다. 기업이 중대한 전략적 결정을 내렸다고 말하지만 단지 그런 척하는 것처럼 보인 적 있는가? 이사회 임원 중 대다수가 다른 기업의 CEO이자 이사회 임원이거나 기업 경영에 문외한이라는 사실은 아무래도 좀 이상하지 않은가? 투자 은행이 자기네 고객으로 있는 기업의 주식과 관련하여 우리에게 이런저런 조언을 하면서도 '차이니스 월Chinese Wall(구획을 가르는 견고한 벽처럼 내부 거래를 철저히 금지하는 정보 방화벽—옮긴이)'이 있으니 걱정하지 말라고 큰소리치는 것을 믿어도 될까? CEO에게 주는 보수의 80%가 스톡 옵선이라는 사실에 대해 뭔가 좀 의아하다고 생각해 본 적 없는가? 사람들은 CEO가 위험을 자초하지 않기를 바란다고 말한다. 연구 결과에 따르면 스톡 옵션이 위험을 감수하게 만든다고 분명히 나와 있는데 CEO에게 스톡 옵션을 쥐여주는 이유는 무엇일까? 또한 CEO는 왜 하나같이 거만하고 자기가 잘났다고 생각할까?

독자들은 한 번도 이런 의문을 갖지 않았을지도 모른다. 여하튼 나는 잠깐 유행하다가 사라지는 식스 시그마나, 임파워먼트와 같은 경영 기법이 아직도 비즈니스 세계에서 중시되는 이유를 이해할 수 없다. 컨설턴트는 또 어떤가? 그들은 기업에 무슨 문제만 생기면 일단 감원해야 한다고 난리를 친다. 중세 시대의 돌팔이 의사들이 사혈하면 모든 병이 낫는다고 주장한 것과 무엇이 다른가? 기업 인수나 합병은 분명히 손실을 유발한다는 연구 결과가 많은데도 업종을 막론하고 기업 인수 현상이 전염병처럼 번지는 이유는 무엇일까? 이런 이야기를 하자면 밤을 새워도 모자랄 것이다. 그래도 나는 절대 그만두지 않을 생각이다. 어쨌든 내 말의 요지는 비즈니스 세계에는 너무도 당연하게 여기며 아무도 그 이유를 캐묻지 않지만 알고 보면 말이 안 되는 관행이 많다는 사실이다. 이제는 남의 눈치만 보지 말고 그러한 관행과 사고방식을 낱낱이 분석하고 저렇게 해도 말이 되는가를 따져봐야 한다.

따라서 이 책은 비즈니스 세계의 내막, CEO의 실체, 그들이 직면하는 온갖 유혹, 외부의 압력, 바람직하지 못한 세력 확장, 기업 전략의 흥망성쇠를 보여줄 것이다.

단, 오해는 없길 바란다. 이 책은 빠른 전개와 간결한 설명에 초점을 맞추었으며, 모든 내용은 철저한 연구와 입증된 자료에 근거한 것이다. 범죄학자가 죄수들을 연구하고 동물학자가 야생 고릴라 또는 우리 속의 원숭이를 관찰하듯 나도 기업 경영을 연구하는 학자이므로 근거를 매우 중시한다. 또한 경영진의 행동을 분석하여 그들의 세계가 어떻게 움직이는지 파악한다. 그들이 언제 성공하고 언제 실패하는지, 어떤 행동 방식이 성패를 좌우하는지에 촛점을 맞추고자 한다.

따라서 이 책은 경영학 도서라고 볼 수 없다. 그러나 서점에 가면 분명히 경영학 도서로 분류되어 있을 것이다. 물론 이 책은 비즈니스를 주제로 하지만 흔히 볼 수 있는 경영학 도서와는 차원이 다르다. 단지 판매량을 염두에 두고 쓴 책도 아니다. 시중에 나와 있는 책은 비즈니스에서 성공하려면 어떻게 해야 하는지 알려 준다고 말한다. 말쑥한 정장의 비즈니스맨이라면 저자가 생각하기에, 아니 (그들의 표현을 그대로 빌리자면) 저자가 장담하는 성공 법칙에 귀를 기울이라고 다그친다(이런 저자들은 꼭 '경영의 대가' 라고 자처한다). 그 법칙을 적용하여 성공한 사례를 수십 페이지에 걸쳐 소개하는 것도 잊지 않는다. 그러나 나는 독자에게 이래라저래라 하지 않을 것이다. 단지 알쏭달쏭한 비즈니스 세계가 실제로 어떻게 돌아가는지 보여 주기만 할 것이다.

누가 뭐라 해도 성공을 꿈꾼다면(이런 꿈을 품는 일은 부끄러워할 이유가 없다) 먼저 원리를 알아야 한다는 것이 나의 지론이다. 어떤 나라를 지배하려면 먼저 그 나라에 대해 알아봐야 하지 않겠는가? 이 책은 오늘날 비즈니스 세계의 근본적인 특징만 다룰 것이다. 다들 당연시하는 관습이나 사고를 정면으로 거부하고 실제로 기업의 경영 방식과 수익에 영향을 주는 요소가 무엇인지 정확히 조명할 것이다. 지금 화려해 보이는 기업도 내일 어떻게 될지 아무도 장담할 수 없다. 오늘 비즈니스 대가로 칭송받는 사람이 내일은 악덕 CEO로 손가락질받는 일도 비일비재하다. 돈을 버는 방법, 돈을 잃는 과정도 우리가 생각하는 것과 전혀 다르다. 그러므로 나는 이 책을 통해 오늘날 비즈니스 세계의 원리를 기초부터 차근차근 소개하려 한다.

이미 기업을 경영하고 있다면 이 책이 경영 전반에 조금이나마 도움이 되기 바란다. 비즈니스에 관심이 있거나 경영학을 배우는 중이라면 (화들짝 놀라는 순간도 있겠지만) 흥미롭게 읽어주기를 바란다. 몰랐던 사실이나 숨겨진 비화를 알아가는 재미가 꽤 쏠쏠하리라 믿는다.

프릭 버뮬렌

BUSINESS
EXPOSED
비즈니스의 거짓말
CONTETNS

# 01

## 그들과 같지 않으면 이길 수 없다?

# 'No' 라고
# 말하는 사람에게
# 기회가 있다

## 바보 같은 결정

아칸소 주립대학의 연구원인 제시카 놀란Jessica Nolan은 캘리포니아의
특정 지역에 거주하는 사람들이 가정에서 에너지 절약에 힘쓰도록
만들려는 목표를 세웠다. 그녀는 우선 각 집으로 보낼 통지서를 네
가지 유형으로 만들었다. 통지서 내용을 간단히 요약하자면 다음과
같다.

- 환경 보호를 위해 에너지 절약에 앞장섭시다.
- 사회 발전을 위해 에너지 절약에 앞장섭시다.
- 비용 절감을 위해 에너지 절약에 앞장섭시다.
- 이웃 사람들은 이미 실천하고 있으니 우리 모두 에너지 절약에
  앞장섭시다.

통지서를 배부하기 전에 제시카는 직접 해당 지역에 찾아가서 사
람들에게 어떤 메시지가 가장 호소력이 있을 것이라 생각하는지 물

어보았다. 그러자 대부분 주민이 "분명히 네 번째 통지서는 별로 효과가 없을 겁니다(나는 환경과 사회를 중시합니다. 물론 내 돈을 아끼는 문제도 그렇구요. 하지만 다른 사람이 무엇을 하느냐에 따라 내 행동이 좌우되지 않을 겁니다)."라고 응답했다. 과연 솔직한 반응이었을까?

얼마 후 제시카는 이곳으로 다시 와서 집집마다 무작위로 통지서를 남겼다.

그러고 나서 나중에 통지서를 남긴 집을 모두 찾아가 계량기의 수치를 확인했다. 흥미롭게도 네 번째 통지서(이웃 사람들은 이미 실천하고 있으니 우리 모두 에너지 절약에 앞장섭시다)를 받은 집들의 에너지 사용량이 크게 줄었다는 것을 알 수 있었다.

우리의 행동과 결정은 다른 사람들이 무엇을 하느냐에 크게 좌우된다. 물론 우리 자신은 그 점을 깨닫지 못한다(깨닫는다고 하더라도 절대 아니라고 강하게 부인할 것이다). '나는 남들이 하는 대로 무조건 따라하는 사람이 아니야.' 라고 생각하지만, 현실은 이를 부인할 수 없다. 사실 이는 지극히 인간적인 모습이다.

심지어 CEO들도 이러한 인간적인 모습을 보인다(예외도 있겠지만 그리 많지 않은 것 같다). 일례로 CEO들의 전략적 의사결정에 영향을 미치는 요소(혹은 A안과 B안 중 어느 것을 선택할지 고민할 때 영향을 미치는 요소)에 대한 연구 결과를 잠깐 생각해 보자. 흥미롭게도 모방이라는 요소가 가장 큰 영향을 준 것으로 나타났다.

새 공장을 건립할 장소, 특정 시장 진출, 새로운 조직 구조나 경영방식의 수용 여부 등을 결정하는 문제에 대한 흥미로운 연구 결과가

> 닻을 내린 곳에 배가 머물 듯이 처음 입력된 정보가 정신적 닻으로 작용해 다음의 판단에 계속 영향을 미치는 것이 사고의 관성, 즉 타성이다. 사람은 태생적으로 타성에서 벗어나기 힘들게 만들어졌다. 타성에서 벗어나기 위해 의도적으로 노력해야 한다.

있다. CEO 대부분이 단 하나의 질문에 크게 좌우된다고 한다. 그것은 바로 "지금 경쟁사는 무엇을 하고 있는가?"이다. 열이면 열 모두 경쟁사가 선택한 길을 그대로 답습했다.

문제는 경쟁사가 선택한 길이 항상 옳다는 보장이 없다는 것이다. 일례로 (특정 분야의) ISO 9000 품질 규정은 사실 생산성을 저해하는 것으로 보도된 바 있다. 그런데도 1990년대 기업들 대부분 경쟁사를 따라하느라 ISO 9000을 여과 없이 받아들였다.

이것이 전부가 아니다. 어떤 기업이 새로운 변화를 유일하게 수용하면 그 기업은 '어리석고 무모하다'며 손가락질의 대상이 된다. 증권분석가, 주주, 고객 등 많은 사람이 "다들 이렇게 하잖아요. 이 기업도 그렇게 해야 하지 않겠어요?"라든가 "그게 나쁜 거라면 다른 기업이 다 그렇게 하겠어요? 좋으니까 다 따라하는 거겠지요."라고 말한다. 그 말에 귀를 기울였다가는 큰 낭패를 볼 수 있다.

고객들이 외면하고 투자자들이 조롱하고 증권분석가들이 얕잡아 보면, 실제로 그 기업은 단지 아무런 효과도 없는 경영 기법을 따라하지 않았다는 이유로 손실을 입을 수 있다. 결국에는 주변의 눈초리를 이기지 못해 다른 기업을 따라서 제 발로 잘못된 길에 들어설지 모른다. 이런 모방의 악순환을 끊으려면 큰 용기가 필요하다

# 집단적 타성—정해진 틀을 깨면 이길 수 없다

종종 다른 사람들의 행동을 따라하려는 성향에 휘둘린 나머지 비즈니스 세계에서 도저히 이해할 수 없는 상황이 연출되는 것을 볼 수 있다. 한 가지 예를 살펴보자. 당신은 신문이 왜 그렇게 큰 종이에 인쇄되는지 궁금하게 생각해 본 적 있는가? 햇살이 좋지만 바람이 조금 부는 날에는 밖에서 신문을 읽을 때 2~3초 간격으로 얼굴에 들러붙는 신문 종이를 떼어내느라 내용에 집중할 수 없다. 지하철에서 신문을 읽다보면 페이지를 넘길 때마다 팔꿈치로 옆에서 조는 사람의 얼굴을 칠 때가 있다. 적어도 나는 그랬다. 팔꿈치로 남의 얼굴을 쳤다는 것이 아니라 도대체 신문은 왜 이렇게 큰 종이에 인쇄하는지 이해할 수 없다고 생각했다는 뜻이다. 그냥 큰 종이에 인쇄하면 돈이 적게 들어서 그런가 보다 했는데 알고 보니 이유는 엉뚱한 데 있었다.

사실 신문을 작은 종이에 인쇄하는 것이 비용 절감 면에서 훨씬 유리하다. 그렇다면 신문사들은 왜 큰 종이를 쓰는 걸까? 〈타임스〉 〈가디언Guardian〉 〈데일리 텔레그래프Daily Telegraph〉의 발행인은 사람들이 매일 커다란 신문을 넘기느라 고생하는 것을 보면서 희열을 느끼는 사디스트sadist라서 그럴까? 진짜 이유는 다음과 같다. 1712년에 영국의 신문사들은 신문의 페이지 수에 따라 세금을 내야 했다. 그래서 편집자들은 페이지 수를 줄이려고 지금과 같은 크기의 종이를 선택했다. 1855년에 세금이 없어졌고 큰 종이에 신문을 인쇄하려면 엄청난 추가 비용이 드는데도 신문사들은 기존의 방식을 바꾸려 하지 않았다.

〈메트로Metro〉라는 무료 신문이 발행된 후로 〈인디펜던트The Independent〉의 '타블로이드판'이 처음으로 발행되었다. 이 신문의 판매량이 눈 깜짝할 사이에 급등하자 〈타임스〉와 〈가디언〉도 새로운 변화에 합세하여 매출 신장 효과를 만끽했다. 왜 그토록 오랫동안 기존의 신문 크기를 바꾸지 못한 걸까? 정말로 그동안 아무도 (훨씬 저렴한) 작은 종이에 인쇄하려는 생각을 못했을까?

물론 그런 생각을 품은 사람은 많았다. "작은 종이에 신문을 인쇄하면 어떨까요?"라고 제안한 사람들은 꾸준히 있었지만 늘 외면당했다. 신문사들은 한결같이 "어느 신문사에서 그렇게 하느냐"라며 핀잔을 주었고 "독자들이 아마 싫어할 것"이라고 손사래를 쳤다. 그러나 타블로이드판 신문은 독자들에게 대환영을 받았다.

바로 이런 현상을 '집단적 타성collective inertia'이라고 부른다. 그 어느 신문사도 정해진 틀을 깨고 파격적인 행보를 택할 용기를 내지 못했다. 다양한 분야의 수많은 기업을 조사해 본 결과, 모든 분야에 대다수 기업이 추종하는 이상한 고집이나 패턴이 있었다. 그러나 왜 그렇게 하느냐는 질문에 속 시원히 대답하는 기업은 단 하나도 없었다.

그보다 더 안타까운 점은 어느 기업도 과감하게 현실에 도전장을 내밀지 못한다는 것이다. 사실 바로 거기에 새로운 성공의 기회가 숨어 있을지도 모른다. 말도 안 되는 기존의 전통이나 관습(제약회사의 디테일링, 투자 은행의 장시간 근무 관행 등)을 포착하여 그것을 과감하게 깨뜨리는 것만으로도 엄청난 돈을 벌게 될지 모른다.

소비자에게도 옆 사람에게 매일 팔꿈치로 얻어맞는 일을 면하는 것과 같이 반가운 소식이 될 수 있다.

## 디테일링 관행에 빠진 제약업계

집단적인 타성의 예시가 될 만한 사례 한 가지를 소개할까 한다. 물론 아직은 나의 추측일 뿐 이를 뒷받침할 구체적인 증거는 없다. 내가 보기에 제약회사들은 (바나나를 뚫어지게 쳐다보는) 원숭이 무리와 다를 것이 없다.

제약회사들은 과연 어디에 투자를 가장 많이 할까? 연구나 신약 개발이라고 생각하는가? 미안하지만 정답은 아니다.

물론 연구 및 신약 개발을 위해서는 어마어마한 비용이 필요하다. 조사 결과에 의하면 수익의 14%가 연구 개발에 쓰인다고 한다. 그러나 전체 수익의 3분의 1이 마케팅에 사용된다. 평균적으로 제약회사가 마케팅에 쏟는 비용은 연구 개발비의 두세 배가 넘는다(앞으로 제약회사 대표가 연구 개발에 든 비용 때문에 가격을 인상한다고 말하거든 째려봐 줘야 한다).

마케팅 비용에서 가장 큰 비중을 차지하는 것은 바로 '디테일링'이다. 이는 제약업체 직원들이 병원을 직접 찾아다니면서 신제품을 소개하고 무료 샘플을 안겨주며 제품의 효능을 설명하는 관행이다(이때 출장비는 전혀 받지 않으며 무료 샘플을 아주 넉넉하게 챙겨준다). 그들은 이번 신약이 정말 기적과 같으며 광고에 소개된 효과 그대로라며 큰소리친다. 이런 관행이 사라지지 않는 것은 의사도 결국 인간인지라 자기가 아는 약품 몇 가지만 주로 처방하기 때문이다. 의사들이 시중에 나와 있는 수천수만 가지 약품을 모두 아는 것은 아니다. 따라서 제약회사는 의사들에게 자기네 제품을 적극적으로 홍보해야 한다. (필요하다면 강압적으로 해서라도) 의사들의 기억 속에 제품명을 각인시키려는 이유가 바로 여기에 있다.

게다가 지난 10여 년 동안 제약업체들은 제품 홍보에 더욱 박차를 가했다. 일례로 미국에서만 1996년부터 2000년 사이에 각종 신약과 연고 등을 가방 가득히 넣고 다니는 직원들이 4만 1,800명에서 8만 3,000명으로 늘어났다고 한다.

그렇다면 '디테일링'이 정말 효과가 있을까? (효과가 전혀 없진 않겠지만) 그만한 투자 가치가 있는지 몹시 의문스럽다.

한 가지 연구 결과에 의하면 신약을 실제로 처방하게 만들려면 그 의사를 세 번 이상 찾아가거나 평균 26개의 무료 샘플을 제공해야 한다. 나라면 이런 짓은 안 할 것 같다. 그런데도 제약회사들이 '디테일링'에 목숨을 거는 이유는 무엇일까? 그들은 자체적으로 조사한 결과를 토대로 구체적인 증거는 없지만 이 방식이 통한다고 확신하고 있다. 아직 쓸모가 있다는 말이다. 그들은 '디테일링'을 그만두면 수익이 줄어들 가능성이 크며 굳이 그런 위험을 감수할 이유가 없다고 믿는다.

그렇다면 '디테일링'을 계속 밀고 나갈 경우 비용 면에서 손해가 크지 않은가? 지극히 당연한 말씀이다. 다만, 노벨상 수상자인 카너먼Kahneman과 트버스키Tversky 교수의 '전망 이론prospect theory'의 변형에 관한 연구에서 알 수 있듯이, 인간은 자기 혼자 다른 것을 선택했다가 손해를 보는 것보다 다른 사람들과 같은 실수를 저지르면서 다함께 손해 보는 편이 훨씬 낫다고 생각한다(게다가 혼자 손해를 볼 때 감수하는 피해가 훨씬 적어도 개의치 않는다).

만약 어떤 제약회사가 '디테일링'을 그만두었는데, 그것이 잘못된 결정이어서 결국 시장점유율을 잃고 파산 직전에 이른다면 대중은 뭐라고 하겠는가? 틀림없이 "아니, 왜 그렇게 바보 같은 짓을 했어요? 다른 기업은 전부 '디테일링' 하잖아요?"라고 말하지 않겠는가? 현재 수많은 제약회사가 '디테일링' 때문에 막대한 비용을 치르고 있다. 그러나 모든 제약회사가 같은 길을 가고 있으므로 '디테일링'이 정말 무의미한지 단정하기 어렵다. 기존 관행의 잘못을 인정하는 것보다 이미 틀 잡힌 관행을 깨기가 훨씬 어렵다는 것을 알 수 있다.

앞서 살펴본 신문사 이야기에서도 비슷한 점을 찾을 수 있다. 그들은 몇 년 전까지만 해도 크기를 축소하면 독자들이 어떤 반응을 보일지 몰라 타블로이드판 발행을 금기시했다. 다들 대형 신문만 발행하니 엄청난 용기 없이는 감히 나서서 타블로이드판으로 바꿔서 발행하지 못했다.

마음속으로는 동의하지 않으나 침묵으로 암묵적 동의를 하거나 분위기상 어쩔 수 없이 동의를 하게 되는 상황을 애빌린 패러독스라고 한다.

낡은 틀을 깨고 새로운 방향을 제시하려면 누군가 나서야 한다. 외부에서 누가 개입할 수도 있고, 재정 위기에 몰려 벼랑 끝에 선 기업이 나설 수도 있다. 실제로 〈인디펜던스〉는 재정 위기를 극복하기 위해 타블로이드판 신문을 발행했다. 그러나 제약업체는 워낙 장애물이 높고 주머니가 두둑해서 그 누구도 감히 나서지 못한다. '디테일링' 관행은 당분간 사라지지 않을 것 같다.


## 애빌린 패러독스

주변의 눈치를 보는 것은 기업이나 개인이나 마찬가지다. 사회 심리학에서는 사람들이 소수 의견을 입 밖에 내는 것을 두려워하는 현상이 이미 연구된 바 있다. 누구나 이런 두려움을 알게 모르게 경험했을 것이다. 많은 사람이 어떤 해결책이나 행동 방안에 동의하는데 자기만 의구심을 갖는 것처럼 보이면 자신의 의견을 솔직하게 말하기를 두려워한다. 용기를 내서 말을 꺼내도 자신 있게 의견을 피력하는 것이 아니라 주변의 따가운 시선을 미리 예상하여 기어들어가는 목소리로 말을 제대로 끝맺지도 못한다.

　이렇게 겁을 내는 것도 당연하다. 이미 연구 결과에 나와 있듯이 소수의 반대자는 대중의 분노를 사고 따가운 눈초리를 이겨내거나 심지어 무리에서 쫓겨나는 등 '대가'를 치러야 한다. 침 뱉은 커피를 마시게 내버려두는 경우도 다반사다.

상황이 이렇다 보니 사람들은 마음속으로 동의하지 않으면서도 자기만 다르게 생각한다는 느낌이 들면 아무 말도 하지 않는다. 그러면 어떤 상황이 벌어질까? 사람들은 이의를 제기하는 사람만이 반대자라고 생각한다. 아무 말도 하지 않으면 반대 의견이 없는 것으로 간주한다. 그래서 사람들은 입을 다물고 있으면서 반대 의견이 없으니 모두 동의하는 것이 분명하다고 생각하지만 다른 사람들도 말로 표현하지 않을 뿐 주변의 눈치를 보고 있을 가능성이 크다. 사회 심리학에서 이와 같은 현상을 '다원적 무지' 또는 '애빌린 패러독스Abilene paradox'라고 부른다.

애빌린 패러독스를 처음 설명한 사람은 조지 워싱턴 대학의 제리 하비Jerry Harvey 교수다. 그는 어느 7월의 무더운 여름날에 부모님과 아내를 대동하여 텍사스로 가족여행을 떠났다. 일행은 에어컨이 없는 낡은 뷰익Buick 자동차로 애빌린이라는 마을에 도착했다. 다들 여행지를 선정할 때 아무런 이의를 제기하지 않았지만 알고 보니 모두가 그곳을 처음부터 내켜하지 않았다. "아니, 이럴 수가. 누가 시킨 것도 아니고 정상적인 사고를 하는 성인 4명이 170킬로미터가 넘는 길을 달려오는 동안 아무런 불평도 하지 않았다니. 살인적인 더위에 지옥 같은 사막을 지나오느라 모래폭풍도 참아냈고, 이제 애빌린이라는 동네에 와서 구멍가게 같은 식당에서 입에 넣기도 싫은 음식으로 허기를 달래고 있잖아. 그런데 뭐라고? 다들 처음부터 여기 오는 것이

싫었단 말이야?"

애빌린 패러독스는 제리 하비 교수의 가족만이 아니라 비즈니스 세계 전반에 적용된다. 미시간 대학의 제임스 웨스트팔<sub>James Westphal</sub> 교수는 이사회 임원들을 관찰하여 애빌린 패러독스의 증거를 찾아 냈다. 그는 다양한 자료와 설문조사를 통해 미국 내 중소 공기업 228 개의 이사회를 연구했다. 흥미롭게도 외부에서 온 이사들은 회사의 기존 경영 전략이 매우 못마땅했지만 한마디도 하지 않았으며, 자기처럼 다른 속내를 품고 있는 이사들은 별로 없을 것이라 생각했다. 결국 경영 실적이 저조한 회사는 전략을 바꾸려는 시도를 거의 하지 않았고 문제의 근본 원인을 오랫동안 끌어안고 가야 했다.

이것이 바로 애빌린 패러독스다. 어떤 기업이 분명히 잘못된 방향으로 가고 있다고 생각하면서도 실제로 그렇게 말하는 사람은 거의 없다. 다들 아무 말도 안 하는 것으로 보아 그 방향이 옳다고 생각하는 사람이 대다수라고 여기는 것이다. 결국 그 기업이 막다른 골목에 닿을 때까지 시간만 허비할 뿐이다.


## 남과 다르고 싶은 기업의 심리

남들과 다르게 말하거나 행동하는 것을 좋아하지 않는다는 뜻은 아니다. 단지 위험 부담이 따른다는 것을 알려주려는 것뿐이다.

우리 모두를 포함해서 보통 사람들은 옷차림이나 말투, 좋아하는 음악, 심지어 양치하는 방법, 자동차 브랜드, 휴가 장소마저 주변 사람들의 눈치를 보는 것 같다. 그런데 한편으로는 남들과 다른 것을 동경하기도 한다. 이런 심리를 '최적 특이성 이론optimal distinctiveness theory'이라고 부른다. 따지고 보면 CEO도 보통 사람들처럼 이런 심리가 있다.

몇 년 전에 기업 인수를 통해 해외 시장으로 입지를 확장하는 업무를 담당한 어느 중역과 함께 일한 적이 있다(그는 내가 실명을 밝히지 않은 것에 대단히 감사해야 할 것이다). 우리는 함께 인수 전략과 다양한 시장의 특성을 분석했다. 그 결과 스칸디나비아 지역이 꽤 유리하다는 결론에 이르렀다. 그러나 이 사람은 그 지역을 아예 거들떠보지도 않았다. 내가 이유를 계속 캐묻자 "아니, 우리 회사의 경쟁사 중에는 그 지역에 진출한 사례가 하나도 없잖아요. 그러니 우리가 모르는 무슨 문제가 있지 않겠어요?"라고 응수했다.

나는 당황스러웠지만 더 이상 설득하지 않았다. 불과 몇 달 전에 그를 우연히 다시 만나서 근황을 묻자 이런 대답이 돌아왔다. "방금 스칸디나비아 지역의 시장을 돌아보고 오는 길입니다." 나의 제안이 드디어 통했다는 생각에 신이 나서 어찌 된 영문이냐고 물었더니 예상 밖의 반응이 나왔다. "교수님의 말씀 때문에 마음을 바꾼 것은 아니고요, 최근에 우리 회사의 경쟁사가 그곳을 개척했거든요. 가보니 실제로 괜찮더라고요."

절대 내가 꾸며내거나 부풀린 이야기가 아니라는 점을 믿어주기 바란다. 전문가의 제안을 대수롭지 않게 여기고 경쟁사의 꽁무니만 쫓아다니는 그 사람을 어떻게 이해해야 할까? 말을 돌리지 않고 솔직하게 이야기한 것은 일단 높이 평가할 만하다. 하지만 그의 판단은 지탄받아 마땅하다. 이미 설명했듯이 경쟁사를 모방하려는 생각 자체가 기업의 전략적 의사결정에 지대한 영향을 끼친다. 남들을 따라 하려는 경향은 어쩔 수가 없다. 연구 결과에서 거듭 밝혀졌듯이 대기업 인수, 해외 시장 진출 시 매장 위치 선정(ISO 9000이나 식스 시그마라는 통계 척도를 사용하여 모든 품질 수준을 정량적으로 평가하고, 문제 해결 과정과 전문가 양성 등의 효율적인 품질 문화를 조성하며, 품질 혁신과 고객 만족을 달성하기 위해 전사적으로 실행하는 21세기형 기업 경영 전략─옮긴이)과 같은 실적 관리 프로그램 도입, 새로운 시장 개척, 매트릭스 조직 등 기업 전반에 걸쳐 중대한 결정을 내릴 때에는 어김없이 모방 심리가 작용한다. 일상생활에서도 그러하듯이 CEO들도 남들의 행동을 그대로 따라할 때 가장 마음이 편한 모양이다. 물론 남들과 다르게 하고 싶은 마음이 들 때도 있다. 최근 제약업체 800개의 제품 개발 분포도를 분석한 결과 오로지 남들과 다르다는 것을 증명하려고 경쟁사와 완전히 반대 방향으로 움직인 경우가 적잖이 발견되었다.

　영국의 어느 신문사 중역들과 일할 때에도 비슷한 상황을 목격한 적이 있다. 그들은 다른 신문사와 몇몇 경쟁사처럼 신문 크기를 바꾸는 것이 좋을지 의논하고 있었다. 결국에는 바꾸지 않기로 결론을 내렸지만 그중 한 사람은 이렇게 말했다. "다른 신문사가 먼저 바꾸지 않고 우리가 제일 먼저 이 아이디어를 냈더라면 좋았을 텐데. 이미 누군가가 시도한 것을 하려니 모방하는 듯해서 내키지 않아. 독창성이 없어 보이잖아." 나는 개인적으로 이런 태도가 마음에 쏙 든다. 남들과 정반대로 가거나 남들이 다 하기 때문에 안 하겠다는 태도도 따지고 보면 무조건 남을 따라하는 심리와 (겉모습만 반대일 뿐) 다를 것이 없다. 이런 심리가 작용하기 때문에 우리가 사는 세상에 다양성이 넘쳐나고 삶이 더욱 흥미로워지는 것이 아닐까?

기업의 입장에서는 고객의 눈길을 끄는 계기가 될 수 있다. 덕분에 업계 평균 수익을 뛰어넘을지 누가 알겠는가?

남과 다르고 싶은 심리는 이해하지만 실제로 그렇게 행동하기란 쉽지 않다. 결과가 어떻게 나올지 불확실하기 때문이다. 자, 이제 1990년대 신문 인쇄업자의 입장을 떠올려 보자. 기존의 대형 인쇄용지를 사용하는 것은 별로 나쁠 것이 없다. 결과가 어떨지 충분히 예상할 수 있기 때문이다. 하지만 타블로이드판 신문을 발행하면 어떻게 될지 예측할 수 없다. 타블로이드판 신문의 수요가 전무한 상태이므로 분석이나 예측의 기준이 될 자료가 하나도 없기 때문이다. 의사결정을 내릴 때에는 불확실성이 아니라 눈에 보이는 자료와 분석 결과에 초점을 맞추게 된다.

이 때문에 비즈니스 세계나 의사결정에 또 다른 흥미로운 일이 생긴다. 이런 현상은 훨씬 더 광범위하게 일어나며 의사결정에 지대한 영향을 주지만 사람들은 거의 인지하지 못한다. 이를 가리켜 '선택적 편견selection bias'의 은밀한 위험이라고 부른다.

# 생각의 오류가 만든 선택적 편견

제2차 세계대전 중에 미국군 장교들은 비행기의 특정 부분이 충돌가능성에 더 많이 노출되어 있다는 사실을 발견했다. 그들은 회항한 비행기 중에서 총상 흔적이 많은 곳을 분석하고, 적의 공격을 받아도 오래 버틸 수 있도록 이런 부분을 특별히 보강했다. 지극히 정상적인 판단처럼 들리지만 여기에는 선택적 편견이라는 근본적인 오류가 숨겨져 있다.

비행기가 거의 모든 부위에 총격을 당했다고 가정해 보자. 기계적으로 중요한 부분(이 부분을 A라고 하자)이 총격을 받으면 바로 추락하므로 회항할 수 없다. 그런데 비행 자체에 큰 영향을 주지 않는 부분(이 부분은 B라고 한다)에 맞으면 일단 기지로 회항할 수 있다. 이때 군 장교들은 회항한 비행기만 보고 "이런! B에 총격을 당했군. 이 부분을 강화하도록 해!"

얼마나 한심한 판단인가? A 부분과 B 부분은 총격을 당할 확률이 거의 같다. 단지 A 부분이 망가진 비행기는 아예 회항하지 못한 것뿐이다. 설상가상 B 부분은 아무리 강화해도 의미가 없다. 어차피 별로 중요한 부분이 아니기 때문이다. 실제로 신경을 써야 할 부분은 A다.

이렇게 결과의 일부만 보고 잘못된 결론을 도출하는 현상을 '선택적 편견'이라고 부른다. 사실 비즈니스 세계에는 이런 문제가 곳곳에서 발생한다. 일례로 사람들은 혁신에 성공하려면 다양한 경험과 지식을 가진 사람들이 여러 팀으로 나뉘어 지속적으로 협조해야 한다고 말한다. 파격적인 혁신 프로젝트에 성공한 사례를 분석해 보면 그런 식으로 팀이 구성되어 있기 때문에 나온 말인 것 같다.

옥스퍼드 대학의 제커 덴렐Jecker Denrell 교수는 다양성이 너무 두드러지면 혁신에 실패할 가능성이 크다고 지적하면서 많은 사례를 증거로 제시했다. 실제로 성공한 혁신 사례를 보면 다양하게 구성된 팀원들의 공이 큰 것처럼 보인다. 하지만 평균적으로 보면, 눈에 띄는 성공을 이루지 못해도 동질성이 강한 팀이 항상 안정적인 결과를 산출한다.

이와 비슷하게 사람들은 위험을 감수하는 것을 두려워하지 않으며 잭 웰치처럼 치밀한 분석보다는 직감에 따라 판단하는 CEO를 대단하게 여긴다. 하지만 위험을 감수해서 성공하는 경우도 있지만 실패로 끝난 후 사람들의 기억에서 완전히 잊혀지는 경우도 허다하다. 위험을 감수했다는 공통점이 있는데도 대박을 터뜨린 CEO들만이 사람들의 부러움과 존경의 대상이 된다. 그러나 한 발짝 물러서서 전체 그림을 보면 어떨까? CEO의 자질, 혁신 팀의 구성 방식, 전투용 비행기에 대해 전혀 다른 결론이 나오지 않았을까?

## 판단 오류에 빠지게 한 숫자와 전략

비즈니스 세계에서는 숫자와 관련해 이와 비슷한 편견이 있다. 사람은 직접 눈으로 확인하고 계산하여 '객관화' 할 수 있는 것에 지나치게 몰두하는 경향이 있다. 이 편견이 얼마나 무서운 것인지 함께 살펴보자.

신상품이나 새로운 서비스에 대한 아이디어를 내거나 성공 가능성이 커 보이는 프로젝트가 있다고 가정하자. 과연 경영진도 우리와 같은 생각일까? 이때야말로 '페이백 타임payback time(수익이 발생하기까지 걸리는 시간—옮긴이)' '순현가Net Present Value(어떤 사업의 가치를 나타내는 척도 중 하나—옮긴이)'를 따지든가 뭔가 다른 숫자로 된 자료를 제시해야 한다. 그렇지 않고는 절대 투자금을 받을 수 없으나, 여기 약간의 문제가 있다. 장기적으로 성공 가능성이 크고 가장 유망한 프로젝트일수록 수치화하기 어렵다.

인텔이 마이크로프로세서를 발명한 사례를 예로 들어보자. 초반에 엄청난 돈을 쏟아 부으며 마이크로프로세서 개발에 땀을 흘릴 때 제대로 된 비즈니스 계획이 있었을까? 순현가나 페이백 타임을 미리 계산해 두었을까? 절대 아니다. 그들은 심지어 마이크로프로세서를 어디에 활용할 수 있을지도 몰랐다(기껏해야 소형 계산기나 가로등에 사용할 수 있지 않을까 생각했을 뿐이다).

인텔의 경영진이 처음부터 페이백 타임을 계산했더라면 마이크로프로세서가 세상의 빛을 볼 수 있었을까? (조금 과장하자면) 아직도 사람들이 주판을 튕기고 있을지 모른다. 또 인텔은 지금처럼 초대형 기업으로 성장하지 못했을 것이다(이 말은 절대 과장이 아니다).

그런데도 왜 사람들은 비즈니스 전략을 논할 때 수치가 나와야 한다고 생각할까? 진정한 전략이란 불확실성과 모호함이 따르는 장기적인 문제를 다루는 것이다. 따라서 전략과 수치는 서로 어울리는 개념이 아니다. 수치 자료는 장기적인 가치가 없을 뿐더러 자칫하면 판단 오류를 유발할 우려가 있다. 어떤 상황에서는 수치 자료를 산출하는 자체가 불가능하다. 하지만 바로 이것 때문에 사람들이 수치에 집착하는 것은 아닐까? 전략적 투자와 관련하여 의사결정을 내려야 하는데 당장 눈에 보이는 결과는 없고 모든 것이 불확실하다. 그러니 구체적인 자료를 눈앞에 두어야 심리적으로 안정되는 것인지 모른다.

어떤 제안을 선택하든 포기하든 간에 객관적이고 구체적인 자료를 철저히 검토하고 나서 결정을 내리면 괜찮을 거라고 착각한다. (이는 곧 수치만 바꾸면 의사결정권자를 마음대로 휘두를 수 있다는 말이므로) 눈가림 또는 속임수와 다를 바 없다. 수치에 집착하는 CEO는 정말 중요하지만 수치화할 수 없는 요소를 망각하고 눈에 보이는 수치에만 의존하는 오류를 범한다.

그러면 전략을 세울 때 숫자를 전부 없애 버려야 할까? 그럴 필요는 없다. 어떤 것을 수치화하려고 애쓰는 과정에서 새로운 것을 깨닫거나 발견할 가능성이 있기 때문이다. (익명을 요구한) 어느 기업의 CEO는 새로운 제안을 검토할 때 일부러 수치 자료를 산출하는 이유를 이렇게 설명했다. "일단은 온갖 고생을 하더라도 수치 자료를 완성합니다. 그런 다음 이것을 덮어두고 직감이나 경험에 따라 최종 결정을 내립니다."

이처럼 의사결정 시 숫자로 표현된 자료는 아주 작은 부분으로 남겨두기 바란다. 숫자가 대단한 의미를 준다고 착각하면 안 된다. 일단 가능한 모든 변수를 계산해 보되, 최종 결정은 (숫자가 아닌) 자신의 상식과 판단에 따라야 한다.


## 문제의 원인은 다른 곳에 있다

숫자에 연연하는 경영진에 대해 말하다 보니 생각나는 이야기가 있다. 가로등 밑에서 열쇠를 찾는 남자에 대한 이야기다. 어떤 사람이 한밤중까지 술을 마시다가 집으로 가는 길에 가로등 옆에 엎드려서 뭔가 애타게 찾는 사람을 보았다. 무엇을 찾느냐고 묻자 그 남자는 (약간 혀가 꼬인 발음으로) "자전거 열쇠요. 잃어버린 게 분명해요."

집에 가던 남자도 도와주겠다며 길바닥에 같이 엎드려서 열쇠를 찾았다. 10분 정도 찾아보았지만 열쇠는 어디에도 없었다. 그는 술에 취한 자전거 주인에게 이렇게 말했다. "여기에서 잃어버린 게 확실해요? 아무리 찾아도 없잖아요."

그러자 자전거 주인은 길 건너편의 어두컴컴한 장소를 가리키며 "아니요. 저기서 잃어버렸어요. 그런데 거기는 가로등이 없어서 열쇠가 절대 안 보일 거예요."

문제의 원인은 전혀 엉뚱한 곳에 깊이 파묻혀 있는데 단지 사물이 잘 보인다는 이유로 다른 곳을 찾아본들 무슨 소용이 있겠는가. 자,

이 이야기는 우리에게 무엇을 시사하는 걸까?

기업 CEO들도 술에 취한 자전거 주인처럼 행동할 때가 종종 있다. 기업 전체나 특정 사업이 재정적으로 어려워지면 비용을 삭감하고 감원을 실시하거나 투자액을 줄이며 목표수익을 낮추는 등 야단법석을 부린다. 이런 것들은 모두 숫자로 나타낼 수 있다. 하지만 문제의 근본 원인은 그렇게 단순하지 않다. 이를테면 회사의 평판이 땅에 떨어졌다든지, 직원들의 사기가 저하됐거나 서비스 품질이 하락한 탓일지 모른다. 그러니 가로등이 밝게 비치는 곳을 아무리 뒤져본들 제대로 된 해결책은 나오지 않는다. 그런가 하면 (숫자로 나타낼 수 있는) 생산성, 직원 수 등은 기업의 경쟁력에 직접적인 관련성이 없다. 다시 말해서 경쟁사를 비롯하여 누구나 가질 수 있다. 경쟁력을 크게 좌우하는 것은 (수치화 할 수 없기 때문에 평소에 별로 신경을 쓰거나 투자하지 않는 부분인) 직원들의 사기, 평판, 조직 문화 등의 무형적 요소다. 이런 것들은 돈으로 살 수 없으며 제대로 갖추려면 많은 시간과 노력이 필요하다.

그러므로 수치화할 수 있는 자료에 현혹되지 않도록 주의해야 한다. 물론 그런 자료도 있어야 하지만 기업의 경쟁력을 강화하거나 심각한 경영난과 같은 문제를 해결하는 데 아무런 도움이 되지 않는다. 눈으로 보거나 객관적으로 측정할 수 없는 것이야말로 꾸준히 가꾸고 발전시켜야 할 요소다.

## 의사결정

숫자와 분석을 중시하는 태도는 CEO의 역할 또는 그들이 매일 처리하는 업무에 대한 두 가지 견해와 밀접하게 관련된다.

- 의사결정권자(투자 결정, 기업 인수, 새로운 시장 개척 여부 등)
- 기업을 세우고 관리하는 책임자

물론 두 가지 업무는 서로 겹치는 부분이 있지만 근본적으로 큰 차이가 있다.

얼마 전에 나는 런던 경영대학원에서 함께 일하는 동료 교수인 파니시 푸라남Phanish Puranam과 함께 우리 학교에서 진행하는 현직 CEO를 위한 경영 세미나를 이수한 최고경영자 111명에게 간단한 (비공식) 설문 조사를 했다. 전략적 경영과 관련된 35개 주제를 제시한 다음 각 항목을 오늘날 비즈니스 환경에서 CEO가 중시해야 할 항목 순으로 1점부터 7점까지 매겨보라고 했다.

그들의 경험이나 신조에 비추어 볼 때 가장 중요한 것으로 선택된 항목은 다음과 같았다.

- 인재를 발굴하여 기업에 계속 붙잡아 두는 것
- 기업의 새로운 성장 수익원을 결정하는 것
- 기업 전체가 하나의 공통 목표를 추구하도록 이끌어가는 것

나머지 자료를 모두 분석해 보니 '인재를 발굴하여 기업에 계속 붙잡아 두는 것'이란 항목은 효율적인 최고경영진을 구성하는 것과 CEO의 후계자를 선정하는 문제를 포함하는 것 같았다. 대다수 CEO는 기업을 이끌어갈 인재를 선발하여 교육하는 것을 가장 큰 책임으로 여기고 있음이 여실히 드러났다.

두 번째로 '기업의 새로운 성장 수익원을 결정하는 것'이 선택된 것을 보니 어느 유명한 글로벌 컨설팅 기업이 자주 사용하던 설문 조사가 생각났다. 그 기업은 매년 "밤잠을 설치게 하는 고민거리는 무엇입니까?"라는 질문을 내놓았다. 원래 경영 관련 전문 기업이라는 이미지를 구축하고 언론사의 관심을 끌어 손쉽게 기사화시키려고 시도한 것이었다. 그러나 이 조사는 별다른 성과를 내지 못했다. 매년 같은 응답이 반복되자 (사람들의 흥미를 자극하지도 못하고 언론사의 관심도 끌지 못해) 결국 중단하고 말았다.

그때 나온 응답이 바로 '기업의 새로운 성장 수익원을 결정하는 것'이었다. 우리 연구는 당시 설문 조사가 절대 헛되지 않았음을 증명해 주었다.

마지막으로 '기업 전체가 하나의 공통 목표를 추구하도록 이끌어 가는 것'은 (경영대학원 교수를 포함하여) 기업 최고경영진이 아닌 사람들을 피식 웃음 짓게 만들지 모른다. 이것은 다른 말로 모두가 함께 꿈꾸어야 할 비전이나 미션을 제시한다는 뜻이다. 이러한 비전은 ('업계 최고가 되자'와 같이) 매우 진부하면서도 쉽게 성취할 수 없는 목표를 논하는 경우가 많다. 아마 그런 표현은 진부한 사고를 하는 컨설턴트가 생각해 낼 수 있을 것이다. 또 미리 약속이라도 한 듯 본사의 정문에 걸어놓은 문구와 거의 비슷한 경우가 대다수다. 그런데다 최상위 경영 관리자들은 이 목표를 매우 진지하게 받아들인다. 구내식당에도 슬로건처럼 이것을 걸어둔 것을 보면 이 문제를 얼마나 심각하게 생각하는지 짐작할 수 있다.

하지만 세 가지 항목 모두 일종의 결정 사항은 아니었다. 설문 조사 결과를 끝까지 분석해 본 결과 최고경영진은 규모나 파급 효과가 큰 결정에 조바심을 내지 않는다는 점이 밝혀졌다. 그보다 효율적인 팀 구성, 유기적 성장, 기업 전체가 공유할 수 있는 비전 등 '확약' 하기 어려운 것에 안절부절못하는 모습을 보였다.

실제로 "우리의 목표는 내년에 30%의 유기적 성장을 달성하는 것입니다."라고 말할 수 있는 CEO는 아무도 없다. 대신 직원들과 주주들이 자율적인 성장을 이루도록 동기부여하며, 혁신을 이루는 기업으로 육성해야 할 것이다. 어떤 기업을 인수하고 해외 시장을 개척하거나 새로운 사업 분야에 뛰어드는 것은 CEO가 직접 결정할 수 있는 일이지만, 함부로 말하기 어려운 부분도 있기 마련이다. 유능한 인재를 채용해서 완전히 내 사람으로 만든다거나 직원 모두가 한마음 한뜻으로 하나의 목표를 향해 정진하는 것은 CEO가 좌우할 수 없다. CEO로서는 자신이 직접 통제할 수 있는 것, 다시 말해 시간이 오래 걸려도 계획과 노력을 통해 이루는 것이 훨씬 편하다. 그들에게는 말처럼 쉬운 일이기 때문이다.

# 경영진의 분석은 과연 정확한가

경영진의 시각은 왜곡된 부분이 많다는 사실이 밝혀졌다

지금까지 살펴보았듯이 많은 기업이 의사결정 과정에서 눈에 보이는 것이나 객관화할 수 있는 자료를 중시하는 편견에 사로잡혀 있다. 수치 자료가 눈앞에 있으면 자신이 객관적이며 모든 일을 체계적으로 진행하고 있다는 착각에 빠져 안도감을 갖는다. 그런데 경영진이 분석한 내용은 얼마나 정확할까? 각종 수치 자료를 자주 인용하지만 실제로 얼마나 깊이 이해하고 있을까? 몇 가지 사례를 함께 살펴보기로 하자.

1970년대에 비즈니스 환경의 '변동성'에 대한 경영진의 인식을 주제로 여러 건의 연구가 진행되었는데 결론은 모두 동일했다. 같은 기업에서 일하는 경영진들도 각기 비즈니스 변동성에 대해 전혀 다른 생각을 하고 있는 것으로 밝혀졌으며 각 경영진의 견해 사이에는 상관관계가 전혀 없었다. 그뿐 아니라 변동성에 대한 구체적인 자료와 각 경영진이 체감하는 변동성 사이에도 아무런 관련성이 나타나지 않았다(굳이 이야기하자면 전혀 반대의 상관관계가 나타났다. 비교적 안정적인 환경에서 일하는 경영진은 자기 회사가 불안정하다고 말했고, 반대로 불안정한 기업의 경영진은 낙관적인 태도를 보였다). 다른 요소를 보아도 상관관계가 전혀 없다는 결론은 달라지지 않았다.

이로써 자기 기업을 바라보는 경영진의 시각은 왜곡된 부분이 많다는 사실이 밝혀졌다.

당시 뉴욕 대학에서 경영학을 강의하던 존 메지아스John Mezias와 빌 스타벅Bill Starbuck 교수는 도무지 이 사실을 받아들일 수 없어 직접 다시 연구해 보기로 했다(그들의 연구 결과는 몇 년 전에 공식적으로 발표 되었다). 두 사람은 '비즈니스 변동성'이라는 개념 자체가 너무 모호하 고 추상적'이라고 생각하여 더 단순한 개념에서 시작하기로 했다. 우선 다양한 분야의 기업 경영진을 찾아가 작년 매출을 물어본 다음 실제 매출 보고서와 비교해 보았다. 흥미롭게도 경영진의 대답은 평 균 475.7%의 오류를 기록했다. "자기 회사 매출인데 이렇게 모를 수 가 있을까?"라는 말이 절로 나온다.

"어쩌면 그들이 정말 중요하게 여기는 것을 찾아낼지 모른다."는 기대를 품고 이번에는 우량 기업 한 곳을 찾아가 CEO가 가장 중시 하는 것이 무엇인지 질문했다. 그러자 그 CEO는 기업 전체를 걸고 제일 중요한 문제는 바로 '품질 향상'이라고 단언했다.

이 말은 굉장히 중요한 의미가 있다. 실제로 많은 관리자가 품질 향상을 주제로 하는 교육 프로그램에 등록하며 사업 분야마다 품질 관리만 전담하는 팀을 운영하고 다양한 품질 조견표를 만들기도 한 다. 게다가 모든 관리자가 매 분기에 품질 향상 보고서를 받는데, 그 중 74%는 자기 부서가 품질을 향상시키면 개인적으로 큰 보상을 받 으리라 기대한다고 밝혔다. 그러니 '품질'을 중시하는 것도 놀랄 일 이 아니다.

품질은 전문 교육 프로그램에 따라 '시그마' 기준으로 측정한다 (시그마란 생산 결과에서 발생하는 오류 비율을 말한다). 각 부서 관리자들에게 자기 부서의 시그마를 물어봤더니 전혀 엉뚱한 수치를 말하는 것이었다. 오답률은 무려 715.1%를 기록했다. 한 마디로 이 사람들은 품질을 전혀 파악하지 못하고 있었다.

당당하게 모른다고 대답한 관리자도 매우 많았다. 무려 10명 중 7명이 대충 짐작해 보지도 않고 "모르겠다."라고 말했다. 전혀 아는 바가 없으니까 틀린 대답을 했다가 망신을 당하느니 차라리 모르쇠로 일관하는 것 같다.

이번에는 모르쇠로 일관한 관리자들을 제외하고 '시그마'라는 모호한 개념을 떼어버린 후 "불량품은 몇 퍼센트나 될까요?"라고 단순하게 질문을 바꿔보았다. 그러자 훨씬 정확한 수치가 나왔다. 질문을 받은 관리자 10명 중 7명은 정답에 50% 가까이 근접한 수치를 말했다.

물론 이 사람들의 실력이 모두 형편없는 것은 아니다. 대부분 명문대를 졸업한 인재로 근면 성실한 직원들이다. 단지 자기 회사의 업무에 대한 수치 자료를 전혀 몰랐던 것뿐이었다. 어느 기업이나 마찬가지다. 온갖 자료를 수치로 환산하느라 엄청난 시간과 노력, 그리고 비용을 투자하지만 실제로 의사결정을 할 때는 이런 자료를 모두 제외하고 경험이나 질적 평가 자료 및 직감에 의존한다. 그래야만 훨씬 좋은 결정을 내릴 수 있기 때문이다. 수치화된 지식에 의존하면 제 발을 찍는 것으로 끝나지 않고 얼굴, 머리, 허리 등 온몸을 크게 다칠지 모른다.

# 6단계로 세우는 기업 전략

숫자나 분석 자료는 체계적인 의사결정을 내리는 것처럼 보이게 만드는 한 수단에 불과하다. 그러나 여러 해를 두고 기업의 전략 실행을 지켜본 결과, 조직화가 제대로 이루어진 기업일수록 확실히 다른 면이 있었다. 이를 정리하면 다음과 같이 6가지 연속 단계가 성립한다.

**1단계** 10월 15일에(사실 날짜는 크게 중요하지 않다) 기업 내 특정 부문의 경영진과 관리자에게 12월 1일까지 경영 전략을 알려달라고 지시한다. 기업 전체의 전략과 어떻게 조화를 이루는지 자세히 설명해야 한다는 점도 알려준다.

**2단계** 경영진은 '우리 기업의 전략이 뭐였지?' 라는 생각에 먼저 작년 자료를 찾아본다.

**3단계** 기업이 제시하는 가이드라인을 참조하여 필요한 자료를 준비한다. 일주일쯤 지나고 나서 몇몇 직원과 컨설턴트, 인턴에게 시장 조사를 한 후 향후 방향을 예측한 자료와 (경쟁사의 활동에 비춰볼 때) 무엇을 벤치마킹해야 하는지 정리하도록 지시한다. 참조용으로 작년 자료를 제공한다. 또한 모든 팀장에게 이메일을 보내 ('올해도 그 시기' 가 되었으므로 12월 1일까지 보고할 수 있도록) 관련 자료를 미리 제출하라고 촉구한다.

**4단계** 2주 후에 '일이 어떻게 진척되고 있는지' 확인한다. 각 팀장이 아직 자료를 다 제출하지 않았으므로 ('긴급') 이메일을 보내 자료를 독촉한다. 그러면 자료가 들어오기 시작하여 11월 중순쯤이면 상당히 많은 자료가 모인다. 그로부터 2주 동안(작년 보고서를 뒤적여가며) 올해 어떤 실적을 세웠으며(나중에 보면 작년 보고서와 같거나 비슷한 표현이 굉장히 많다) 내년에 추구할 목표가 무엇이고 궁극적으로 전반적인 기업 전략에 어떻게 부합하는지(또는 어떤 연관성이 있는지) 장황하게 설명한다. 12월 1일에 메일함을 열면 (마감일에 딱 맞춰서) 11월 30일 자정 무렵에 보낸 보고서를 볼 수 있다. 다들 (고급 와인을 마시며 즐겁게 시간을 보내고) 잠자리에 들 시간인데 그때까지 일하게 했다고 생각하면 조금 미안한 마음도 든다.

**5단계** 다음 날 각 사업 부문의 전략 보고서를 대충 훑어보고 책상 위에 던져둔다. 1월 첫째 주쯤에 다시 검토해 보고, 지난해 전략 보고서를 찾아내서 비교할 것이다. 그러면 기업의 전반적인 활동 내역을 파악할 수 있다. 그런 다음 우르르 몰려다니는 컨설턴트가 없을 때 전략 담당 부서의 도움을 받아 우리 기업이 이토록 다양한 업무를 추진하는 이유를 나름대로 그럴듯하게 포장해 줄 논리를 만들 것이다(여기까지 끝나면 다들 자축 파티를 할 정도로 흡족해 한다).

**6단계** 2월 1일자로 모든 이사회 임원과 각 사업 부문 관리자에게 해당 자료를 송부한다. 새로 지은 본사 건물 앞에서 최고경영팀이 환하게 웃는 사진으로 첫 표지를 화려하게 장식해 둔다. 처음에는 사진을 게재하지 말자고 했지만 홍보 부서에서는 그래야 더 인간적인 느낌이 난다며 물러서지 않는다. 다들 첫 장을 열어서 자기 이름이 빠지지 않았는지 확인하고, 보고서 작성에 협조해서 고맙다는 인사말을 읽은 다음 몇 장만 대충 살펴보고 서랍 속에 넣어둔다. 10월 15일쯤 "올해도 그 시기"가 되었다는 이메일이 올 때까지는 보고서의 존재를 까맣게 잊어버릴 것이다.

## 전략적 행동과 인수 합병의 보드 게임

앞의 이야기는 약간 과장된 면도 없지 않았지만, 요점을 분명하게 해두려는 의도였지 다른 뜻은 없었다. 기업 전략을 수립하는 것을 매우 이성적, 체계적, 객관적인 업무 처리 절차로 포장하는 사람들에 비하면 이 정도는 아무것도 아니다. 사실 많은 사람이 비즈니스 전략을 여기저기 이야기하고 다니는 것을 보면 나는 가슴이 철렁 내려앉는다. 경영 인수 전략을 세울 때 가장 중요한 원칙으로 삼는다고 말하는 몇 가지 요소를 살펴보면 내 심정을 이해할 수 있을 것이다.

어떤 거래를 앞두고 결정을 내려야 할 때, 경영자는 직접 나가서 투자자와 분석가 등 외부 인사들에게 이번 거래의 정당성과 이유를 이해시켜야 한다. 하지만 대개 전략상의 이유는 경영진이 거래를

'최종 승인' 한 후에 비로소 만들어진다. 그래서 처음부터 많이 생각하고 고심한 전략에 따라 거래 여부를 결정했다는 느낌이 들기는커녕 설득력이 부족하고 인수 건을 정당화하는 말만 복잡하게 늘어놓는다.

일례로 상호보완성을 기준으로 어떤 거래의 정당성을 설명하는 경우가 있다. "목표 기업의 지리적 분포가 우리 기업과 완벽하게 맞아떨어지므로 이번 기업 인수 건은 더할 나위 없이 훌륭한 선택입니다."라든가 "목표 기업의 제품 포트폴리오가 우리 기업의 포트폴리오를 보완해 주는 효과가 큽니다."라는 식이다. 그런가 하면 전혀 다른 방식으로 주장하기도 한다. 이를테면 "목표 기업은 우리와 같은 시장에서 활발하게 움직이고 있으므로 우리와 좋은 파트너가 될 것입니다."라는 식이다.

하지만 서로 '보완' 해 주는 것이 어떻게 전략이 된단 말인가? 두 회사의 힘을 합치는 것이 나쁜 일은 아니지만 그렇게 할 때 새로운 가치를 창출할 수 있는 이유를 분명히 제시해야 한다. 그 이유가 없으면 전략은 속 빈 강정처럼 아무런 의미가 없다. 마찬가지로 두 회사가 활동 영역이나 경쟁 관계에 공통분모가 많다고 해서 훌륭한 전략이 될 수는 없다. 그 회사와 손을 잡으면 그전에는 불가능했던 새로운 시도를 할 수 있다는 점을 분명히 지적해야 한다.

그러나 내가 전적으로 공감하는 이유가 하나 있다. 바로 '매트릭스'다. 가로축에는 (목표 기업의 활동 무대인) 국가를 모두 나열하고 세로축에는 (목표 기업과 관련 있는) 사업 분야를 나열한다. 그 다음에 두 축이 만나는 교차점을 찾으면 기업 인수 후에 몇 개의 국가에서 어떤 사업을 추진할지 한눈에 파악할 수 있다. 그러면 매트릭스에 표시된 국가로 가능한 한 많이 진출하여 해당 사업 분야를 개발한다는 전략을 세울 수 있다.

"이번 기업 인수 건은 비용 부담이 큽니다. 그러나 6개의 새로운 사업 부문에 당장 진출할 수 있습니다." 이쯤 되면 프리미엄을 80%는 지급해야 할 것 같다. 그래도 6개 부문이면 얼마나 대단한 성과인가? 너무 일이 술술 풀려서 불안한 느낌이 들지 않는가?

보기에는 매우 간단한 전략처럼 보이지만 사실 그리 간단한 문제가 아니다!

세계 지도 위에 말을 놓는 리스크 게임처럼 전략도 간단히 생각할 문제가 아니다. 여러 국가에서 다양한 부문으로 사업을 확장하면 경쟁력이 생기긴 하겠지만 먼저 왜 (다른 나라는 안 되고) 이 나라들만 되는지, 왜 (다른 사업 부문은 안 되고) 이 사업 부문을 개발해야 하는지, 이 모든 계획을 한꺼번에 추진할 때 어떤 이점이 있는지 제대로 점검하지 않으면 위험하다. 이것은 재미삼아 하는 보드 게임이 아니라 많은 인력과 자금을 투입해야 하는 실제 상황이기 때문이다.

## 전략 회의를 위한 구조화 콘테스트

전략은 체계적인 절차에 의해서가 아니라 여러 가지 옵션을 구상하여 분석한 다음 한 가지를 선택하여 수립되는 것이다. 그렇다면 전략 결정 회의는 어떻게 진행될까?

내가 처음으로 참석했던 회의는 대형 신문사의 전략 회의었다. 그 때 나는 병풍처럼 가만히 앉아서 회의를 지켜보기만 했다. 내 머릿속은 호기심과 혼란스러움, 경탄으로 뒤죽박죽 되어 버렸다. 한 마디로 크리켓 게임을 처음 관람하는 화성인이 된 기분이었다. 하지만 회의가 시작되자마자 다들 미리 삼삼오오 모여서 의견을 맞춰보고 발표할 내용을 정해 두었다는 것을 느낄 수 있었다. 상장 기업으로 하루빨리 성장해야 한다고 주장하는 사람, 다른 사업 부문으로 영역을 확장해야 한다는 사람, '환경 친화 기업'이 되기 위해 노력해야 한다는 사람, 아예 무관심한 태도로 일관하는 사람 등 각양각색이었다.

보이지 않는 기 싸움도 있었다. 어쨌든 다들 자기 의견이 회사의 미래를 위한 것이라고 확신하는 것 같았다. 새로운 아이디어를 도출하는 것보다는 서로 기업의 현주소와 전망 및 필요한 변화에 대한 자기 의견을 상대방에게 강요하거나 주입하는 데만 혈안이 되었다.

그로부터 여러 해가 지난 후, 한때 맥킨지 컨설턴트로 일했으며 지금은 펜실베이니아 경영대학원 교수가 된 사라 카플란Sarah Kaplan의 박사 학위 논문을 읽게 되었다. 그녀는 이러한 전략 회의를 '구조화 콘테스트'라고 묘사했다. 이른바 '회의 참석자들이 모두 일련의 상호 작용을 통해 개인적으로 갖추고 있던 인지 사고의 틀을 버리고 훨씬 영향력이 강한 집단화된 사고의 틀에 자신을 끼워 맞추는 과정을 가리킨 것이다.

나도 처음에는 뜻이 와 닿지 않아서 이 문장을 몇 번이나 읽고 또 읽었다. 그러자 차츰 그녀의 표현이 아주 정확하다는 느낌이 들었다.

전략 회의에 참석한 사람들은 저마다 미래에 대한 자신의 의견을 상대방에게 설득하려고 한다. 이대로 가면 기업의 장래가 어떠할지, 자신의 주장대로 하면 기업이 얼마나 달라질 것인지 열변을 토한다. 심지어 (자기 생각을 먼저 정해놓고 그에 맞는 자료를 구한 것이면서) '연구 결과' 라는 말을 빙자하여 각종 수치를 들먹이기도 한다. 목소리가 높아질 뿐 아니라 눈에 힘을 주고 격렬한 몸짓을 보이며 그야말로 열 띤 토론을 주도한다.

몇 차례 강력한 주장을 펼친 끝에 다른 사람들이 그의 말에 수긍 하면 비로소 이 콘테스트의 승자가 결정된다. 그러면 그 사람이 그리 는 회사의 미래야말로 가장 중요한 프레임이며 기업의 현재 모습과 미래의 목표를 가장 잘 정리한 것으로 인정받게 된다.

이런 방식이 꼭 나쁜 것은 아니다. 모형 기차를 만드는 회사인 혼비Hornby에서도 이와 비슷한 모습을 본 적 있다(실제로 그 회의는 기업의 매출 실적을 높이는 데 크게 기여했다). 투자를 중단할지, 활동 영역을 다 양화할지, 투자를 확대할지 아니면 중국으로 공장을 옮겨 인건비를 줄일지를 논하는 회의였다(중국으로 공장 이전이 결정되자 회의는 마무리 되었다).

인텔 역시 수년간 열띤 전략 회의를 벌인 끝에 금융 사업을 접고 마이크로프로세서에만 주력하기로 했다.

인텔의 전前 CEO 앤디 그로브Andy Grove는 이렇게 말했다. "386 마이크로프로세서 사업을 지지한 사람들이 토론을 장악했습니다. 그때는 386 마이크로프로세서가 주요 수입원으로 자리를 잡기 전이었는데 말입니다. 물론 시간이 지나고 보니 그들의 예상이 옳았습니다."

(평생을 바쳐 인텔을 연구한 것으로 알려진) 스탠퍼드 대학의 로버트 버지먼Robert Burgeman 교수는 앤디 그로브가 말한 전략 회의에 대해 이렇게 덧붙였다. "일부 관리자들은 기업의 기존 전략이 더 이상 효과가 없다고 판단했다. 그들은 새로운 기업 전략을 제시하면 분명히 누군가가 반대할 것이라는 점도 예상했다. 최고경영진은 일단 뒤로 물러나서 팽팽하게 맞선 양측이 어떻게 토론을 이끌어가는지 지켜본 것 같다." 후에 앤디 그로브는 버지먼 교수의 추측이 옳았다며 사실 일부러 지켜보기만 했다고 털어놓았다. "당분간은 그냥 무관심한 듯 내버려두었지요. 그러자 직원들이 알아서 자기 입장을 명확히 하더군요. 시간이 지나니까 어느 편이 더 타당한지 분명해졌어요. 이래서 토론을 계속하는 것이 중요합니다. 인텔은 개방적인 기업입니다. 누구나 자기 생각을 자유롭게 말할 수 있습니다. 부족한 점이 있으면 더 설득력 있는 주장을 해보라고 다시 기회를 줍니다."

앞으로 기업의 향후 전망이나 전략을 논하는 회의에 가게 되면 구조화 콘테스트라는 개념을 꼭 명심하기 바란다. 콘테스트의 우승 비법은 훌륭한 아이디어가 아니라 설득력이다. 그러므로 구체적인 수치와 분석 자료 및 준비된 파워포인트 프레젠테이션이 꼭 필요하다. (본인의 뜻은 이미 굳게 섰을 것이므로) 이러한 자료는 자신이 참고하려는 것이 아니라 굳게 닫힌 상대방의 마음을 열기 위한 도구다. 전쟁에

나가는 군사가 총을 잊으면 안 되는 것처럼 콘테스트에 참여할 때는
이런 도구를 잘 챙겨야 한다.

## 대부분의 기업엔 전략이 없었다

이제 1장을 마무리해야 하는데 너무 부정적인 인상만 심어준 것 같
다. 사실 내가 말하고 싶은 요지는 정말 성공으로 이끄는 혁신 전략
은 이성적인 분석이나 하향식 사고에서 도출되지 않는다는 점이다.
이를 증명할 구체적인 증거는 없지만 수많은 기업과 그들의 전략을
연구하면서 얻은 확신이다.

　연구나 논문 자료를 얻기 위해 특정 기업을 찾아가 전략을 주제로
인터뷰할 때는 그들의 전략이 무엇인지 파악한 다음 전략의 출처와
효과를 꼭 알아낸다. 여기서 말하는 출처란 그 전략을 생각해 낸 계
기나 도출 과정을 말한다. 처음에는 그들의 설명이 굉장히 논리적이
고 합리적으로 들린다. 하지만 (해당 기업에 오래 근무한) 중간 관리자나
엔지니어를 인터뷰하거나 CEO를 다시 만나보고 회사 내부 자료를
참조하는 등 그 기업을 심층적으로 파고들어 보면 (완벽해 보였던) 전
략이 이성적인 분석과 무관함을 알게 된다. 그저 억세게 운이 좋았거
나 생각지 못한 계기에 변화를 추구하거나 새로운 방향을 선택해서
기대 이상의 성공을 거둔 경우가 많다.

　혼비는 (장난감 제조업체였다가) 우연한 기회에 취미용품 시장에 뛰

어들었다. 아웃소싱으로 절감한 비용으로 장난감의 품질과 현실성을 높인 결과였다. CNN 창립자 테드 터너Ted Turner는 피델 카스트로 Fidel Castro가 CNN을 즐겨본다는 말을 듣고 국내 방송에 만족할 것이 아니라 글로벌 기업으로 성장할 가능성을 발견했다(피델 카스트로는 하바나에서 미국 위성 신호를 조작해서 CNN을 시청했다). 사우스웨스트 항공Southwest Airline은 경쟁에 밀려서 하는 수 없이 비행기 한 대를 처분해야 했지만 남은 세 대만으로도 동일한 비행 여정을 소화하기로 마음먹은 덕분에 저가 항공사로 성공을 거두었다. 비스크의 창립자인 제프리 워드Geoffrey Ward는 원래 배관수리공이었으나 디자인이 독특한 라디에이터로 사업을 시작했다. (시청 공무원이 소매 상권에 작업장을 운영하는 것은 불법이라며 귀찮게 하자 그 공무원을 쫓아 보내려고) 일부러 창가에 고객이 버린 고장 난 라디에이터를 두었는데, 생각지도 못하게 그런 라디에이터를 실제로 사려는 고객이 계속 늘어난 것이 계기가 되었다.

그런데 기업은 왜 뒤늦게 자기네 혁신과 성공을 마치 철저한 분석과 혁신적인 사고의 산물인 양 포장하는 것일까? 자존심을 세우려고? 그저 운이 좋았다는 말을 듣기 싫어서? 물론 그런 이유도 있을 것이다. "사실은 그게, 어쩌다 보니 소 뒷걸음치다가 쥐 잡은 격이었다니까.…"라고 더듬거리는 것보다 "이성적인 사고와 판단"에서 기인한 결과라고 말하는 것이 훨씬 그럴싸해 보인다. 기업이 혁신을 이룰 때 그 자리에 없었기에 그와 관련해서 아무런 칭찬이나 비난을 받을 이유가 없는 직원들조차 그럴듯한 이야기를 잘도 늘어놓는다.

취미용품 시장에 뛰어든 것, 글로벌 기업으로 확장한 것, 비행시간이 45분일 때는 기내식이나 신문, 뜨거운 물수건 등의 서비스를 제공하지 않는 것(그 대신 20분 내로 회항 준비를 해 비행 횟수를 늘린 것도 포함된다)은 누가 봐도 성공의 첫걸음이라는 것이 명확하다. 그런 결정은 철저한 사전 분석과 치밀한 계획 없이는 도저히 불가능해 보이므로 그 정도 거짓말은 아무도 눈치 채지 못하리라고 생각하는 것 같다.

그러나 최고의 전략은 사실 아무것도 기대하지 않을 때 슬그머니 드러난다는 사실을 인정하면 당신도 그런 행운의 주인공이 될 수 있다. 인텔의 CEO였던 앤디 그로브는 IBM이 찾아와 마이크로프로세서에 진심으로 큰 기대를 하고 있으므로 함께 손잡고 개인용 PC에 탑재하자고 설득했을 때 이 점을 깨달았다. 그는 나중에 당시 상황을 이렇게 회고했다. "우리 회사도 하향식 전략이 있다고 말하긴 합니다. 그러나 실제 기업의 행보는 그렇지 않습니다. 하향식 전략은 긍정적으로 볼 수도 있고 부정적으로 볼 수도 있습니다. 긍정적으로 보면 다윈의 적자생존 이론처럼 가장 좋은 아이디어만 남게 되는 것입니다. 발전 가능성이 있는 기술에 더 많은 기회를 부여하면 됩니다. 반면에 부정적으로 보면 기업이 아무 전략도 없이 돌아가는 것처럼 보일 겁니다."

한 가지 더 명심할 사항은 모든 사람에게 귀를 기울이라는 것이다. 거래처, 고객, 경쟁사, 반갑지 않은 시청 공무원은 물론이고 피델 카스트로의 말도 흘려 듣지 않아야 모처럼 찾아온 기회를 잡을 수 있다.

# 02

**탁월한 성공도 영원할 수는 없다?**

성공은
파멸에 이르는
지름길이다

## 성공한 기업이 사라지는 이유

〈포춘Fortune〉이 1966년에 선정한 미국 100대 기업과 2006년에 선정한 100대 기업을 비교해 보면, 1966년에 선정된 기업 중 66개는 현재 완전히 사라졌다는 사실을 알 수 있다. 그중 2006년에 100대 기업으로 다시 선정된 기업은 19개에 불과하며, 나머지 15개 기업은 명맥을 유지하고는 있으나 전혀 두각을 드러내지 못한다.

이러한 현상을 가리켜 '성공의 덫'이라고 한다. 수많은 조사 및 통계 자료에 의하면 어느 분야든 성공 가도를 달리던 기업들이 아래로 곤두박질하거나 비즈니스 환경의 근본적인 변화(이를테면 새로운 경쟁자, 소비자의 기호 변화, 하루가 다르게 발전하는 기술, 새로운 비즈니스 모델 등장 등)에 적응하지 못하고 퇴보한다. 세월이 자꾸 흐르는데도 처음에 성공가도에 올라서게 해준 특정 상품이나 서비스, 생산 방식 등을 그대로 고집하는 탓은 아닐까? 물론 한우물을 파면 그 분야에서는 계속 발전할 수 있다. 그렇지만 그동안 다른 상품을 개발하거나 새로운 시장을 개척할 기회는 별로 중요하지 않다고 생각하고 무시해 버리는 경향이 나타난다. 결국 그 회사는 단 하나의 상품 외에는 내세울 것이 없게 된다. 물론 주변 환경이 변하지 않으면 그야말로 금상 첨화일 것이다. 그러나 비즈니스가 아니더라도 주변 환경은 변하기 마련이다. 게다가 변화는 항상 우리가 원하지 않거나 기대하지 않은 방향으로 일어난다.

이제 그 기업은 뒤늦게 정신을 차리고 변화된 환경에 적응하고자 발버둥 칠 수도 있다. 그러한 의식적인 노력이 문제를 해결해 줄 수 있을까? 몇 가지 예를 살펴보자. 1980년대 초반에 IBM은 개인용 컴퓨터의 등장을 대수롭지 않게 여긴 나머지 큰코다치고 말았다. 할리-데이비슨은 또 어떤가? 혼다Honda라는 조그마한 일본 신규 기업에 시장을 통째로 뺏기다시피 하지 않았던가? 그도 그럴 것이 혼다가 내놓은 모터사이클은 기존의 제품과 비교가 안 될 정도로 혁신적이었다. 한때 내로라하던 기업인 파이어스톤Firestone도 레이디얼 타이어radial tire(타이어 동체부를 구성하는 나일론 등의 층이 주변 방향에 대해 직각을 이룬 것으로 고속 주행에 적합함—옮긴이)를 얕잡아보았다가 나락으로 떨어지고 말았다. 그 밖에도 영국의 대표적인 라이프스타일 브랜드 로라 애슐리Laura Ashley, 아타리Atari(최초의 비디오 게임 '퐁'을 개발한 회사—옮긴이), DEC Digital Equipment Corporation, 타파웨어Tupperware, 레브론Revlon 등 다 이야기하자면 밤을 새워도 모자랄 것이다. 이들은 모두 한때 화려한 전성기를 누렸으나 어느 순간 방향 감각을 잃고 헤매다가 쓰러졌다.

그중 어렵게 재기에 성공한 기업도 있지만, 상당수는 끝까지 고집을 꺾지 않고 자기 기업에 전성기를 가져다준 상품에만 매달리다가 뒤늦게 눈물을 흘리며 판단 착오를 인정했다. 그러나 시장은 이미 그런 기업들에 등을 돌린 상태이므로 손을 쓸 방도가 없다.

앞서 1장에서는 기업 운영에서 중대한 결정을 내릴 때 고려해야 할 여러 가지 요소를 살펴보았다. 이번 장에서는 그중 가장 중요한 요소인 성공만을 집중적으로 조명할 것이다. 수많은 기업은 예전에 성공을 맛본 경험을 토대로 향후의 행보를 결정할 때가 많다. 하지만 성공의 덫에서 알 수 있듯이 그러한 태도가 항상 바람직한 것은 아니다. 2장에서는 성공의 덫에 빠지면 어떤 문제가 생기는지 살펴보고 크레오소트 관목에 대한 이야기, 제2차 세계대전 중 수행된 주요 작전을 비롯해 노벨상 수상으로 이어진 실험 사례를 통해 배워야 할 점도 찾아볼 것이다.

이러한 자료는 우리에게 위기를 피하는 지혜를 알려준다. 특정 기업에 위기가 국한될 때도 있지만, 관련 분야의 모든 기업에 닥치는 위기도 있고 전 세계적으로 경제 침체가 찾아올 수 있다. 그러면 우리는 모두 다음과 같은 중대하고도 어려운 질문에 대답해야 한다. "당신의 기업은 이 위기를 이겨낼 만한 배짱이 있는가?"


## 이카로스 패러독스

성공의 덫은 비즈니스계에서 '이카로스 패러독스Icarus Paradox'라는 표현으로 알려졌다. 그리스 신화에 나오는 인물인 이카로스는 부친

다이달로스와 함께 도저히 벗어날 수 없을 것 같은 미궁에 갇힌 신세였다. 두 사람은 천신만고 끝에 미궁을 벗어나지만 또다시 어느 섬에 발이 묶이고 말았다. 이때 다이달로스는 기가 막힌 아이디어를 내놓았다. 그는 (창공을 날아다니는 새들에게서 떨어진) 깃털을 모아 밀랍으로 나뭇가지에 붙였다(물론 그리스 신화이기 때문에 이러한 설정이 가능할 것이다). 드디어 두 쌍의 날개가 완성되었다.

그는 아들에게 이렇게 말했다. "이카로스야, 이제 우리는 날 수 있어. 이곳을 빠져나가는 거야!" 처음에 이카로스는 이맛살을 찌푸렸을지 모른다. "퍽도 좋으시겠네요. 정말 그 날개로 날 수 있다고 생각하세요?" 하지만 다이달로스는 개의치 않았다. "나를 믿어보렴. 이렇게 날갯짓을 해봐." 이카로스는 아버지가 말한 대로 날개를 잡고 조심스레 양팔을 움직였다. 몸이 하늘로 떠오르기 시작할 때 그는 얼마나 놀랐을까!

처음에는 반신반의했지만 금세 대담해져서 보란 듯이 창공을 가르며 날아올랐다. 이카로스가 자꾸만 높이 올라가자 아버지는 걱정스러운 목소리로 이렇게 외쳤다. "얘야, 너무 높이 날면 안 돼." 하지만 이카로스의 귀에는 아무것도 들리지 않았다(사춘기 아이들이 다 그렇듯이 못 들은 척했을지도 모른다). 태양에 가까워지자 밀랍이 녹아 날개가 망가졌고 이카로스는 그만 땅으로 추락해 목숨을 잃었다(그리스 신화에서는 이런 극적인 이야기 전개를 자주 볼 수 있다).

왜 이 이야기를 이카로스 패러독스라고 부를까? 도저히 벗어날 수 없을 것 같던 상황에서 날개를 만들어 하늘로 날아오른 것은 놀라운 성공이었다. 그러나 그 성공이 바로 이카로스의 목숨을 앗아가는 치명적인 실패로 이어졌다. 과신한 나머지 태양에 가까이 가는 것이 위험하다는 사실을 잊었던 것이 화근이었다.

놀라울 정도로 비즈니스계에서 두각을 나타내는 기업들도 이와 비슷한 실수를 저지른다. 그들은 한 가지 상품이나 분야에서 큰 성공을 거둠에 따라 우쭐해져서 새로운 변화를 인식하지 못하거나 위험 앞에서 몸을 사리지 않는다. 그러다가 한순간에 몰락하는 일은 비일비재하다.

그렇다면 어디에서 잘못되기 시작한 걸까? 물론 여러 가지 복합적인 요소가 작용하겠지만, 그중 한 가지는 대성공을 맛본 기업가들이 비즈니스 환경에서 일어나는 변화에 대응하는 방식이나 태도와 관련 있다. 기존의 고정된 시각으로 새로운 변화를 해석하려다가 자기 발등을 찍는 경우가 많다.


## 터널 시야

《딱따구리와 함께 조용한 삶Still Life With Woodpecker》의 저자인 톰 로빈스Tom Robbins는 이렇게 말했다. "터널 시야란 비유적으로 말해서 각막에 곰팡이가 침투해 시야가 흐려지는 현상이다. 이 곰팡이는 두뇌 활동보다 자아ego의 힘이 더 강해질 때 왕성하게 번식하며, 특히 정치적 성향에 노출될 때 매우 심각해진다. 아무리 훌륭한 아이디어라도 이른바 터널 시야로 보면, 크기나 가치가 몹시 줄어드는 것은 물론이고 전혀 새로운 독단적인 형태를 취하여 원래 그 아이디어가 의도한 바와 전혀 반대의 성향을 띠게 된다."

조지아 대학University of Georgia의 앨런 애머슨Allen Amason 교수와 스티븐스 공과대학Stevens Institute of Technology의 앤 무니Ann Moone 교수가 발표한 연구 결과에 의하면, 비교적 실적이 좋은 기업의 CEO들은 비즈니스 환경에서 발생하는 변화를 위협으로 여기는 반면, 경영난에 허덕이는 기업의 CEO들은 변화를 긍정적으로 해석하는 경향이 강하다.

이렇게 대조적인 반응이 나오는 것은 지극히 당연하다. 어떤 분야에서 최고의 자리에 올라서면 어떤 변화가 일어나든 모두 위협처럼 느껴진다. 이제 남은 것은 내리막길뿐이기 때문이다. 그저 현 수준을 유지하기만을 바란다. 반면에 경쟁사보다 실적이 좋지 않은 기업의 CEO로서 돌파구를 간절히 기다리는 경우라면 어떤 변화도 두렵지 않다. 아니, 오히려 두 팔 들고 반길 것이다. 더 내려갈 곳이 없으므로 이제 올라갈 일만 남았다.

애머슨과 무니 교수에 따르면 성공가도를 달리는 기업의 CEO들은 전략적인 변화에 어떻게 대응할지 결정할 때 종종 허점을 드러낸다. 그들은 가능성 있는 여러 가지 대안을 평가하는 데 오랜 시간을 투자하지 않으며, 연구나 분석도 탐탁지 않게 여긴다. 외부 전문가의 조언을 구할 리도 없다.

그런 상황에 놓인 CEO들은 십중팔구 변화를 거부하거나 그로 인한 영향력을 최소화하는 데만 노력을 기울인다. 그러나 주변 환경의 변화가 매우 중대하다면, 그런 식으로 무시해서는 안 된다. 이런 상황은 요즘에만 발생하는 것이 아니다. 1970년대에 기계식 시계 제작에 최고의 기술을 자랑하던 스위스 시계 회사는 수정 시계를 개발하고도 아무런 조치를 취하지 않았다. 결국 홍콩과 일본 기업들이 가격이 저렴한 수정 시계를 앞세워 시계 시장을 잠식하다시피 하고 정작 스위스 시계 기업들은 이러한 변화의 심각성을 인정하지 않다가 파산 일보 직전까지 가고 말았다.

비슷한 시기에 타이어 제작사인 파이어스톤은 레이디얼 기술이 개발되었는데도 기존의 바이어스 타이어bias tyre(접지 면의 중심선에 비스듬한 섬유층으로 강화한 타이어—옮긴이) 생산량을 더욱 늘리기로 결정했다(결국 회사의 재정은 돌이킬 수 없을 정도로 기울어 경쟁사 브리지스톤 Bridgestone에 인수되고 말았다). 최근에는 오프라인 신문사들이 닷컴 사이트에 소송을 제기하는 등 온라인 뉴스 보도에 거세게 반발하는 동시에 자기네 신문 기사를 그대로 옮기는 방식으로 웹사이트를 구축하는 어리석은 행보를 보였다. 그런가 하면 코닥Kodak은 사진용 필름 판매로 벌어들이던 막대한 수익이 줄어드는 것을 보면서도 그 오랜 세월 동안 디지털 사진을 끝끝내 외면하고 있다.

이런 기업들은 전형적인 터널 시야의 예다. 기업이 한창 승승장구할 때는 좀처럼 주변 세상에서 일어나는 변화에 시선을 돌리려 하지 않는다. 그러면 결국 새로운 기술을 억지로 받아들여야 하는 시기가 찾아온다(당신의 기호에 상관 없이 온 세상을 떠들썩하게 만드는 기술이라면 언제까지나 외면할 수 없다). 그때도 세상이 달라졌다는 사실을 인정하기보다는 자신의 좁은 시야에 보이는 것만 받아들인다. 이런 식으로 대처하다 보니 구글, 인텔, 마이크로소프트에 버금가는 초대형 기업들이 하루아침에 무너지는 것이다. 약 500년 전에 헤라클레이토스 Heraclitus가 남긴 말이 정확히 들어맞는 것을 보면 그저 놀라울 따름이다. 그는 이렇게 말했다. "모든 것은 흐른다. 결국에는 거센 흐름만 남을 뿐 모든 것이 그 물살에 자리를 내어준다."

터널 시야가 비즈니스 세계에서만 문제가 되는 것은 아니다. 비즈니스가 아닌 곳에서 터널 시야와 관련된 사례를 들자면, 제2차 세계대전 중에 연합군이 시도했던 마켓가든 작전 Operation Market Garden을 빼놓을 수 없다.

제2차 세계대전이 한창 벌어지던 때에 우리 아버지는 어린 소년이었다. 아버지가 살던 곳은 마스 Maas 강의 남쪽에 있는 네덜란드의 조그마한 시골 마을이었다. 마스 강은 라인 강이 두 팔을 뻗은 것처럼 동서 방향으로 네덜란드의 중심부를 흘렀다. 1944년에 연합군은 노르망디에 상륙한 다음 벨기에를 떠나 네덜란드를 향해 북으로 진군했다. 아버지가 살던 집의 헛간은 임시 독일군 병동으로 쓰였고 집안 거실은 독일군 사령관의 본부가 되었다. 독일군이 떠난 후에는 연합군 부상병들이 헛간을 차지했다. 독일군 사령관이 앉아 있던 식탁은 그들의 적군인 연합군 사령관의 집무 공간이 되었다.

아버지는 헛간에서 보았던 장면에 대해 나에게 이야기해 준 적이 없었다. 당시 열 살이었던 아버지는 군인 아저씨들이 사탕과 담배를 줄 때 기분이 좋았다고 말했다. 독일군도 그랬고 미군들도 아버지에게 그런 선물을 주었다. 어쨌든 아버지는 연합군이 큰 강을 건너 네덜란드 북쪽으로 진격하기 위해 세운 작전에 대해서는 이야기해 주었다. 그중 하나가 바로 마켓가든 작전(1944년 9월 17일에서 9월 25일까지 네덜란드와 독일에서 벌어졌던 사상 최대 규모의 공수 작전—옮긴이)이었다. 이는 약 3만 5,000명의 군인을 동원한 대규모 작전으로, 세 개의 교각 근처에 군인들과 무기류, 차량 및 각종 장비를 낙하시켜서 연합군이 네덜란드 남쪽을 통과해 진군하는 동안 그 지역을 장악하여 독일군의 포격을 예방한다는 의도였다.

그로부터 오랜 세월이 흐른 후, 나는 〈머나먼 다리A Bridge Too Far〉라는 영화를 보았다. 더크 보거드, 제임스 칸, 마이클 케인, 숀 코너리, 로버트 레드포드, 앤서니 홉킨스 등이 출연한 1970년대 작품이었다.

그 무렵 나는 런던 경영대학원의 전략 담당 부교수 자리를 맡고 있으면서 마켓가든 작전이 끔찍한 실패로 끝난 과정과 유명 비즈니스 기업들이 쓰디쓴 패배의 잔을 마시게 된 경위에 놀라울 정도로 비슷한 점이 많다는 사실을 알게 되었다.

마켓가든 작전은 철저히 실패로 끝났다. 아마 제2차 세계대전 중에 가장 많은 희생자를 낳았을 것이다. D-day보다 이 작전을 수행한 날 죽은 사람이 훨씬 많았다. 연합군은 아른험Arnhem에 있는 세 번째 다리를 사수하는 데 실패했고, 8개월이 지나서야 네덜란드 북쪽 지방이 독일군의 영향력에서 벗어날 수 있었다. 겨울이 찾아오자 북쪽 주민들은 남쪽 지역에서 농산물을 전혀 공급받지 못해 아사하고 말았다. 이 사건은 '1944년의 기근hungerwinter' 으로 불린다.

사실 이 작전을 지휘하던 사령관들은 작전 수행에 어려움이 많을 것이라는 사전 경고를 수없이 들었다. 우선 그들이 점령하려던 교각은 한참 떨어져 있었다. 네덜란드 저항군은 연합군의 낙하지점 근처에 예상치 못한 독일 탱크 부대가 자리 잡고 있다는 사실을 암호 무전으로 통보했다(그러나 이 사실은 철저히 무시되었다). 영국의 정탐 비행기에서 촬영한 사진에도 탱크 부대의 모습이 보였지만 사령관들은 사진을 한편으로 밀어두었다. 수많은 장교와 대령 한 명이 작전의 준비 상태가 미흡하다는 점을 지적했으나 사령관들의 관심을 끌지 못했다. 군인들 역시 무전 작동 여부가 불확실하다는 점에 우려를 표명했다. 무전기는 지상전에서 상호 협동 및 작전 지시에 반드시 필요한 장비였다. 안타깝게도 그들의 우려는 현실로 나타났다.

그렇다면 이 작전을 총괄한 책임자(브라우닝 대령)는 왜 이런 경고를 모두 무시한 것일까? 그 이유는 대규모 합병을 눈앞에 둔 대기업 경영진이 "이번 합병은 바람직한 의사 결정이 아니다."라는 조사 결과를 무시하는 이유와 닮은 구석이 있다. 동일한 이유로 어떤 기업들은 신제품을 출시하기 전에 소매상이나 매장 직원들이 그 상품을 출시하기에는 아직 이른 감이 있다고 반대해도 귀 기울이지 않는다. 이러한 현상을 '몰입 상승 효과escalation of commitment' 라고 부른다. 어떤 프로젝트를 추진할 때 단지 성사 여부(기업의 장래 또는 전쟁의 승패)만 문제가 되는 것이 아니다. 그 프로젝트를 책임지는 사람의 개인적인 평판도 크게 작용한다. 중간에 프로젝트를 그만두는 행동은 책임자가 무능하고 어리석다는 이미지를 낳을 우려가 크다. 반대로 프로젝트를 어렵사리 성사시키면 책임자는 영웅 대접을 받을 수 있다. 책임자는 프로젝트를 끝까지 완성시켜 유종의 미를 거두는 모습을 모든 사람에게 보여줘야 한다는 압박감을 느낀다. 그러므로 지금 어떤 어려움이 있어도 그만두면 안 된다는 강박관념을 떨치지 못하는 것이다.

마켓가든 작전이나 기업 합병처럼 대규모 프로젝트를 준비할 때 모든 것이 계획대로 척척 진행될 것이라고 기대해서는 안 된다. 그러나 일이 조금이라도 잘못되는 것 같다는 느낌이 들 때마다 제동을 걸어서는 절대로 큰일을 이룰 수 없다. 어려움이나 장애물이 나타나도 흔들리지 말고 우직하게 밀고 나아가는 뚝심이 필요하다.

그런데 어떤 경우에는 책임자의 뚝심이 과욕으로 변하고 만다. 그러면 아무리 심각한 경고를 받아도 "이런 일이 어디 한두 번이야?"라며 대수롭지 않게 넘겨버린다. 중요한 일은 반드시 제동을 걸어야 하는 순간을 정확하게 판단하는 것이다. 안타깝지만, 계획의 실천 과정을 컴퓨터 시뮬레이션으로 바꿔 제동을 걸어야 할 순간을 미리 계획할 수는 없다. 이 문제는 어디까지나 각자가 해결해야 할 몫이다.

판단 착오로 제동을 걸어야 할 시점을 놓치면 그만한 대가를 치러야 한다. 책임을 회피하거나 다른 사람에게 책임

전투기 조종사나 곡예 비행사가 비행기를 수직으로 급상승시키면 앞쪽 가운데 부분을 제외한 다른 주변부가 갑자기 시야에서 사라지게 되는 현상을 '터널 시야'라고 한다. 이런 터널시야 현상에 걸리면 상황을 판단하는 능력이 떨어지고, 눈앞의 상황에만 집중하느라 주변 상황을 크고 넓게 보지 못하게 된다.

을 떠넘기는 것은 사실상 불가능하다. 자신의 잘못을 인정하는 것 외에는 도리가 없다. 그 결과가 아무리 끔찍하고 괴롭다고 하더라도 말이다.

## 멘탈 모델—모든 사람의 사고를 동일한 틀에 맞춰야 한다

성공의 덫, 터널 시야, 몰입 상승 효과는 상호 연관된 현상으로, 우리를 성공으로 인도할 수도 있고 실패의 나락으로 떠밀어버릴 수도 있다. 예를 들어, 성공하려면 어느 정도 고집이 있어야 하고 다른 사람들이 포기하거나 중도하차를 선택할 법한 상황에서도 굴하지 않는 자세가 필요하다. 그러나 그런 특성이 너무 강하면 오히려 독이 될 수 있다. 이러한 특성은 대부분 정신 상태와 관련 있는 것으로 개인의 생활이나 기업 운영에 모두 동일하게 적용된다.

IBM의 전前 CEO로 유명한 토마스 왓슨Thomas Watson은 이런 말을 남겼다. "개인이나 기업이 성공을 얻었다고 생각하는 그 순간 진보는 멈추게 된다." 이 말은 성공한 기업들이 변화를 어려워한다는 뜻이다. 특히 성공한 기업들은 비즈니스 환경에서 일어나는 변화에 유연하게 대처하지 못한다. 안타깝게도 "세계 시장을 둘러보면 컴퓨터 5대 정도 팔 만한 곳은 있을 것이다."라고 예측한 사람 또한 바로 토마스 왓슨이다. 그를 보면 나는 이런 말이 생각난다. "너 자신을 먼저 고치라.(누가복음 4장 23절, 남의 병을 고치기 전에 자기 병부터 고치라는 뜻—옮긴이)" 하지만 그가 한 말이 전부 틀린 것은 아니다. 적어도 이 문단의 첫 부분에 인용한 말은 어느 정도 일리가 있다.

이미 말했듯이 성공한 사람이 고집스러워지는 것은 일종의 심리적인 부작용이다. 어떤 요인이 일정 기간 이상 성공을 유지하는 데 도움을 주면, 사람들은 다른 방법으로도 같은 결과를 얻을 수 있다는 사실을 간과해 버린다. 이런 성향이 강해지면 자신의 비즈니스 환경에서 일어나는 변화를 전혀 의식하지 못하는 지경에 이른다. 그러나 비즈니스를 운영하는 것과 관련된 멘탈 모델이 전부 틀린 것이라고 생각해서는 안 된다. 그중에는 매우 훌륭한 장점을 갖춘 것도 있기 때문이다. 다음 한 가지 예를 살펴보기로 하자.

Aoccdrnig to a rscheearch at an Elingsh uinervtisy, it deosn't mttaer in waht oredr the ltteers in a wrod are, the olny iprmoetnt tihng is taht frist and lsat ltteer is at the rghit pclae. The rset can be a toatl mses and you can sitll raed it wouthit porbelm. Tihs is bcuseae we do not raed ervey lteter by itslef but the wrod as a wlohe.
[어느 대학의 조사에 따르면 글을 읽을 때 단어의 첫 번째 문자와 마지막 문자만 제자리에 있으면 그 단어를 구성하는 나머지 철자는 별로 중요하지 않다. 나머지 글자가 전부 엉망이더라도 사람들은 단어를 읽는 데 큰 문제를 느끼지 않는다. 이는 우리가 글을 읽을 때 글자 하나하나가 아니라 단어 자체를 인지하기 때문이다.]

앞의 영어 문장에는 철자가 맞는 단어가 하나도 없다. 하나하나 떼놓고 보면 알파벳을 아무렇게나 조합한 것에 불과하다. 그런데도 우리는 전체 문단을 별 어려움 없이 읽고 이해할 수 있다. 각 단어를 구성하는 알파벳이 하나도 빠짐없이 있으며 조합도 원래 단어와 얼추 비슷하기 때문이다. 또한 (문장의 흐름, 즉) 문맥이 자연스럽게 흐르는 것도 이 글을 무리 없이 읽어내려 가는 데 도움이 된다. 철자 오류 정도는 두뇌가 알아서 처리해 줄 수 있다. 예전에 자주 본 단어들이기 때문에 철자 오류가 있긴 해도 전체 문단의 내용을 파악하는 데 아무런 방해가 되지 않는다.

비즈니스에서도 마찬가지다. 사람들은 문맥부터 파악한다. 또한 예전에 들어본 문제나 경험해 본 상황이 반복되는 경우가 많으므로 현재 목전에 펼쳐지는 문제를 재빨리 파악하고 분석한다. 어떤 문제를 접할 때마다 처음부터 하나하나 따질 필요가 없다. 예전에 비슷한 문제를 많이 경험해 보았기 때문이다. 이렇게 우리는 경험을 통해서 멘탈 모델을 형성하며, 그것은 앞으로 새로운 상황에 직면할 때 모든 정보를 갖추지 않은 상태에서도 재빨리 결정을 내리도록 도와준다. 멘탈 모델이 없으면 기업과 조직을 효율적으로 운영할 수 없다고 해도 과언이 아니다. 매번 모든 직원이 뭔가 기발하고 독특한 아이디어를 내놓아야 하는 것은 아니다. 생각이 비슷하고 여러 가지 경험을 많이 쌓은 사람들이 협동해서 일하는 것이야말로 큰일을 이루는 밑거름이 된다.

하지만 일반적인 멘탈 모델에도 약점이 있다. 바로 모델에 어울리지 않는 변화나 관점은 아예 인식하지 못하는 것인데, 이를 '집단사고'라고 한다. 이 문제는 조직 구성을 참신하게 하면 어느 정도 극복할 수 있다. 한 가지 예로, 규모가 큰 조직이라면 비슷한 하위 조직 여러 개를 형성하여 전체의 응집성을 유지하되 각 조직의 개성을 살리는 방법이 있다. 이렇게 하면 통일성과 다양성이라는 두 마리 토끼를 모두 잡을 수 있다.

결론적으로 말해서 집단사고는 여러 개의 집단을 형성·운영한다는 조건이 충족될 때만 유리한 결과를 낳는다.


## 크레오소트 부시 : '개발'이 '모험'을 가로막을 때

많은 기업이 목표를 세우고 자신의 강점을 살려 수익을 올리는 것과 목표에서 약간 벗어나더라도 새로운 성장의 기회를 찾아 수익을 창출하는 것 사이에서 심각한 갈등을 느낀다. 지금까지 내가 만나본 모든 CEO는 이 문제를 매우 심각하게 생각하며 한시도 잊어버리거나 간과해서는 안 될 숙명적 과제로 인식하고 있었다. 자기 분야에서 자리를 잡고 높은 수익을 올리는 기업들은 대부분 혁신적인 분위기를 지속적으로 이어가는 것이 얼마나 어려운지 잘 알고 있다(이런 기업들은 혁신에 너무 집착하다가 종종 부작용이 난다). 이와 대조적으로 성공을 지향하는 혁신 위주의 기업들은 효율성을 높이는 데 어려움을 겪으며 자신들의 창의성을 활용하여 실질적인 수익을 내지 못할 때가 허다하다. 아마도 창의성과 혁신을 내세우는 기업 구조는 효율적인 대량 생산 체제를 지향하는 기존의 대기업 구조와 근본적으로 차이가 크기 때문일 것이다.

스탠퍼드 경영대학원의 짐 마치Jim March 교수는 이 점을 다음과 같이 일목요연하게 요약한다. '개발과 모험' 사이에는 근본적으로 갈등과 긴장이 존재한다. 도전과 모험은 혁신과 창의성의 밑거름이 되지만 조직 구성원들에게 일정 수준 이상의 자율성과 수평적인 인간관계를 보장해야 한다. 반면에 착취는 생산성, 효율성, 통제와 같은 요소들을 강조하며 수직적 인간관계, 명확한 규칙 및 업무 처리 절차를 중시한다.

어떤 기업이 수익 면에서 남부럽지 않을 수준에 오르면 개발 지향적인 태도 때문에 모험 정신이 서서히 사라지기 시작한다. 이는 '성공의 덫'과도 관련성이 있다. 기업은 성공과 번영을 이룰 수 있는 대상에 계속 투자한다. 그러나 이런 태도는 지금 당장 수익을 내지 못해도 장기적으로 볼 때 미래에 큰 투자 가치가 있는 것들을 희생하는 결과를 낳는다.

전 세계를 호령하던 인텔도 이 덫을 피해가지 못했다. 1980년대와 90년대에 인텔은 마이크로프로세서 비즈니스에서 경쟁 대상을 찾을 수 없을 정도로 큰 성공을 이루었다. 그러한 성공의 밑거름은 반도체 분야에서 실험에 실험을 거듭하며 혁신을 추구한 투자 정신이었다. 일단 인텔은 마이크로프로세서 분야에서 최고의 자리에 서자 계속해서 혁신과 개발에 힘쓰지 않게 되었다. 1996년 CEO였던 앤디 그로브는 이러한 태도가 장기적으로 위험하다고 판단하여 다음과 같이 발표했다. "인텔의 발전 속도에는 한 가지 허점이 도사리고 있다. 그것은 바로 인텔의 기술이 단 한 가지 분야로 국한되는 현상이다." 하지만 CEO 혼자의 힘으로는 인텔이라는 기업의 창의적인 면모를 되살리기에 역부족이었다.

1993년에 마이크로프로세서는 회사 총수익의 75%, 순수익의 85%를 차지했다. 1998년이 되자 마이크로프로세서의 비율은 총수익의 80% 및 순수익 100%로 늘어났다. 인텔이라는 거대한 기업이 단 한 가지 제품에 의지한다는 사실이 명백해졌다. 마이크로프로세서가 그들의 유일한 수입원이었다. 이쯤 되면 독자들도 뭔가 불안한 느낌이 들 것이다. 인텔의 최고 운영 책임자인 COOChief Operating Officer였던 크레이그 바레트Craig Barrett는 이 점을 논하면서 인텔의 핵심 비즈니스인 마이크로프로세서가 "크레오소트 부시를 닮아가기 시작했다."라고 말했다. 식물학자가 아닌 이상 약간의 부연 설명이 필요할 것 같다(나 역시 저녁상에 오르는 나물 반찬 외에는 식물에 대해 아는 바가 전혀 없다). 크레오소트 부시Creosote bush란 사막에 자라는 나무로 주변 토양을 독성으로 오염시켜 다른 식물이 전혀 자라지 못하게 한다. 어떤 기업이 판매 1위를 달리는 제품을 지키려고 흔히 사용하는 방법을 설명하기에 적절한 비유 대상이다. 마이크로프로세서 사업이 기대 이상으로 승승장구하는 바람에 인텔은 또 다른 제품을 구상할 엄두조차 내지 못했다. 어떤 제품을 제시해도 마이크로프로세서의 아성에는 감히 견줄 수 없었기 때문이다.

지금까지 약 15년 동안 수많은 기업을 연구해 본 결과 이 점에서 가장 인상적인 기업은 런던에 있는 유명 극장 새들러스 웰스Sadler's Well였다. 이 극장은 전 세계적으로 가장 참신하고 창의적인 현대 무용 작품을 공연하는 등 혁신적인 운영 방침에서 단연 독보적이었다. 그러나 항상 새로운 것만 고집하지 않고 작품성이 입증된 유명한 작품들도 다수 상영해 적잖은 수익을 확보했다.

그렇다면 고전 작품과 실험적인 작품 사이에서 어떻게 균형을 찾을 수 있을까? 이 문제에 대해서는 여러 가지 가설이 있지만 극장 운영자가 실제로 매일 그 점을 고심한다는 사실이 가장 정답에 가까울 것이다. 그들은 전체 프로그램의 15~30%를 혁신적인 작품이나 다른 곳에서 공연한 적이 없는 새로운 작품으로 구성하는 것을 목표로 삼으며 실제로 그렇게 운영한다(이렇게 하려면 스타일이나 배경, 공연 수준이 전혀 다른 사람들이 서로 협조하고 양보하도록 끝없이 조율하고 설득해야 한다). 정기적인 회의를 통해 각 부서 책임자들이 모두 머리를 맞대는 것은 물론이고, 복도나 식당, 심지어 화장실 등의 비공식적인 장소에서도 의논하는 모습을 쉽게 볼 수 있다.

그들은 주로 극장의 연간 공연 일정에 비추어 볼 때 어느 공연을 언제, 얼마나 오랫동안 상영할 것인지 동 시간대에 상영하기에 적당한 공연이 무엇인지 논한다. 이렇게 하루도 빠지지 않고 협의하고 의논하기 때문에 적절한 균형점을 찾아내고 유지할 수 있는 것이다. 공연 당시에는 다소 실험적인 성향이 강해 불안하게 느껴질 때도 있지만, 지나고 보면 극장 수익에 크게 기여했을 때가 많다.

이러한 결과는 그들이 지금과 같은 경영 방식을 유지하도록 확신을 준다.


## 프레임 효과


이제 제약업계를 살펴보자. 나는 제약업계보다 비즈니스가 더 잘 되는 사례는 좀처럼 찾을 수 없다고 생각한다. 고객들이 제품 가격에 이보다 고분고분 받아들이는 분야가 어디에 있겠는가? 의료 보험을 실시하는 나라에서는 의약품을 선택하는 사람(의사)과 실제로 약을 복용하는 사람 또는 약값을 내는 사람이 다를 수밖에 없다. 아마 의사가 자신이 직접 먹을 약을 산다면 가만히 있지 않을 것이다. "지금 뭐하자는 겁니까? 이 알약이 30달러라고요? 바가지가 너무 심하잖아요. 그 돈을 내고 약을 사먹으니 차라리 앓다 죽는 편이 낫겠네요!" 하지만 실제로는 이런 일이 거의 일어나지 않으니 씁쓸하기 짝이 없다.

게다가 내복약은 따로 대체할 만한 방법이 거의 없다. 침술이나 진흙팩 외에는 딱히 생각나는 것이 없다. 게다가 제약업체에 원료를 납품하는 공급업자들은 대량 거래를 주로 하기 때문에 실질적으로 큰 이익을 추구할 수 없다. 그뿐 아니라 제약업계는 무엇보다도 제품 개발 기간이 길고 엄청난 투자액이 필요하기 때문에 새로운 경쟁자가 등장하는 일이 거의 없다는 장점도 있다(실제로 신약 개발에 성공하기까지 소요되는 평균 비용은 약 8억 달러에 육박한다).

이보다 더 확실한 이점이 있다. 신약에 대한 수요는 가히 한계가 없다는 점이다. 세월이 흘러도 인간이 극복해야 할 질병의 숫자는 절대 줄어들지 않는다. 게다가 대부분 양약은 심각한 부작용을 유발해 이것을 치료할 또 다

> 프레임은 세상을 바라보는 마음의 창이다. 어떤 문제를 바라보는 관점, 사람들에 대한 고정관념 등이 프레임에 포함된다. 프레임은 특정한 방향으로 세상을 보도록 이끄는 조력자 역할을 하지만, 동시에 우리가 보는 세상을 제한하는 역할도 한다.

른 약을 개발해야 한다. 아마 비즈니스에서 이보다 사업성이 좋은 분야는 없을 것이다. 결론적으로 제약업계는 최적의 수익 조건을 갖추고 있다.

그런데 최근에 와서 제약업계의 신음이 커지고 있다. 물론 이러한 고통은 다른 비즈니스 분야와 비교하면 아무것도 아닐지 모른다. 어쨌거나 제약업계는 그야말로 돈을 자루로 긁어모으기 때문이다. 그러나 평소 명품을 즐기는 사람이 캐주얼 브랜드 제품에 만족하기란 정말 어려운 일이듯 제약업계가 나름대로 속병을 앓는 이유가 있다. 그들의 고민거리란, 신제품 개발이 예전처럼 활발하게 이루어지지 않는 것이다. 어느 회사를 보더라도 이렇다 할 신약을 내놓는 경우를 찾아보기 어려운 것이 요즘 현실이다.

무엇 때문에 신약 개발 실적이 저조해진 것일까? 이론적으로 한 가지 이유를 제시하자면, 일단 매출이 늘어난 기존 기업들은 혁신과 거리가 멀어진다. 예를 들어 프랑스의 세계적 경영대학원인 인시아드INSEAD의 헨리치 그리브Henrich Greve 교수는 수십 년의 역사를 자랑하는 일본 조선업을 연구한 결과, 흥미로운 사실을 밝혀냈다. 자금

이 풍족한 기업일수록 연구 개발에 아낌없이 투자하지만, 뜻밖에 신제품을 출시하는 횟수는 적다는 것이었다. 제스퍼 소렌슨 교수와 토비 스튜어트 교수는 시카고 대학에서 함께 강의하던 시절에 바이오테크 및 반도체 분야의 기업을 연구한 적 있다. 두 사람은 오래된 기업일수록 혁신을 많이 시도하지만 실제 그것으로 큰 변화를 시도하는 경우는 거의 없으며, 이미 혁신에 성공한 사례를 약간 변형하는 정도에 그쳤다는 결론을 내렸다.

혁신이 저조할 때 투자한다고 해서 쉽게 해결되지 않는다. CEO는 이 때문에 골머리를 앓는다. 1장에서 살펴보았듯이 그들은 수많은 문제를 검토하고 특정 기업의 인수 여부 및 투자 금액과 인력 규모를 결정해야 한다. 그뿐 아니라 인수 사업이 제대로 마무리될 때까지 잠시도 마음을 놓지 못한다. 또한 특정 국가에 새로운 지점을 개설하면 현지 시장에서 안정적인 매출을 올릴 때까지 계속 신경 써야 한다. 실제로 인센티브 시스템을 적용하는 것은 인사팀의 몫이지만 그전에 개인 단위의 인센티브 시스템을 그룹 단위로 전환하는 것도 CEO가 결정할 부분이다. 이처럼 많은 문제를 검토하고 결정 내리며 각 부서에 행동 지침을 전달하는 등, CEO는 눈코 뜰 새 없이 바쁘게 움직이지만 그런 노력이 곧바로 신제품 개발로 이어지는 것은 아니다. 혁신이란 기업 내 수많은 부서가 한마음 한뜻으로 노력할 때 이루어지는 복잡하고도 미묘한 현상이다. 어떤 부문의 노력은 눈에 띄는 변화를 가져오지만, 그런 한편 구체적인 변화나 실적이 드러나지 않는 부문도 크다. 게다가 특정 부문이 경화硬化되기 시작하면 이를 치료할 방안은 전혀 없다고 해도 과언이 아니다.

위협으로 인식하느냐 새로운 기회로 보느냐에 따라 결과는 크게 달라진다

지금까지 비즈니스와 관련된 멘탈 모델과 비즈니스 환경이 과거의 성공에 따라 형성되는 과정을 살펴보았다. 또한 이러한 요소는 앞으로 기업이 나아가야 할 방향을 결정할 때 지대한 영향을 끼친다는 사실도 이해할 수 있다. 앞서 살펴본 앨런 애머슨과 앤 무니의 연구 결과를 다시 생각해 보자. 성공가도에 오른 기업의 CEO들이 비즈니스 환경의 변화를 일종의 위협으로 여기는 경향이 있는가 하면 현재 실적이 좋지 않은 기업은 변화를 긍정적인 요소로 인식한다고 했다. 이와 관련해 노벨상 수상자인 다니엘 카너먼Daniel Kahneman과 아모스 트버스키Amos Tversky의 유명한 실험이 생각난다. 어떤 실험이었는지 잠깐 살펴보자.

미국 정부는 아시아에서 발생한 희귀병으로 600명이 사망할 것이라고 예상하여 이 질병을 박멸하려 한다고 가정해 보자. 이 질병을 퇴치할 두 가지 대체 프로그램이 물망에 올랐다.

각 프로그램의 결과를 과학적으로 정확히 예측한 자료는 다음과 같다.

**A** 프로그램을 도입하면 200명을 살릴 수 있다.

**B** 프로그램을 도입하면 600명 모두 살 수 있는 확률이 3분의 1 정도이고, 아무도 살릴 수 없는 확률이 3분의 2다.

당신이라면 어느 프로그램을 선택할 것인가?

다니엘 카너먼과 아모스 트버스키는 대다수 사람이 A 프로그램을 선택했다고 알려준다.

이제 두 사람은 (동일한 내용이지만) 표현을 바꾸어 다음과 같이 제안할 때 사람들의 반응이 어떻게 달라지는지 알아보았다.

**A** 프로그램을 도입하면 400명이 죽는다.

**B** 프로그램을 도입하면 아무도 죽지 않을 확률이 3분의 1 정도이고, 600명이 죽을 확률이 3분의 2다.

놀랍게도 이번에는 대다수 피실험자가 B 프로그램을 선택하겠다고 응답했다. 가만히 보면 첫 번째 실험과 두 번째 실험의 내용은 본질적으로 동일한데 왜 이런 반응이 나온 것일까? (표현만 약간 바꾼 것뿐인데) 이토록 극명한 차이가 생긴 이유는 무엇일까?

해답은 바로 '프레임 효과'다. 사람들의 기호와 선택은 프레임 효과에 의해 크게 좌우된다. 첫 번째 실험의 경우 A 프로그램은 (사람들이 알고 싶어 하는) 생존 가능성을 부각시켰다. 그러나 두 번째 실험에서는 (사람들이 부정적으로 생각하는) 사망 가능성을 기준으로 삼고 있다. 따라서 첫 번째 실험에서는 A 프로그램을 선호하는 사람이 많았고, 두 번째 시험에서는 B 프로그램을 선택한 사람이 많은 것이다.

프레임 효과는 전략적 의사 결정에서도 흡사한 결과를 낳을 수 있다. 환경상 어떤 변화가 일어날 경우 자신이 좋아하는 것은 기회로 보이지만 자신이 원하는 바와 어긋나면 위협으로 인식한다. 그로부터 몇 년 후 당시 하버드 경영대학원 교수였던 클라크 길버트Clark Gilbert는 1990년대 중반에 등장한 온라인 미디어에 대한 국내 신문사들의 반응을 연구했다.

사내 통신 등에서 온라인 미디어는 새로운 기회("광고 수입을 올릴 수 있는 절호의 기회다!")라고 말하는 신문사들은 이러한 변화에 잘 대처하는 것 같았다. 그러나 대조적으로 동일한 현상을 일종의 위협("이것 때문에 광고시장 점유율이 크게 타격을 입을지도 몰라.")으로 인식한 신문사들은 변화에 지혜롭게 대처하지 못했다. 위협이라는 관점으로 접근하다 보니 온라인 미디어를 실험하는 데 적극적으로 투자하지 않았고, 더 권위적인 태도를 고수하면서 기존의 활동을 보호하는 데만 급급했던 것이다. 그 결과 후자는 오프라인 신문을 그대로 복사해 웹사이트에 게재하는 데 그쳤다. 물론 그런 방법이 온라인에서 통할 리 없었기에 많은 신문사가 폐업에 이르렀다.

이처럼 프레임 효과는 생활의 모든 면에 영향을 미친다. 직장 상사 등 다른 사람에게 의사결정의 기회를 어떤 방식으로 포장하여 제시하는가에 따라 그 사람의 선택 결과가 180도 달라질 수 있다. 반대로 상대방이 특정 상황을 포장하여 당신에게 제시하는 방식에 따라 당신의 선택도 달라질 것이 분명하다. 그 또한 하나의 가능성(또는 위협)이 될 수 있다.

## 하락세로 돌아설 때는 비용보다 수입을 관리하라

지금까지 살펴본 요소들은 모두 성공의 덫으로 이끄는 위험 요소다. 이전에 성공을 거두는 데 필수적이라 해도, 너무 집착하면 이제는 그 때문에 발목을 잡힐 수 있다. 조직이 움직이는 원리에 비추어 볼 때 기업도 그러한 덫에 빠질 우려가 크다. 그러나 아쉽게도 지금으로서는 그러한 덫에서 빠져 나오는 방안을 전혀 모르는 것이 우리의 현실이다.

어쩌면 당신이 바로 지금 성공의 덫에 걸려 있을지 모른다. 그렇다면 지금 이 문제가 제기된 것이 굉장히 큰 의미가 있다. 우선 위기에 봉착한 몇몇 기업이 어떤 시도를 했는지 함께 살펴보자.

한 가지 가설을 먼저 생각해 보자. 이른바 기업이 잘나갈 때는 눈앞에 더 크게 성장할 기회가 많이 찾아오며 어느 것 하나도 놓치지 않으려고 욕심을 부리게 된다. 신제품, 신시장 개척, 새로운 고객층 확보 등은 모두 기업의 구미를 당기기에 충분하지만 한꺼번에 여러 마리 토끼를 잡으려고 하면 역효과가 날 뿐이다. 이미 상당한 자본력을 갖춘 대기업도 이런 기회가 한꺼번에 나타나면 군침을 흘린다. 여유 자금이 충분하기 때문에 한 번 크게 투자해 보는 것도 나쁘지 않다며 자기 욕심을 합리화한다.

인텔의 전 CEO였던 앤디 그로브는 이 점을 정확히 파악하고 있었다. 인텔의 대표 상품인 마이크로프로세서 덕분에 여유 자금은 충분했다. 그런데도 그는 새로운 사업을 시작하거나 관련 분야로 사업을 확장하라는 유혹에 굴하지 않았다. "이 모든 것은 집중을 방해하는 요소에 불과하다. 우리는 원래의 사업(마이크로프로세서)에만 집중해야 한다." 사실 인텔을 세계 최고로 올려놓은 것은 마이크로프로세서였다.

그런데 위기에 봉착한 기업, 주가가 하락하는 기업은 이와 반대되는 행보를 선택한다. 이론적으로는 이런 현상을 '위협 경직threat-rigidity 효과'라고 부른다. 거두절미하고 단 한 가지 핵심 사업에만 집중하는 것이다. 그들은 지금까지 해온 노력을 계속 갈고닦으며 자신의 최대 강점 하나만 파고든다. 또한 위기에 봉착하면 비용 손실을 줄이는 데 주력한다.

물론 비용 손실을 줄이는 것 자체는 나쁘지 않다(기업 운영이 잘될 때도 마찬가지다). 그러나 이런 기업들이 한 가지 간과하는 점이 있다. 기업이라면 비용뿐 아니라 수입에도 신경 써야 한다. 더욱이 어려운 시기에는 기업이 잘되는 시기와 수익 구성이 전혀 달라야 한다. 일이 잘될 때는 여러 사업에 손을 대는 경향이 있는 반면 어려울 때는 한 가지 사업에만 주력하는 것이 보편적이나 사실 후자의 경우에 오히려 수입원을 다양하게 늘려야 한다.

왜 경영이 어려울 때 수입원을 다양하게 늘려야 할까? 무엇보다 하나의 수입원으로는 기업 전체를 지탱할 수 없기 때문이다. 여러 가지 소규모 수입원을 한데 끌어모아야 기업이 수면 아래로 가라앉지 않을 수 있다. 단 하나의 주요 사업이 망하지 않기를 오매불망 기원하는 것보다는 추가 수익을 만들 가능성을 계속 찾아내서 발전시켜야 한다. 회사 사정이 어려울 때는 어떤 추가 수입도 충분하게 느껴지지 않는다. 반대로 회사가 잘 풀릴 때는 추가 수익을 올릴 기회가 아무리 많아도 눈길이 가지 않는다. 성공적인 아이템을 관리하는 것만으로도 숨이 벅차기 때문이다. 그러나 그런 시기에는 기업을 더 키울 것이 아니라 생존 자체에 신경을 쏟아야 한다.

수입원을 다양화하여 의존성이 줄어듦에 따라 위험도 낮아진다. 경기가 좋지 않을 때는 수입원 하나하나가 바닥을 드러낼 가능성이 크다. 따라서 딱 하나의 수입원에 매달리거나 두세 가지 수입원만 바라보는 것은 몹시 위험하다.

그런데 추가 수입원을 물색하는 비용이 더 들지 않을까? 물론 세상에 공짜로 되는 일은 하나도 없으나, 겁을 낼 만큼 큰 비용이 드는 것은 아니다. 역설적으로 들릴지 모르지만, 모름지기 기업은 큰 수입을 올릴 수 있는 대상에만 집착해서는 안 된다. 주요 신상품이나 손이 큰 고객만 바라보는 것도 합당하지 않다. 그보다는 소규모의 수입원을 최대한 늘리는 것이 유리하다. 후자의 경우는 발을 들여놓는 데 어려움이 크지 않고, 어느 정도 사전 지식을 보유한 경우도 흔하다. 예전 같으면 투자할 가치가 없다며 눈길도 주지 않았을 분야라도 말이다.

이렇게 소규모 수입원을 다수 확보하는 전략을 구사하면 경기가 어려워져도 걱정할 이유가 없다. 경기는 상승과 하락을 반복하기 마련이다. 미리 다양한 수입원을 확보해 두면 새로운 성장 기회를 엿볼 수 있고 경기가 회복될 때 기업 경제도 빨리 되살릴 수 있다. 각각의 수입원을 떼어놓고 보면 별 차이가 없다고 생각할지 모른다. 그러나 급변하는 비즈니스 세계에서는 예전 어느 때보다도 수입원을 다양하게 확보하는 것이 유리하다. 어느 것이 효자 노릇을 할지 지금은 알 수 없지만 그중 몇몇은 분명히 회사를 스타 기업으로 만들어 줄 것이다.

## 위기를 만나면 혁신하라

첫 번째 가설이 믿기지 않으면 또 다른 가설을 살펴보자(어차피 같은 와인을 다른 병에 담아서 주는 것과 같다). 최근에 어느 회사 중역이 자신의 회사에 대한 이야기를 들려주었다. 그는 예전에 내가 가르친 학생이었다. 그 회사는 (지방에 있는 중소기업으로) 어깨를 나란히 하는 몇 개의 경쟁사들이 있는데, 어느 날 가장 뒤처지던 경쟁사 한 곳이 터무니없는 가격으로 계약하기 시작했다. 그 가격으로는 고정 비용을 겨우 감당할 수밖에 없었다. 그는 암울한 표정으로 "이제 우리 회사는 어떻게 하면 좋아요?"라고 말했다.

뭐라고 쉽게 대답할 수 없는 상황이었다. 물론 그런 경우를 처음 들어보는 것은 아니었다. 경쟁이 심한 분야에서는 경쟁사 하나가 막다른 골목에 몰린 심정으로 원가 이하의 가격에 물건을 팔아버리는 일이 종종 있었다. 나의 학생이었던 회사 중역도 처음에는 "하지만 그 회사 물건은 우리 회사와 질적으로 비교도 안 되는 싸구려야. 우리 회사 제품이야말로 품질이 최고라는 사실은 세상 사람들이 다 안다고. 고객들은 분명히 저렴한 가격보다 우수한 품질을 선택할 거야."라고 확신하며 기존의 가격을 고수했다. 그러나 고객들은 그의 기대와 다르게 반응했다. 고객은 항상 기업의 예상을 뒤엎기 마련이다. 품질에 분명한 차이가 있긴 했지만 고객의 눈에는 무시해도 될 정도였다. 그들에게 중요한 것은 저렴한 가격이었다. 가격 경쟁에서 밀리면 고객을 뺏길 수밖에 없는 데다 이런 상황은 한 번 벌어지면 좀처럼 원상회복이 어렵다는 단점이 있다.

그렇다면 기업은 어떻게 처신해야 할까? 경쟁사처럼 일단 가격을 내리고 허리띠를 더 졸라매는 수밖에 없을까? 파산에 이르기 전에 이 위기가 무사히 지나가기만 두 손 모아 기도해야 할까? 실제로 대부분 기업은 이 방법 외에는 길이 없다고 생각한다.

그러고 보니 몇 년 전에 영국의 신문업계에 일어났던 사건이 생각난다. 2장의 앞부분에서 아주 간략하게 언급한 바 있다. 당시 주요 신문사들은 모두 뒤통수를 얻어맞은 느낌을 받았다. 그리고 울며 겨자 먹기로 온라인 신문을 개설해야 했다. 〈매트로〉와 같은 무료 일간지가 넘쳐나기 시작한 데다 지면으로 된 신문을 구독하는 독자의 수가 현저히 줄어들었다. 런던을 장악하던 4대 신문사 〈가디언〉 〈타임스〉 〈데일리 텔레그래프〉 〈인디펜던트〉 모두 침체기에 빠질 것이 불 보듯 뻔했다. 그중 〈인디펜던트〉가 가장 먼저 무너질 것이라는 예상이 유력했다. 몇 년 전 가격 전쟁과 경제력 있는 후원사 덕분에 다른 신문사들은 버틸 힘이 있었지만 사정이 다른 〈인디펜던트〉는 큰 타격을 입었다.

이제 그 신문사도 다른 기업과 같은 행보를 걸을 수밖에 없는 것 같았다. 끙끙 앓는 소리를 내고 허리띠를 더욱 졸라매면서 죽음의 순간을 몇 초도 미루려고 몸부림치는 길밖에 없었다. 하지만 〈인디펜던트〉는 다른 길을 택했다. 그토록 욕을 먹은 소형 신문, 즉 '타블로이드'를 발간한 것이었다. 수많은 신문사가 오랫동안 타블로이드를 비난했다. 다들 (독자들이 싫어할 것이라며) 너무 위험하다고 우려하거나 싸구려 신문이라며 손가락질했다. 그렇지만 〈인디펜던트〉는 아랑곳하지 않았다. 다행히도 많은 독자가 타블로이드판을 반겨주었고, 덕분에 큰 위기를 모면했다.

4대 신문사 중에서 〈인디펜던트〉가 타블로이드판을 시도한 것은 단순한 우연이었을까? 그럴 리 없다. 사실 따지고 보면 〈인디펜던트〉는 잃을 것이 없는 처지였다. 기존의 방식을 고집했더라면 가장 먼저 문을 닫을 수밖에 없었다. 그러나 〈인디펜던트〉는 죽음의 순간을 조금 더 미룰 궁리만 한 것이 아니라 과감하게 새로운 사업을 시도하여 화려하게 부활했다.

사우스웨스트 항공도 마찬가지였다. 초반에 이 항공사는 경제난에 크게 허덕였으며 결국 항공기 네 대 중 한 대를 매각해야 했다. 그러나 비용 절감에만 몰두한 것이 아니라 과감하게 새로운 것을 시도했다. "비행기 세 대로도 100% 정상 운영을 할 수 있다는 것을 보여줍시다!"라는 목표를 정하고 반드시 성공해야 한다는 일념으로 똘똘 뭉쳤다. 이렇게 항공 서비스의 거품을 모두 빼버린 저가 항공 모델로 승부수를 던졌다. 그렇다. 하락세로 돌아설 때야말로 혁신해야 한다. 그러나 불가피한 최악의 상황이 올 때까지 기다리지 마라. 일이 벌어지면 어떻게든 헤쳐나갈 수 있을 것이라는 헛된 기대는 어리석은 짓이다. 폭풍 같은 시련은 모든 것을 쓸어갈지 모른다. 그러므로 빠져나갈 힘이 있을 때 힘껏 달려서 폭풍을 벗어나야 한다.

## 당신의 회사는 살아남을 만큼 용감한가

지금까지 말한 내용은 독자들에게 도움을 주려는 의도로(그리고 조금은 절박한 심정으로) 집필한 것이다. 그러나 전략경영 교수로서 "회사 경영이 어려워지면 어떻게 해야 하나요?"라는 질문에 솔직히 대답하자면 "죄송합니다만 손쓸 도리가 없네요."라고 해야 할 것 같다.

시장은 다윈이 말한 적자생존의 법칙에 따라 돌아간다. 경기 침체는 알래스카에 겨울이 찾아온 것과 같다. 봄부터 가을까지는 온갖 종류의 동물들이 행복하게 살아가겠지만, 겨울이 오면 사정은 완전히 달라진다. 주위 환경이 열악하게 변하므로 적자생존의 법칙이 두드러진다.

체력이 약하거나 몸에 축적된 지방이 별로 없는 사람, 동면 능력이 잘 발달하지 않은 사람은 알래스카의 겨울을 견디기 어렵다. 아마이 글을 읽는 독자도 큰소리칠 입장은 아닐 것이다. "어떻게 해야 체력을 키울 수 있어요? 여긴 너무 춥잖아요. 피부가 더 두꺼워야 하는 거예요?"라고 소리치거나 펑펑 울지도 모른다. 미안하지만 알래스카에 겨울이 찾아온 후에야 체력을 키우는 것은 현명한 생각이 아니다. 좀 더 정확히 말해서, 겨울이 찾아온 후는 이미 늦은 감이 있다. 물론 다른 회사들의 생존 전략을 연구해 보면 몇 가지 배울 점이 있을지 모른다. 소심한 기업은 감히 엄두도 못 낼 방법이다.

첫째, 주변을 둘러보면 조금 전에 설명한 '위협 경직 효과'를 보이는 기업이 매우 많다. 위협을 받으면 영업 실적이 위축되고 (핵심 상품이나 서비스 등) 가장 자신 있는 분야에 집중하거나 거기에만 오로지 매달리는 경향이 커진다. 주변 사업 등은 잠시 보류하거나 정리하며, 경영 방식은 관료주의적 성향이 두드러지고 하향식 명령 구조가 뚜렷해진다. 안타깝지만 이런 식의 방어 태세는 어려움을 극복할 해결책을 찾는 데 전혀 도움이 되지 않으며 도리어 상황을 악화시킨다.

그보다는 기업의 문을 활짝 열어버리는 편이 낫다. 새로운 수입원을 찾아 나서거나 상향식 의사소통 방식에 따라 참신한 아이디어를 개발하고 혁신을 장려하는 것이다. 한 가지 사례로 런던에 있는 소프트웨어 기업 하나를 살펴볼까 한다. 이 회사는 소비자의 주문을 받고 다양한 소프트웨어를 개발하며, 사용자에게 프로그램 활용법도 직접 가르쳐 준다. 그러나 한동안 이 회사를 찾는 고객은 대부분 GM이나 포드와 같은 자동차 제조업체여서 그런 서비스가 아무 소용이 없었다. 그들은 알래스카의 혹한과도 같은 불경기를 인내해야 했다. 처음에는 다른 기업처럼 비용 삭감 및 인원 감축 정책을 도입하는 것 같았다.

그러나 얼마 지나지 않아서 이 기업의 CEO는 뭔가 다른 해결책을 시도하기로 마음먹었다. 그는 모든 직원이 새로운 아이디어, 즉 새로운 수입원이 될 만한 사업을 구상하도록 독려했다. 그러자 직원들은 (어차피 다른 방법도 없으니) 마지막 승부수를 던지는 심정으로 노력을 아끼지 않았다. 그들이 내놓은 아이디어는 대부분 쓸모가 없었지만, 그중에는 그럭저럭 괜찮은 것도 있었고 획기적인 아이디어도 간혹 보였다. 결국 직원들이 내놓은 아이디어 중 하나가 이 회사에 상당한 수익을 안겨준 사업으로 성장했다.

직원들은 여분의 부속품을 관리하는 팀이 유독 자동차 구매 고객을 대상으로 높은 매출을 기록하는 점에 주목했다. 경기가 어려워지면 신차를 구입하기보다는 차를 수리해서 사용하려는 사람이 많아지므로 이는 당연한 결과였다. 그래서 직원들은 자동차 제조업체별로 부속품의 품질을 향상시키기 위해 재고 관리 체제를 만들자고 건의했다. 이 아이디어가 바로 기업을 되살린 원동력이 되었다.

활동 범위를 좁혀서 한 가지 제품에만 주력하거나 하향식 경영 방식을 고집하는 '위협 경직 효과'와는 180도 다른 모습이다. 이 회사는 상향식 경영 방식을 선택했고 새로운 돌파구를 찾는 데 주력했다. 무서운 눈보라가 몰아치는 날에는 아무도 밖에 나가고 싶지 않을 것이다. 그래도 용기를 내어 얼어붙은 귀를 두 손으로 감싸며 문을 나서야 한다. 처음에는 비용을 아껴도 시원찮을 시기에 돈을 낭비하는 짓이 아닌가 생각될지 모른다. 그러나 '새로운 돌파구'가 눈앞에 보이면 눈보라를 헤치고 나가는 발걸음이 한결 가벼워지게 된다.

# 03

### 규모가 커야 성장한다?

# 기업 합병에 대한
# 욕망이
# 리스크를 키운다

## 당신의 암은 얼마나 큰 가?

왜 많은 CEO가 기업 규모에 연연하는 걸까? 일단 기업 규모가 커야 좋다는 식이다. 특히 기업 규모를 키울 목적으로 합병을 내세우는 사람들을 볼 때면 분노가 치밀어 오른다. "이번 합병이 잘되면 우리 회사는 업계 내 최대 규모를 자랑하게 됩니다." 그렇게 되면 뭐가 달라진다는 건가?

물론 규모가 크면 그에 따르는 이점도 있다. 하지만 (업계 내 최대 규모는 고사하고) 크면 클수록 자동으로 형편이 나아지는 것은 아니다. 누군가가 직접 나를 찾아와 기업 규모와 발전의 상관관계를 설명해주면 모를까, 지금으로서는 그런 논리에 동의할 수 없다.

물론 기업의 규모는 종종 (재정적) 성공과 밀접한 관련이 있다. 예를 들어 '가장 존경받는 기업'을 열거할 때 항상 등장하는 기업들을 보면 도요타, 델, 인텔, 월마트, 화이자pfiizer와 같은 거물급 기업들이 언급된다. 그중 몇몇 기업은 합병을 통해서 규모를 키운 경우다.

10억 달러 규모에 불과했던 기업 10개를 합병하여 100억 달러 규모의 기업을 만들면 합병하기 전보다 더 큰 관심의 대상이 된다(적어도 언론 매체들은 분명히 다른 시각으로 이 기업을 바라볼 것이다). 하지만 100억 달러 규모의 초대형 기업이 중소기업 10개의 수익을 모두 합친 것보다 훨씬 많은 수익을 올린다는 보장은 없다. 10개의 작은 기업이 각자 활동하는 것은 이들을 초대형 기업 하나로 합치는 것만큼 사람들의 이목을 집중시킬 수 없겠지만, 적어도 효율적인 기업 운영이나 수익 면에서 훨씬 유리할 가능성이 크다. 무엇보다 CEO가 기업 규모를 확대하는 전략에만 매달린다면 본말을 전도하는 실수를 범할 우려가 있다. 기업이 성공을 거두면 규모가 커질 수 있지만 무턱대고 규모를 키우려는 태도는 경영의 성공을 보장하지 않는다.

미크로네시아에 있는 포나페ponapae 섬의 원주민들을 한 번 생각해 보자. 그 지역에서는 얼마나 큰 얌yam(참마라고도하며, 열대 뿌리채소 중 하나—옮긴이)을 재배했느냐에 따라 남자의 사회적 지위가 달라진다. 얌의 크기가 농부의 자질을 보여 준다고 여기는 풍조가 이런 문화를 낳았다. 그러나 시간이 흐를수록 딱 한 개의 커다란 얌을 키우는 데 주력하느라 전체 농사를 망치게 되었다. 얌의 크기에만 온통 신경을 쏟다 보니 다른 일상생활도 엉망이 되었다. 사람들은 논밭을 갈거나 부서진 집을 수리하지 않고 배고파서 우는 아이들도 달래지 않은 채 모든 자원과 시간, 노력을 얌에 쏟았다. 그 결과 결국 영양실조와 기아에 허덕이게 되었다

다른 사람에게 영향을 미치고, 자신의 범위 안에 두고 조정하고 싶은 욕구를 '지배욕구'라고 한다. 지배욕구가 강한 모습은 야심가들에게 많이 나타난다.

이와 비슷하게 기업의 규모만 키우는 것은 생산성에 오히려 해악이 된다. 사실 (무조건) 규모를 키우고 보자는 식의 태도는 기업의 성공 여부에 치명적인 걸림돌이 된다. 사업이 성공하여 기업의 규모가 커지는 것은 문제 될 것이 없지만, 성공이 아니라 규모 확장 자체를 목표로 삼는 것은 스스로 덫을 놓는 것과 같다.

2장에서 단시간에 성공을 거두고 급성장한 기업들이 종종 몇 년도 버티지 못하고 무너지는 이유를 살펴보았다. 이제 명확한 개념 설명과 사례 연구를 통해 그처럼 급속도로 기업을 확장하려는 욕구가 어디에서 기원하는 것인지 알아보고자 한다. 또한 그러한 욕구가 사실 기업의 안정과 번영에 별로 도움이 되지 않는 이유도 설명할 것이다. 특히 합병의 특징과 CEO 개인의 역할 및 야망이 이 문제와 어떻게 연관되는지 심층적으로 분석해 보겠다. 하이네켄의 사례 연구는 합병의 성공률이 현실적으로 얼마나 낮은지 보여줄 것이다. 너무 심각하게 생각할 필요는 없다. (배꼽이 빠질 정도는 아니지만) 심각해진 분위기를 바꿀 정도의 농담거리도 찾아볼 수 있다.

## 합병 대상을 찾는 데 혈안이 된 경영진

3장에서는 문화인류학 및 생물인류학의 연구 결과를 자주 인용해 보겠다. CEO도 결국 인간이며 기업을 운영하다 보면 원시적인 본능을 표출할 때가 많기 때문이다. 기업도 따지고 보면 하나의 운명을 바라보는 많은 사람이 모인 집단이다. 종족, 기업, 폭도를 막론하고 무리를 이룬 사람들이 움직이는 방식은 일정한 유형이 있으며 유사점이 많다.

이번 장에서는 또한 합병이라는 현상을 크게 부각시킬 것이다. 합병이야말로 최고경영자의 통제와 지배 욕구를 가장 잘 드러내 주기 때문이다(아니 좀 더 정확히 말해서 그러한 욕구를 확대해서 보여주는 효과가 있다). 물론 그러한 욕구가 기업 운영에 좋은 전조라고는 말할 수 없다. 흔히 CEO들은 기업 규모가 커지는 것을 필요 이상으로 반기며, 아예 드러내놓고 열광할 때도 있다. 그럴 때면 아드레날린을 펌프로 뿜어내는 것 같다. 네덜란드 식품 및 잡화회사인 아홀드Ahold의 전前 CEO이었으나 지금은 유죄 판결을 받고 사람들에게 외면당하는 세에스 반 데르 호이벤Cees van der Hoeven을 생각해 보자.

아홀드도 처음에는 인수와 관련해서 꽤 신중한 태도를 보였다. 그러나 시간이 흐를수록 통제력을 잃어버리고 마치 구두 가게에 들어선 이멜다 마르코스 여사Imelda Marcos(필리핀 제10대 대통령 페르난도 마르코스의 부인, 그녀의 사치가 나라를 부패 정치에 빠뜨렸는데 구두가 무려 3,000 켤레나 되는 것으로 알려져 세간의 화제가 되었다—옮긴이)처럼 행동하기 시작했다.

경영진이 기업 인수에 혈안이 되는 이유는 크게 두 가지로 볼 수 있다. 한 가지는 CEO의 자리에 오르는 사람의 스타일이고 다른 하나는 주변 사람들에 의해 CEO로 추대받는 사람의 스타일이다. 첫 번째 스타일부터 순서대로 자세히 살펴보기로 하자.

사회인류학에 관련된 흥미로운 연구를 할 때, 어떤 사람이 부족의 족장 자리에 오를 가능성이 큰지 분석한 적이 있다. 그 연구에 따르면 공격성, 야망, 전투 기질이 강하며 족장의 자리를 위해서라면 어느 경쟁자와도 맞붙을 태세가 되어 있는 사람이 가장 유력했다.

그런데 실제로 흥미로운 것은, 공격성이나 야망과 같은 특성이 족장 자리를 차지하는 데 유리하게 작용할지 몰라도 그 지위를 계속 유지하는 데는 별로 도움이 되지 않는다는 점이었다. 공격성이 강하고 야망이 큰 족장은 자기 부족을 전쟁에 끌어들일 확률이 높기 때문이었다. 전쟁을 자주 치를수록 그 부족은 힘이 약해지고 전사자가 속출하여 결국 부족의 생존 확률이 낮아지게 된다. 따라서 족장의 자리에 오르게 만든 그 특성 때문에 부족 전체가 고생길로 들어선다는 결론이 나온다.

기업의 CEO도 부족의 족장과 크게 다를 바 없다. 그들 역시 야망이 크고 위험을 두려워하지 않으며 CEO가 되기 위해서라면 어떤 경쟁도 용납하지 않는다. 이런 사람들은 실제로 CEO의 자리에 오르면 기업을 이끌고 또 다른 정복의 길에 나설 것이다.

기업을 인수·합병하는 과정은 부족 간의 정복 전쟁에 맞먹는 긴박감을 안겨줄 수 있다. 목표를 정하고 모든 자원을 준비하고 동원하여 일시에 공격을 가하는 것이다. 어떤 때는 같은 목표를 노리는 경쟁자가 나타난다. 이럴 경우 승자가 되려면 노련하게 싸움에 대처하거나 경쟁자보다 더 강하게 밀어붙여야 한다. 그러면 샴페인을 터뜨리며 언론의 주목을 한몸에 받을 수 있고, 한층 넓어진 통치영역에서 권력을 장악할 수 있다.

솔직히 기업 합병에 경영진의 야망이나 승진과 같은 개인적인 요소가 공공연하게 얽히고설키는 것을 보면 놀라울 따름이다. 예를 들어 기업 합병에서 가장 해결하기 어려운 문제는 "합병 후에는 누가 기업의 경영을 진두지휘할 것인가?"다. A사와 B사가 합병한 후에 CEO 자리가 A사에 돌아갈 것인지 아니면 B사에 돌아갈 것인지는 매우 예민한 문제다. 네덜란드 은행인 ING와 ABN-Amro를 합병하자는 제안이 있었지만, 합병 후 경영권을 누가 가질 것인지 합의하지 못해서 결국 없던 이야기가 되었다는 소문이 있다. 그런데 이런 문제가 정말 합병을 추진(또는 포기)하는 이유로 합리적일까? 기업을 과연 전략적으로 이끌어가는 바람직한 태도일까? 이미 눈치 챘겠지만 수사적인 질문일 뿐이니 안심하기 바란다.

비슷한 사례로 1999년 미국 최대 규모의 미디어 기업인 비아콤 Viacom과 CBS의 합병 건은 두 회사의 CEO 섬너 레드스톤Sumner Redstone과 멜 카마진Mel Karmazin이 책임과 권력을 어떻게 배분하느냐에 달려 있었다. 400억 달러 규모의 초특급 언론사 합병으로 귀추가 주목되었으나 뚜렷한 전략적 가설을 내세우기보다는 두 사람이 서로에 대한 반감이 전혀 없다는 것을 공개적으로 확인하는 계기에 그쳤다는 느낌이 더 강했다.

〈LA 타임스〉에서는 두 사람이 비밀리에 만남의 자리를 가졌으며 그 자리에서 레드스톤은 "카마진의 프러포즈, 즉 합병 제안이 얼마나 큰 이득을 창출하는지 이해하게 되었다."고 보도했다. 이에 반해 〈뉴욕 타임스〉에서는 카마진에 대한 레드스톤의 발언을 다음과 같이 인용했다. "그는 세일즈의 천재입니다. 저도 그의 말에 솔깃해질 수밖에 없었지요. 2년이나 제 마음을 흔들었고 마지막 2주 동안은 집중적으로 본격적인 합병 문제를 논의했습니다. '그는 처녀를 유혹하는 남자처럼 집요하게 매달렸습니다.'" 기자와 투자자들 앞에서 합병을 발표하는 레드스톤은 마치 수줍은 신부가 결혼 축하를 받는 것 같았다.

그러나 그들의 결혼은 2004년에 갑자기 파경을 맞았다. 카마진이 매정하게 돌아선 것이었다. 속사정을 들여다보니, 1999년에 합병에 동의했을 때 카마진은 비아콤과 계약을 맺고 있는 중에 (당시 81세였던) 레드스톤이 세상을 떠나면 경영권을 물려받는다는 조건을 걸었다. 그런데 시간이 흘러도 레드스톤이 여전히 살아 있자 카마진은 경영권을 물려받지도 못하고 시간만 낭비한 꼴이 되었다. 결국 CBS와 비아콤은 2005년에 갈라섰다.

이런 사건을 보면서 나는 합병 거래의 배후에 있는 것은 두 기업을 합쳐서 더 높은 가치를 추구하는 것이 아니라 각 기업 CEO들의 욕심을 채우는 것과 훨씬 밀접한 관련이 있다는 결론을 내리게 된다.

독자 중에 투자자 또는 이사회 임원이 있다면 기본적으로 이 점을 항상 염두에 두라고 조언하고 싶다.

## 기업을 인수할 때

새로 취임한 CEO가 야심에 눈이 멀어 기업 인수에 정신을 파는 것을 자주 볼 수 있다(이런 CEO는 얼마 버티지 못하고 주변의 질타를 받으며 물러나기 마련이다). 분명히 저돌적인 태도와 담대함, 위험 앞에 움츠러들지 않았기에 CEO의 자리에 올랐겠지만 그런 태도가 반드시 기업에 유리한 전략을 세우는 것과 일맥상통하지 않는다. 닥치는 대로 여러 기업을 인수하는 저력을 발휘할지 몰라도 결국에는 그만한 대가를 치러야 한다.

기업은 거래를 통해 창출되는 시너지를 정확히 계산하여 투자한 비용은 물론이고 적절한 이익을 얻을 수 있다는 결론이 나올 때 비로소 행동을 개시한다. 기업은 장기적인 가치 창출을 확실히 계산하기가 쉬운 일은 아니지만, 가능한 구체적으로 가치를 예측한 다음 그에 따라 최대 인수 가격선을 결정한다.

하지만 중역들이 일단 어떤 기업을 인수하기로 마음먹은 상태에서 경쟁자와 맞붙으면 이런 논리를 지킬 수 없다. 경쟁자가 나타나면 그들은 전투적으로 돌변하여 입찰에서 밀리지 않도록 "1억 달러를 더 준비하라."고 직원들에게 지시한다. 일례로 인도의 세계적인 철강기업 미탈Mittal이 프랑스의 철강 전문업체 아르셀로Arcelor를 노리고 제시한 금액은 전례를 찾아볼 수 없을 정도로 어마어마했다.

입찰 과정에서 무모한 시도는 절대 금물이다. 기업 인수·합병과 관련하여 (2장에서 잠깐 살펴본) '몰입 상승 효과'에 대한 수많은 연구 결과에 의하면, 이성적인 판단력을 잃은 후에는 물러나야 하는 시점이 언제인지 모르고 경쟁사가 제시하는 입찰 금액보다 무조건 더 높은 가격을 부른다. 승부욕을 제어하지 못하는 인간적인 약점으로 볼수도 있다. 그러나 그 후에 벌어지는 상황이 더 흥미롭다. 결국 입찰 전쟁에서 '승리'한 기업은 뉴스·잡지 등 언론 매체의 주목을 받으며 자축 파티를 열어 샴페인을 터뜨린다. 한편, 실패한 기업은 불쾌한 심기를 감추지 못한 채 긴급 회의를 소집한다.

그런데 잠깐 생각해 보라. 그 기업이 정말 당신이 방금 지급한 3억 달러의 가치가 있는가? 원래 1억 5,000 달러면 충분하다고 계산하지 않았는가? 별로 대단한 기업도 아닌데 경쟁사가 1억 5,000 달러를 내고 그 기업을 인수하도록 내버려두는 것이 더 바보 같은 짓이었을까? 언론에서 뭐라고 하든 간에 내가 보기에는 경쟁사에 빼앗기지 않았다고 마냥 좋아할 일은 아니다.

## 시간 단축의 비경제

앞 다투며 규모 확대 경쟁을 벌이는 기업들을 지켜보면 어릴 때 첼로를 배우던 기억이 난다. 나는 9세에 첼로를 처음 잡았는데 그때 이후로 '시간 단축의 비경제' 문제로 항상 전전긍긍했다. 그때는 이런 용어를 몰랐지만 개념은 분명히 알고 있었고, 그로 인해 엄청난 스트레스를 받았다.

첼로 수업은 매주 토요일 아침에 있었다. 선생님이 오시면 정해준 곡을 연주했고, 다음 주에 연습할 새로운 곡을 받았다.

처음에는 일요일에 30분, 월요일에 30분, 화요일에 30분과 같은 방식으로 연습했다. 그러면 다음 레슨까지 총 세 시간 연습하게 된다(매일 30분씩 6일간 연습했다). 그 정도만 하면 선생님께 칭찬 받을 정도로 한 곡을 훌륭하게 연주할 수 있었다.

그런데 시간이 좀 지나자 핑계가 생겼다. 일요일에는 축구를 하느라 첼로 연습을 못했고 월요일에는 보이스카우트 활동으로 바빴으며 화요일에는 친구 집에 가느라 연습을 못했다. 수요일에는 첼로 연습을 해야 한다는 사실조차 까맣게 잊어버렸다. 그러다가 금요일이 되어서야 "앗, 큰일 났다. 내일 첼로 수업이 있는데 연습을 한 번도 안 했잖아!"라는 생각이 들었다.

"지금부터 세 시간 내내 연습하면 될 거야. 매일 30분씩 6일 내내 연습하는 것과 한 번에 세 시간을 몰아서 하는 것은 똑같으니까. 휴, 다행이다." 그런데 일은 내 생각대로 되지 않았다. 분명히 세 시간을 연습했는데도 첼로 실력은 조금도 나아지지 않았다. 그야말로 지나가던 사람이 들으면 배꼽 빠질 만큼 웃을 정도였다. 선생님은 물론이고 나도 듣기에 거북해서 어쩔 줄 몰랐으며 서둘러 레슨을 접어야 했다.

당시 나는 도무지 이해할 수 없었다. 어쨌거나 세 시간이라는 연습량을 채웠잖아. 그런데 연습한 효과가 전혀 나지 않는 이유가 뭘까? 매일 30분씩 연습하지 않고 하루에 세 시간을 몰아서 연습하면 안 되는 건가?

물론 어른이 되니 의문이 풀렸다. 연습이 끝날 때마다 두뇌가 쉬어야 한다는 사실을 몰랐던 것이다. 새로운 정보를 입력하거나 기술을 배우기 전에 두뇌가 회복할 시간이 필요하다. 이러한 휴식기는 연습 시간만큼이나 중요한 역할을 한다. 연습 중에 잠깐 쉬지 않으면 연습을 아무리 오래 해도 그 효과는 반감될 수밖에 없다.

그런데 요즘 기업 전략을 검토해 보면, 하루라도 빨리 성장하려는 욕심 때문에 스스로 덫에 빠지는 경우를 자주 접한다. 일례로 경쟁사를 따라잡으려고 어떤 기업들은 평소보다 두 배 속도로 새로운 시장에 뛰어들고, 두 배 속도로 기업 합병을 추진하며 직원도 두 배로 늘린다. 그러나 아쉽게도 이러한 노력은 기대한 결과를 낳지 못한다. 첼로를 배우는 학생과 마찬가지로 기업도 성장하려면 정기적으로 휴식을 취하며 회복하는 기간이 필요하다. 급하게 밥을 먹으면 제대로 소화시키지 못해 배탈이 난다. 남들보다 두 배로 노력한다고 해서 수익도 정비례로 두 배가 되는 것은 아니다. 성장 속도를 높이는 데는 한계가 있다. 조급증을 내면 오히려 제 발에 스스로 걸려 넘어질지 모른다.

이런 현상을 바로 '시간 단축의 비경제'라고 부른다. 이 말은 인시아드의 다이어릭Dierickx 교수와 쿨Cool 교수가 만든 용어다. 어떤 기업이 집중적인 노력을 기울여서 단시간 내에 성장하려고 하면, 동일한 노력을 장기적으로 기울인 것만큼 효율을 내지 못한다는 이론이다 (효율이 현저히 떨어지기 때문에 '비경제'라고 한다).

한번은 25개의 다국적 기업의 성장 전략을 분석하는 대규모 연구 프로젝트를 맡은 적 있다. 그 연구 결과도 동일한 점을 시사해 준다. 서두르지 않고 꾸준한 자세로 성장에 힘쓰는 것이 단시간에 급성장을 이루려는 기업보다 수익성에서 훨씬 앞서게 된다. 하루에 몰아서 연습했던 첼로 연주가 선생님을 몹시 괴롭게 했던 것만 봐도 차근차근 노력하는 기업은 주주들을 괴롭히는 것이 아니라 매우 행복하게 해줄 수 있음을 알 수 있다.

## 씨앗과 비료로 기업을 일으키는 방법

**미국에서 온 방문객** 이렇게 멋진 잔디를 가꾼 비결이 뭔가요?

**주인** 네, 무엇보다도 토양의 질이 중요합니다.

**미국에서 온 방문객** 그렇군요.

**주인** 그에 더해서 좋은 종자와 우수한 비료도 꼭 있어야 합니다.

**미국에서 온 방문객** 아무렴요. 그것도 중요하지요.

**주인** 또 매일 물을 주고 매주 잔디를 깎는 것도 잊어서는 안 됩니다.

**미국에서 온 방문객** 그래요? 별로 어려운 일은 아니군요.

**주인** 그게 전부입니다.

**미국에서 온 방문객** 아니, 그게 전부라고요? 농담하시는 거죠?

**주인** 농담이라니요. 별다른 비결이 있겠습니까? 그렇게 500년만 꾸준히 노력하면 된다니까요.


배꼽이 빠질 정도로 재미있는 이야기는 아니지만, 기업의 성장과 경영에 대해 중요한 점을 시사해 준다. 많은 기업이 급속도로 성장하거나 가능한 한 많은 기업을 인수하려고 애쓰지만, 그들은 기업 경영이 잔디를 가꾸는 것과 비슷하다는 점을 깨닫지 못한다. 장비를 사고 건물이나 사무실을 임대하며 직원을 고용하고 기타 자산을 갖추는 등 기업에 필요한 요소를 갖추는 것은 어려운 문제가 아니다. 그러나 이런 준비를 한다고 해서 저절로 기업이 굴러가리라 생각하면 오산이다.

효율적인 경영을 하려면 기업의 '하드웨어'(이를테면 기업 구조 및 보상 시스템)뿐 아니라 '소프트웨어'(기업 문화, 비공식적 의사소통 체계 등)도 세심하게 준비하여 서로 조화를 이루게 해야 한다. 그런 기업을 만들려면 눈에 보이는 몇 가지 요소만 챙기는 것으로는 어림도 없다. 지속적인 관심과 헌신적인 노력도 필요하지만 무엇보다 충분한 시간이 꼭 필요하다.

경쟁에서 유리한 고지를 선점하는 비법과도 밀접한 관련이 있다. 종종 우리는 기업의 경쟁력이란 브랜드 이미지, 특허권의 개수, 유리한 위치 선점 등을 떠올린다. 다시 말해서 경쟁사가 쉽게 따라할 수 없는 요소이기에 든든한 버팀목이 되는 것들 말이다. 하지만 처음에 소개한 이야기에서 엿볼 수 있듯이 기업 자체도 안정적인 경쟁력의 근원이 될 수 있다.

예를 들어 생각해 보자. 수년간 피땀 흘려 노력한 끝에 세계 각지에 지사를 내는 등 기업을 안정적으로 확장했으며 다양한 분야에서 고객들의 인정을 받았다면 어떨까? 이는 분명히 다른 기업들이 쉽게 따라할 수 없는 이점이다. 이 기업의 경쟁사가 이에 뒤질세라 세계 각지에 지점을 내면 문서상으로 두 곳의 입지는 비슷할 것이다. 그러나 실제로 두 기업이 운영되는 방식이나 효율성은 전혀 다르다. 후자의 경우는 퍼즐 조각을 제대로 끼워 맞춘 것이 아니라 엉성하게 겹쳐 놓아서 무슨 그림인지 알아볼 수 없는 상태와 같다. 그런 경우 아무리 애를 써도 결코 경쟁사를 따라잡지 못한다. 특별한 브랜드가 없어도, 위치상 유리한 곳을 차지하지 못해도, 변변한 특허권 하나 내지 못해도, 주가가 그리 높지 못해도 남들이 함부로 넘볼 수 없는 경쟁력을 갖출 수 있다. 인내심만 있다면 말이다.

## "내가 이겼어! 내가 이겼다고!"

지금까지 살펴본 요점을 집약하는 하나의 사례를 소개할까 한다. 나는 이 기업이 (목표를 향해) 발전 단계에 있을 때부터 연구 대상으로 삼았다. 다름 아닌 아홀드와 그 기업의 CEO인 세에스 반 데르 호이벤이다.

1994년, 국제기업의 성장·합병이라는 주제로 박사 학위 논문을 준비하던 중에 아홀드의 최고경영진을 처음 만나게 되었다. 내가 기억하기로 그분은 나와 인터뷰는 하겠지만 일체 비밀을 유지해 달라고 신신당부했다. 아홀드가 글로벌 기업이긴 해도 순수 네덜란드 계통의 소매업체라는 이미지와 평판을 지키기 위해 글로벌 사업 분야는 가능한 외부에 드러내지 않는다는 방침 때문이었다. 그로부터 5년이 지나 내가 논문을 모두 마무리할 무렵에 아홀드는 총 수익의 3분의 2를 미국에서 벌어들였으며 월마트와 까르푸에 이어 세계에서 세 번째로 큰 슈퍼마켓 유통업체로 자리 잡았다. 주로 기업 합병을 통해 국제적인 성장을 도모한 결과, 규모나 속도 면에서 모두를 깜짝 놀라게 했다.

아홀드의 성장은 세에스 반 데르 호이벤을 빼놓고 이야기할 수 없다. 그는 재생 에너지 투자 기업인 셸shell에 근무하면서 경영자로서의 자질을 키웠고 아홀드에서 CEO(재무담당 최고책임자)로 일했다. 그러나 그의 인생 목표는 상장 기업의 CEO가 되는 것이었다. 마침내 CEO 자리에 오르자 회사 복도에서 목청껏 "내가 이겼어! 내가 이겼다고!"라고 외친 일화는 매우 유명하다.

사실 아홀드는 1970~80년대에 이미 미국 시장에 깊숙이 침투해 있었다. 10개 이상의 후보를 정해 경영진이 직접 쇼핑객으로 가장하여 수십 곳의 매장을 둘러보는 등 합병 가치가 있는지 꼼꼼하게 따져

본 후에 바이로BI-Lo, 자이언트 푸드Giant Food, 퍼스트 내셔널First National, 탑스 슈퍼마켓Tops Supermarket과 같은 기업을 인수했다.

1993년에 세에스 반 데르 호이벤은 CEO의 자리에 올랐다. 그는 매년 한 주당 수익을 최소 10% 이상 높이며 장기적으로 볼 때 5년 내에 아홀드의 총수익과 순수익을 두 배 이상 늘린다는 목표를 세웠다. CEO가 된 바로 그해에 그는 네덜란드의 투자관계상Investor Relations Award을 받았으며, 동유럽, 포르투갈, 싱가포르까지 영역을 넓혔다. 수년간 빠짐없이 네덜란드 투자관계상을 수상하고 두 자리 수 성장률을 기록하더니 급기야 향후 5년간은 수익 성장 기대치를 15%까지 끌어올리겠다고 공개적으로 선언했다. 그로부터 몇 달 지나 1996년이 되자 아홀드는 타이, 말레이시아, 스페인, 중국, 브라질 등 5개국에 연이어 새로운 시장을 개척했다.

그러나 시간이 흐를수록 예전처럼 기업 인수 대상을 꼼꼼히 따져 보지 않았다는 사실이 드러났다. 인수한 기업이 모기업과 제대로 융화되지 못한다는 비판도 흘러나왔다. 한 해 뒤에는 오랫동안 최고 경영진에서 활약하다가 조기 퇴직을 하게 된 이사 한 사람이 고별사 중에 세에스 반 데르 호이벤을 쳐다보며 이렇게 말했다. "호이벤 사장님, 무조건 최대 기업이 되겠다는 욕심은 버리고 최고의 기업이 되려고 노력하세요. 그러면 자동으로 최대 기업의 자리에 오르게 될 겁니다." 그러나 아홀드는 들은 척도 않고 수익 상승률을 30~40%까지 끌어올리는 데 매달렸고, 그해에도 투자관계상을 놓치지 않았다. 이듬해인 1998년에 그는 앞으로 5년 안에 아홀드의 규모를 두 배로 늘리겠다고 선언했다.

경영진은 월요일마다 점심식사를 같이 하면서 회의를 했다. 이러한 모임은 '합병을 위한 점심식사'라고 불렸다. 이번 회의에서는 네 개 대륙에서 수십 개의 기업을 인수한다는 계획을 승인했다. 그중 아홀드가 예전에 자격 미달로 외면했던 미국 기업인 패스마크Pathmark도 들어 있었다. 그동안 아홀드는 수익성 면에서 최고의 자리에 오른 기업만 인수한다는 구체적인 방침을 고수했다. 이번에 그러한 방침을 바꾼 이유에 대해 질문하자 세에스 반 데르 호이벤은 수익성이 아니라 '수익 잠재성'이 가장 뛰어난 기업을 인수 대상으로 삼겠다고 단언했다.

그러나 1999년에 세계 곳곳의 자회사에서 문제가 터지자 내부 감사팀은 자회사의 30~40%가 적절한 통제가 필요하다고 지적했다. 이사회가 이 점에 대한 우려를 표명했으나 세에스 반 데르 호이벤은 무시해 버렸다. 그가 올해의 CEO상을 수상한 이듬해인 2000년에 경쟁사인 델하이즈Delhaize는 아홀드가 공공연히 합병 대상으로 점찍어놓았던 한나포드 브라더스Hannaford Brothers(북미 지역에서 약 120년에 걸쳐 167개 이상의 대형 슈퍼마켓을 운영해 오고 있는 업체—옮긴이)를 가로채버렸다. 급기야 프랑스의 슈퍼마켓 체인인 프로모데스Promodes도 까르푸의 손에 넘어갔다. 분석가들은 아홀드가 과연 연간 성장률 15%라는 CEO의 야심을 이룰 수 있을지 불투명하다고 예상했다. 영국 기업인 테스코Tesco를 물망에 올렸으나 비밀리에 진행한 협상은 결국 합의점을 찾지 못했다.

세에스 반 데르 호이벤이 이끄는 경영진은 아홀드 스타일을 버리지 않았다. 그들은 대규모 스칸디나비아 기업인 ICA의 절반을 손에 넣었다. 그에 이어 미국의 인터넷 식료품 잡화기업인 피포드Peapod와 US푸드서비스US Foodservice, 브루노스Bruno's를 포함하여 몇 개의 B2B 기업을 인수했다. US푸드서비스는 세에스 반 데르 호이벤이 '6개월 전까지는 기업 합병 후보로도 고려하지 않은 기업' 이었으며 브루노스는 이미 파산 보호 신청에 들어간 상태였다. 아홀드는 이번에도 네덜란드 투자관계상을 수상했으며 2001년 네덜란드 명예상도 거머쥐었다. 2000년 한 해 동안 13개의 기업을 인수하면서 원래 가지고 있던 4,500개 매장은 24개국의 8,100개로 늘어났다. 이로써 '멀티-포맷, 멀티-로컬, 멀티-채널' 이라는 아홀드의 기업 전략이 완성되었다.

반면 세에스 반 데르 호이벤이 여전히 '확실한 대상' 과 '과감한 목표' 의 필요성을 강조하는 와중에도 아홀드는 올해의 미국 소매업체로 선정되었다. 2002년 초반에 체코 공화국, 네덜란드, 스칸디나비아에서 심각한 갈등이 일어났고 포르투갈에서는 긴장이 극도로 고조되어 더 이상 손을 쓸 수 없는 지경에 이르렀다.

2002년 7월 4일, 아홀드는 처음으로 수익 경고profit warning(특정 기간에 예상했던 수준보다 수익이 떨어지는 것에 대한 보고—옮긴이)를 발표했고 11월 18일에 2차 경고를 발표했다. 그와 동시에 아홀드는 미국 식품 시장에서 제7차 기업 인수 계획을 공개했다. 내부 회계팀이 조사한 바로는 아르헨티나에서 불법 커미션으로 사용된 돈이 무려 3,000~3,500만 달러에 육박했다. 이처럼 성장 과정에 크고 작은 문제가 있음에도 아홀드는 2002년에 이케아와 하이네켄 등 쟁쟁한 경쟁사를 물리치고 네덜란드의 존경받는 기업으로 선정되었다.

2003년 2월에 아홀드 역사상 가장 큰 스캔들이 터졌다. 미국 식품 시장에서 저지른 금융 사기 규모가 장부상 이익으로만 무려 8억 8,000만 달러로 밝혀진 것이다. 이듬해 3월 이사회는 세에스 반 데르 호이벤을 전격 해임했다. 몇 년이 흘러 한 차례 법정에 선 후에 그는 배임죄로 집행유예 선고를 받았다.

아홀드는 아주 전형적인 사례에 속한다. 지나고 보면 다들 "어떻게 그런 일이 있을 수 있었지?"라고 한다. 그러나 처음부터 그 기업은 무너질 수밖에 없었는데 아무것도 모르는 사람들은 그 회사의 주식과 제품을 사들였다. 세에스 반 데르 호이벤이 혼자서 꾸민 일이라고 말할 수 없다. 그가 이카로스처럼 험상궂은 외모에 기업 인수라면 사족을 못쓰는 사람이긴 하지만 아홀드의 사례는 시간 단축의 비경제, 장부 수치에 지나치게 의존한 태도, 오로지 기업의 행보에만 집중한 전력 및 가장 커다란 암 하나만 바라본 편협한 시각 등이 모두 관련되어 있다. 그러므로 경영진, 이사, 은행, 주주, 애널리스트, 우수 기업 선정 위원회, 비즈니스 담당 언론 매체, 경영대학원 모두에게 책임이 있다(경영대학원은 겁도 없이 아홀드를 우수 경영 사례로 치켜세우고 현실적으로 거의 불가능한 이론을 담은 논문을 통과시켰으므로 책임을 면할 수 없다). 기업 하나의 문제가 아니라 전체 시스템의 문제다. 바로 그 시스템이 어느 순간부터 사람들을 태양에 너무 가까이 가도록 떠밀고는 그들이 추락하면 한심하다는 눈빛으로 그 모습을 보며 고개를 젓는다.

# 기업 인수는 대부분 실패한다

물론 아홀드의 사례에서 기업 인수는 가장 큰 부분을 차지한다. 여러 건의 기업 인수를 서둘러 진행하는 과정이나 필요 이상의 비용을 치르게 하는 과정은 별반 다르지 않다. 인수를 급하게 서두르면 기존 조직에 적절히 통합되지 못하고 가치 창출 효과도 미미하다. 후자의 과정은 기업 인수에서 엄청난 프리미엄을 창출한다. 인수 프리미엄이란 목표 기업의 시가에 더해 추가로 지급하는 천문학적 비용을 말한다. 시가의 70~80%가 넘는 금액을 지급하는 경우도 다반사다('천문학적'이라고 묘사하는 것도 결코 무리가 아니다). 가치 창출과 비교해 턱없이 높은 가격을 제시하는 것은 치명적인 결과를 낳을 우려가 크다.

나는 기업 인수 실적이 (가치 창출이라는 기준에서 성공률을 따질 때) 형편없는 이유가 바로 여기에 있다고 굳게 확신한다. 다시 기업 인수 합병에 대한 통계자료를 살펴보자. 이것을 보고 코웃음 친 사람이 많을 것이다. 이제부터는 나와 함께 진지한 태도로 살펴보기 바란다.

주가 상승이라는 면에서 70~80%의 기업 인수가 실패로 끝났다. 저명한 비즈니스 잡지 〈전략 경영 저널Strategic Management Journal〉에 보도된 두 가지 연구는 평균적으로 인수 계획을 발표한 지 10일 내로 인수 기업의 주가가 0.34~1% 하락한다고 지적한다. 75년이 넘는 기간에 걸친 주가 자료를 모두 분석한 결과는 한결같았다.

"10일밖에 안 되잖아. 장기적으로 보면 기업 인수를 통해 가치를 창출할 수 있지 않을까?"라고 반문하는 사람이 있을지 모른다. 미안하지만 절대 그렇지 않다. 앞의 연구는 인수가 모두 완료된 후에도 5년 내로 기업의 수익 또는 자본이 10% 이상 줄어든다고 알려준다.

"주식시장이 처음에 너무 비관적이지 않는가?"라는 질문도 생각해 볼 수 있다. 그러나 현실은 이와 정반대다. (5억 달러 이상의) 대규모 기업 인수(131건)를 조사한 결과 인수 발표와 동시에 시장조정수익률market-adjusted return(한 주식의 일정 기간의 실제 수익률에서 시장지수 수익률을 차감한 수익률—옮긴이)은 하락세를 보인 경우가 51%였다. 즉, 41%의 경우는 주식시장의 기대가 긍정적이었다는 뜻이다. 이 정도면 나쁘지 않은 편이 아닌가?

이야기는 거기에서 끝나지 않는다. 1년 후에는 기업 인수로 손해를 본 경우가 71%로 늘어났다. 즉, 기업 인수 발표가 나고 주가가 오름세를 보였던 41% 중에서 이듬해까지 긍정적인 수익률을 유지한 경우는 55%에 불과했다. 주식시장의 기대치도 비현실적으로 긍정적일 수 있다는 증거다. 그러나 처음 기대에 미치기는커녕 기업의 원래 가치마저 깎아 먹는 사례는 훨씬 더 많다.

이런 통계 자료를 기업 임원들에게 보여 주면 다들 눈살을 찌푸리며 이렇게 응수한다. "우리도 다 압니다. 단, 우리 회사는 예외가 될 겁니다. 지금까지 우리가 한 거래를 모두 분석해 보면 성공률이 3분의 2 정도 됩니다." 미리 짠 것처럼 다들 자기네 성공률이 3분의 2라고 말하는 것도 우습다.

대개 인터뷰와 설문 조사가 주를 이루고 가끔 이유를 알 수 없는 하락세를 보이는 도표가 곁들여져서 특정 기업을 인수한 거래가 과연 성공일지 의문을 품게 한다. (예의상) 질문을 던지면 '성공이 아니다'는 대답이 나온다. 사실 단순한 실패가 아니라 거의 재앙에 가깝다.

성공적이라고 자처하던 총 거래의 3분의 2는 아무래도 성공적이라고 하기에 무리가 있다. 나머지 3분의 1은 큰 어려움 없이 마무리되었을지 모르지만 (막대한 비용을 투자한 것과 비교해) 창출된 가치가 미미할지 모른다. 적어도 프리미엄 이상의 가치를 창출해야 손해를 면할 수 있다. 그러니 재앙을 피하는 것은 물론이고 아예 인수하지 않은 편이 여러모로 훨씬 유리했다.

이제 내 말이 옳다는 데 동의할 것이다. 기업 인수는 거의 다 실패한다! 이는 누구도 부인할 수 없는 사실이다.


## 하이네켄의 성공적인 인수 전략

이제부터는 기업 인수에 대해 긍정적인 이야기도 해야 할 것 같다. 지금까지는 기업을 확장하는 방법의 하나인 기업 인수에 대해 다소 회의적이었던 것이 사실이다. 어떤 사람들은 나에게 "도대체 어떤 기업의 인수 전략이 마음에 드는가?"하고 묻는다. (너무 날카로운 질문이라) 순간 정적이 흐른다. 하지만 이제는 나도 할 말이 있다. 기업 인수가 무조건 나쁘다는 잘못된 인상을 남기고 싶지 않아서 적절한 사례를 찾아보았다.

그렇게 찾아낸 것이 바로 '히어릭크, 헬더, 하이네켄'이다. 네덜란드 표현이라 이해하는 사람이 많지 않을 것이다. '하늘이 내려 준 깨끗한 맛, 하이네켄'이라는 뜻이다. 사실 이 표현은 학창 시절에 오랫동안 연구한 제품의 예전 슬로건이다. (그때를 생각하면 부끄럽지만) 이번에는 제대로 하이네켄의 예전 기업 인수 전략을 분석했다. 이번에는 정말 '제대로' 된 결론을 내려야 한다는 막중한 책임감을 느꼈다.

유행이 지난 슬로건을 다시 조명한다고 해서 어떤 대가도 받지는 않는다. 그저 (안타깝게도 오래전에 세상을 떠났지만) 한때 유명세를 누리던 프레디 하이네켄Freddy Heinneken이 활약하던 시절에 사용하던 기업 인수 전략이 기억날 뿐이다.

바로 그 전략이 내가 하이네켄을 좋아하는 이유다. 수많은 경영인이 온갖 고생을 하며 기업을 차근차근 키워가기보다는 인수를 통해 풍선 불듯 손쉽게 기업을 키우려 한다. 하지만 그들이 한 가지 간과하는 점이 있다. 수십 개 기업을 손에 넣는다고 해서 저절로 하나의 기업으로 뭉치는 일은 없다는 것이다. 훌륭한 대기업은 각 부서 및 하위 기업 사이에 긴밀한 협동 체제를 갖추고 있다. 여기에는 고도의 기술과 체계적인 시스템에 더하여 공유 문화, 비공식 네트워크 등의 무형 요소도 필요하다. 3장의 앞부분에 나온 씨앗과 비료 이야기를 떠올리면 이해에 도움이 될 것이다. 〈매니지먼트 저널Academy of Management Journal〉에 발표한 웬핀 차이Wenpin Tsai와 수만트라 고셜 Sumantra Ghoshal의 연구 결과에서는 앞의 요건을 갖추려면 오랜 시간이 필요하다고 지적한다. 하이네켄은 이 점을 벌써 알고 있었던 모양이다. 그는 기업 인수를 시도하긴 했지만 욕심을 부리지 않았으며 자연스럽게 기존의 기업과 통합하고자 노력했다. 또한 그는 기업인수를 자사의 유기적 성장을 피하기 위한 지름길로 생각한 것이 아니라 유기적 성장의 촉진제로 여겼다. 하이네켄은 인수 대상이 되는 기업과 하이네켄 브랜드 양측의 유기적 성장을 더욱 촉진하는 기회를 모색한다는 분명한 목표를 가지고 기업 인수를 추진했다(하이네켄의 경험과 구매력, 경영 능력은 인수 대상이 되는 기업에 큰 도움이 되었고, 하이네켄 브랜드는 지역 유통망을 넓히는 이점을 얻을 수 있었다).

하이네켄은 단순한 규모 확대가 아니라 언제나 수익성에 초점을 맞추었다. 덕분에 (증권분석가, 투자자, 일부 경영대학원 교수 등) 외부 전문가가 주요 경쟁사와 손을 잡으라고 강력히 권할 때에도 흔들리지 않았다. 그는 입버릇처럼 "세계 최대 기업이 아니라 세계 최고 기업이 되겠습니다."라고 말했으며 실제로 그 목표를 이루었다.

## 경영진의 자만심은 도대체 어디서 생기는가?

합병으로 기업 가치가 올라가는 일은 거의 없다. 유명한 투자자 워런 버핏은 수많은 CEO가 새로운 기업을 인수할 때 스스로 키스 한 번만 하면 두꺼비를 멋진 왕자로 변신시킬 수 있는 아름다운 공주라 착각한다고 꼬집어 말했다. 그들은 감옥에 갇힌 왕자를 해방시킨다는 명목으로 시장 가치보다 훨씬 높은 프리미엄을 지급한다. 그러나 버핏은 "격렬한 키스를 많이 보긴 했지만 실제로 기적이 일어나는 경우는 많이 보지 못했다."라고 말했다.

앞서 말했듯이 기업은 다른 회사를 인수할 때 주로 엄청난 프리미엄을 감수한다. 즉, 실제 주가보다 훨씬 비싼 값을 치른다. 주식 지분을 대부분 차지하여 해당 기업에 대한 통제권을 장악하려는 것이다.

학계의 조사에 의하면 이러한 프리미엄은 산업 분야와 기업의 규모 등에 따라 다르긴 하지만 무려 50~70%까지 올라간다. 이렇게 비싼 프리미엄은 나중에 투자액 이상의 수익을 뽑아낼 수 있다는 계산만으로 정당화할 수 있다. 그러나 이미 증명했듯이 그런 계산은 늘 어긋나는데도 기업가들은 같은 실수를 되풀이한다.

누가 가장 비싼 프리미엄을 지급하는지 분석해 보면 흥미로운 사실을 알게 된다. 예전에 런던 경영대학원에서 함께 강의를 했던 친구로 지금 콜로라도 대학에서 교편을 잡고 있는 매튜 헤이워드Matthew Hayward 교수는 돈 햄브릭Don Hambrick이라는 동료와 함께 조금은 장난스러운 시도를 했다. 그들은 자만심이 강한 CEO일수록 프리미엄을 많이 지급한다는 사실을 밝혀냈다. '다 쓰러져 가는' 기업을 자기 힘으로 되살릴 수 있다는 배짱, 즉 본인의 '자만심'을 이기지 못하는 것이다. 그래서 두 사람은 〈파이낸셜 타임스〉, 〈비즈니스 위크〉와 같은 비즈니스 전문 잡지에서 호평을 받은 기사들을 모두 찾아냈다.

호평을 받은 CEO들이 실제로 프리미엄을 더 많이 지급했는지 확인해 보니 예상이 정확히 적중했다. 엄밀히 말해 언론에서 CEO를 높이 평가하는 기사를 한 번 낼 때마다 그가 지급하는 프리미엄은 무려 4.8% 이상 높아졌다. 10억 달러짜리 기업을 인수한다면 프리미엄이 무려 4,800만 달러라는 계산이 나온다. 단 한 건의 기사만으로 말이다. 이런 기사가 여러 건 보도되면 프리미엄도 그만큼 커진다.

사실 그 CEO는 4,800만 달러를 길바닥에 내버리는 것이다. 헤이워드와 햄브릭이 지적한 대로 그런 CEO들은 자기가 투자한 프리미엄만큼 추가 수익을 창출하지 못하기 때문이다. 본인의 능력을 과대평가하여 비싼 대가를 치르는 것이다.

그렇다면 멍청하고 자존심 강한 CEO와 그를 추종하는 이사회를 탓해야 할까? 하지만 여기서 한 가지 더 흥미로운 사실을 짚고 넘어 가겠다. 두 사람의 연구 결과는 CEO의 쓸데없는 자만심이 어디에서 발생하는지 정확히 지적하고 있다. 다름 아닌 우리 모두가 CEO의 자만심을 부풀려 놓은 장본인들이다. 그들을 영웅시하고 신문과 잡지에 그들의 사진을 대문짝만하게 실어주며 그들의 결단력과 예지력을 찬양하여 온갖 상으로 기분을 우쭐하게 만드는 등 슈퍼스타 이상으로 대접하지 않았던가! 자만심으로 부푼 CEO들이 뉘우쳐야 할 죄는 우리가 쏟아내는 온갖 감언이설을 그대로 믿은 것뿐이다.

# 04

## 성공한 CEO는 슈퍼맨이다?

# CEO는
# 영웅 같은
# 존재가 아니다

## 우리 시대의 영웅들

3장에서 잠깐 다룬 것에 이어 이번 장에서는 가장 주목받는 인물인 CEO를 주제로 삼을 것이다. 많은 사람에게 CEO는 시대의 영웅과 같은 존재다. 그들은 새로운 이야기의 주인공이며 경영대학원의 사례 연구 대상이자 각종 자서전의 저자다. 유명인사나 슈퍼스타 대접을 받으며 (GE의 잭 웰치를 보면 알 수 있듯이) 신격화되는 경우도 종종 볼 수 있다. 〈포춘〉과 〈비즈니스 위크〉 등 유명 잡지의 표지 모델로 종종 등장하고 화려한 수상 경력에 더해 명예박사 학위를 얻기도 한다. 연봉은 수백만 달러를 호가하는 데다 만찬에서 간단한 연설을 하고도 엄청난 돈을 받는다. 위대한 리더로 인정받는 그들이 (비싼 대가를 받고) 던지는 몇 마디 말 속에서 한 가닥 희망을 찾으려는 사람들이 구름처럼 몰려들어 그들을 황홀한 눈빛으로 바라본다. 하지만 바닥으로 곤두박질 쳐서 (엔론의 제프 스킬링처럼) 대기업의 몰락을 한 눈에 보여 주는 것도 일순간이다.

4장에서는 연구 결과 및 사례를 통해 이러한 몰락의 과정을 자세히 조명할 것이다. "CEO가 되는 사람은 따로 있다."는 점만 강조하지 않고, 사실 그들의 자만심을 부풀리는 것은 바로 주변 사람들이라는 증거도 제시할 것이다. 흔히 말하는 성공한 CEO 대다수는 알고 보면 대단한 인재가 아니다.

이번 장에서는 독자를 뉴욕 시내의 어느 만찬장과 같은 분위기로 초대하여 CEO가 후임에게 바통을 넘겨주는 시기와 관련된 통계 자료를 소개할 것이다. 마지막으로 기업의 리더가 맡아야 할 중요한 역할이지만 흔히 간과되고 있는 점을 다루고자 한다. 스티비 스프링은 이 역할을 부각시키고자 CEO를 CST라고 부른다. CST는 바로 수석 스토리텔러Chief Story-Teller다. 잘난 척하는 나르시스와 자기 자랑이라고는 한마디도 못 하는 사람이 맞붙으면 누가 이길까?

## 운영 전략을 자주 바꾸는 경영진

그리스 신화에 나오는 나르시스에 대해 들어본 적이 있을 것이다. 나르시스는 빼어난 미남 청년이었다. 그는 외모만큼이나 자만심도 강했는데 결국 물에 비친 자신의 모습에 반한 나머지 한시도 물가를 떠나지 않았다. 게다가 물에 손을 담그면 수면에 비친 자신의 모습이 망가져 다시는 볼 수 없을까 봐 물도 한 모금 떠 마시지 않았다. '자아도취'를 뜻하는 'narcissistic'은 바로 여기에서 유래했다.

그렇다면 CEO로서 자아도취가 심한 사람을 어떻게 알아볼 수 있을까?(외모가 출중할 리 없으므로 겉모습으로 판단하기는 어렵다) 진지하게 한 번 생각해 보자. 자신의 능력과 명예에 한껏 도취한 CEO를 판별할 수 있는 기준은 무엇일까?

기업 연례보고서의 첫 장에 자기 사진을 보란 듯이 내세우는 사람일까? 언론용 보도 자료에 유독 CEO를 강조하는 경우일까? 인터뷰에서 (내가, 나를, 나의, 나 자신과 같이) 유독 1인칭 단어를 남발하는 사람은 어떤가? 그 기업에서 두 번째로 높은 지위에 있는 사람과 연봉이 얼마나 크게 차이가 나는지 계산해 보면 될까?

펜실베이니아 주립대학의 아리지트 차터지Arijit Chatterjee와 도날 햄브릭Donal Hambrick은 CEO 111명을 대상으로 앞의 항목을 모두 점검하여 자기도취 성향을 측정했다. 두 사람은 컴퓨터 하드웨어 및 소프트웨어 관련 기업에서 CEO 111명을 선별했다. 이미 나와 있는 연구결과에 의하면 CEO의 자기도취적 성향은 컴퓨터 하드웨어나 소프트웨어처럼 역동적이고 급변하는 분야에서 기업 운영에 도움이 되기 때문이었다. 그들은 각 기업의 전략을 다각도에서 분석하여 자기도취 성향이 강한 CEO들은 성품이 겸허한 CEO들과 비교할 때 어떤 차이가 있는지 찾아냈다(물론 전자가 자기도취에 빠져서 거울을 들여다보는 시간은 분석에서 제외했다).

과연 어떤 결과가 나왔을까? 자기도취 성향이 강한 CEO들이 기업의 운영 전략을 훨씬 자주 바꾸는 것으로 드러났다. 그뿐 아니라 기업 인수·합병을 추진하는 일도 훨씬 많았고 규모도 남달랐다. 성품이 겸허한 CEO가 이끄는 기업에 비해 실적 면에서 변동폭이 매우 큰 것도 놀랄 일이 아니었다. 그렇다면 전반적인 실적은 더 나은 편이었을까? 변동폭이 크긴 했지만 평균적으로 더 높지도 낮지도 않았다. (주가나 자산 수익률 등 모든 면에서 겸허한 CEO가 이끄는 기업을 앞지르지 못했다.)

> 자신의 전능한 꿈과 거창한 망상을 실현시키기 위해 세상을 다시 세우는, 허세부리는 사람을 자기도취자라고 한다. 인상적이거나 카리스마가 넘쳐서 우리를 매혹시키는 사람 중에 자기도취자가 많다는 사실을 경계해야 한다.

그래서 아리지트와 도날은 다음과 같은 결론을 내렸다. "자기도취 성향이 강한 CEO들은 과감한 행동으로 사람들의 이목을 끌려는 성향이 강하다. 그래서 대성공이 아니면 참패를 겪는다. 하지만 자기도취 성향이 두드러지지 않는 CEO와 비교할 때 평균 실적이 더 나은 편도 아니고 크게 뒤처지지도 않는다."

나는 두 사람의 말에 전적으로 동의하지 않는다. 솔직히 말해서 자기도취가 심한 CEO는 기업 발전에 별로 도움이 되지 않는다. 어떻게 실적만으로 CEO를 평가한단 말인가? 이렇게 자기도취가 심한 CEO는 한마디로 성장에 방해되는 존재다. 수익 면에서 딱히 두드러질 것도 없는 존재라면 인간적으로 훨씬 부드러운 CEO와 함께 일하는 편이 백 번 낫다.


## CEO의 오만함은 선천적일까? 후천적일까?

그렇다면 자기도취, 즉 오만함은 어디에서 생기는 것인가? M&A를 배경으로 이 질문을 연구하면 더욱 쉽게 해답을 찾을 수 있다.

이때, 우리가 반드시 기억해야 할 점이 있다. 대부분의 기업 인수는 실패로 끝난다. 이 점은 이의를 제기할 여지가 전혀 없다. 과학적이고 심도 있는 연구 결과가 다수 나와 있으며 반박할 수 없는 증거가 넘쳐나기 때문이다. 기업 인수의 70%가 기업 가치를 저하시킨다는 것은 수십 년에 걸친 사례를 통해 입증된 사실이다.

반복되는 실패에도 그들이 계속 다른 기업을 인수하는 이유는 무엇일까? 이미 살펴보았듯이, 한 가지 유력한 해답은 대다수 CEO가 '과도한 자신감' 또는 '자만심' 때문에 자기 자신을 괴롭힌다는 것이다. 그들은 멍청한 사람들이 운영하는 기업을 인수하여 새로운 가치를 창출하는 것이 자신의 임무라고 생각한다. 훨씬 똑똑하고 능력 있는 '내가 나서서' CEO의 자격도 없으면서 기업을 운영한다고 거들먹거리는 딱한 영혼들을 처리하겠다는 식이다.

이런 생각을 하고 있으니 프리미엄을 지급하는 데 주저할 이유가 없다. 그러나 실제 대다수 CEO를 비롯해 인수 계획이 별도의 가치 창출에 기여하지 않는다는 사실을 볼 때 그들은 자신의 능력을 과대평가하는 것이 분명하다. 오히려 대부분의 인수는 그들의 계산과 정반대의 결과를 낳는다(우선 기업 인수에 나서는 이유가 새로운 가치 창출이라고 가정하자. 물론 이러한 가정에 동의하지 않는 사람들도 있을 것이다). 어쨌거나 70%가 실패하는 것을 보면 대다수 CEO는 자신을 과대평가하는 것이 명백하다.

이제 다시 문제의 본질로 돌아가야 한다. 그렇다면 이렇게 과도

한 자신감은 어디에서 생기는 것일까? 원래 성격이 그런 사람들이 CEO가 되기 때문일까? 물론 그것도 가능성이 있는 말이다. 아니면 승진의 사다리를 오르면서 자기도 모르게 조금씩 자만심이 커진 것은 아닐까?

CEO들에게 경쟁 업체와의 싸움 못지않게 힘든 일이 자기 마음과의 전쟁이다. 기업 CEO들은 성공에 도취돼 성장 탄력을 놓치게 만드는 자만을 최대의 적으로 꼽았다고 한다. 책임이 뒤따르는 CEO들에겐 마음을 다스리는 일이 큰 숙제다.

아이오와 대학의 매튜 빌레트Matthew Billett 교수와 이밍 첸Yiming Qian 교수는 바로 이 점을 연구 주제로 삼았다. 두 사람은 1980년부터 2002년까지 기업 인수 3,795건을 주도한 (미국 출신) CEO 2,487명을 대상으로 연구한 결과 그들의 자만심은 타고나는 것이 아니라 주변 환경에서 기인한 것임을 밝혀냈다.

두 사람이 연구 초반에 발견한 사실은 다음과 같다.

1. CEO가 된 지 얼마 지나지 않은 시기에 결정한 사항은 기업의 가치에 아무런 손해를 끼치지 않았으며 그들의 의사결정에 기인한 주가 변동률은 0에 가까웠다.

2. 첫 인수 거래에 실패하여 주가가 하락하면 대부분 CEO가 더 이상 인수할 마음이 없다고 말했다.

3. 이와 대조적으로 첫 인수 거래에 성공하여 주가가 크게 상승하면 또다시 새로운 인수 대상을 물색하기에 바빴다. 이듬해에는 기업 인수 규모를 더 늘리겠다고 호언장담하는 CEO도 많았다.

4. 하지만 첫 시도에 성공한 CEO들도 재차 인수를 시도했다가 주가가

하락하는 수모를 겪는 경우가 허다했다. 이를 볼 때, 기업 인수로 주가를 떨어뜨린다는 학계의 주장은 CEO로서 일정 기간 이상 활동한 사람들에게만 적용된다.

　이번 연구를 통해 첫 인수 거래에 성공한 CEO들은 자만심이 생겨 재차 인수 거래를 시도할 뿐 아니라 갈수록 프리미엄 지급액도 과감하게 높인다는 결론을 내렸다. 프리미엄은 자꾸 높이지만 인수 기업으로부터 그에 상응하는 이윤을 얻어내지 못하므로 결국 주가가 타격을 입게 된다.

　두 교수는 '내부자 거래', 즉 CEO가 인수 직전에 자기 기업의 주식을 사들인 경우가 있었는지 조사해 보았다(이러한 현상은 인수 성공을 확신하는 경우에만 발생한다). 흥미롭게도 인수 거래가 처음이든 아니든 간에 거의 모든 CEO가 자사自社 주식을 매입했고, 인수 거래 경험이 있는 CEO는 매입량이 두 배나 많았다. 매번 주가가 하락하는 것을 보면서도 자만심에 눈이 먼 CEO들이 스스로 만든 덫에 제 발로 빠진다는 뜻이다. 주가가 하락할 것이 분명한데도 희희낙락하며 미리 주식을 사둔다고 생각하면 어이가 없다. 하지만 여기에는 또 한 가지 생각할 점이 있다.

# 영웅이 되거나 악당으로 몰리는 CEO

수많은 CEO가 기업의 얼굴 역할을 맡고 있으며 기업의 성공을 자신의 업적인 양 내세운다. TV를 켜거나 신문을 펼치거나 인터넷에 접속하면 어김없이 그들을 볼 수 있다. 대표적 사례로는 애플의 스티브 잡스, 닛산의 카를로스 곤<sub>Carlos Ghosn</sub>, GE의 잭 웰치 등이 있다.

반대로 CEO는 영웅이 아니라 악당도 될 수 있다. 그가 몸담은 기업이 사회에 해악을 끼치면 모든 화살이 그 사람을 겨누기 때문이다. 그는 조롱과 비난의 대상이 되고 심한 경우 옥살이도 감수해야 한다. 전 세계를 삼킬 것 같던 아홀드가 무너지고 세에스 반 데르 호이벤이 집행 유예를 선고받은 것을 보면 이 점을 쉽게 이해할 수 있다. 언론을 이끌던 제프 스킬링은 (하필이면) 미네소타 형무소에서 24년을 복역해야 한다. 언론 재벌이라 불리던 콘래드 블랙<sub>Conrad Black</sub>(영국 〈데일리 텔레그래프〉와 미국 시카고 〈선 타임스〉를 비롯해 전 세계에 신문사 수백 개를 거느린 언론 그룹 홀링거인터내셔널의 창업자이자 CEO였으나 2005년 11월 공금 유용과 탈세, 사기 등의 혐의로 6년 6개월의 실형을 선고받았다—옮긴이)도 플로리다에서 복역하고 있다.

그렇다면 우리는 정말 전 세계 곳곳에 지사를 두고 10만 명이 넘는 직원을 거느리며 셀 수 없이 다양한 제품을 생산하는 대기업의 행보가 CEO 한 사람이 식사 중 내뱉은 발언 하나에 좌우된다고 믿는 것일까? 단 한 명의 CEO가 신<sub>神</sub>처럼 한자리에 앉아서 모든 것을 꿰뚫어 본단 말인가?

사람을 이렇게 신격화하는 현상은 CEO들에게 국한되지 않는다. 톨스토이는 앞서 소개한 (수사적인) 질문을 통해 이 점을 분명히 지적한 바 있다. 그는 나폴레옹이 이끄는 군대가 보로디노Borodino 전투 이후, 러시아에서 결국 패배한 이야기를 다룬 《전쟁과 평화》라는 유명한 소설을 통해 "인간이 과연 전능할 수 있는가?"라는 질문에 대해 다소 회의적인 시각을 드러냈다. 일부 내용을 소개하면 다음과 같다.

수많은 역사가가 나폴레옹이 코감기에 걸리는 바람에 프랑스군이 보로디노 전투에서 패배했다고 주장한다. 그들은 나폴레옹이 아프지 않았더라면 … 러시아는 철저히 짓밟혔을 것이며 아마 지금쯤 세계무대에서 사라지고 없을 것이라고 굳게 믿는다.

보로디노 전투의 승패가 나폴레옹의 전투 의지나 그가 내리는 명령에 좌우되는 것이었다면 나폴레옹을 주저앉힌 감기가 러시아를 구한 것이다. 그렇다면 나폴레옹의 방수 부츠를 깜박 잊고 챙기지 못한 하인은 러시아의 구세주나 다름없다.

하지만 러시아의 운명이 단 한 사람에게 달렸다고 생각하지 않는 사람들도 있다. … 그들에게 이런 식의 논리는 순 엉터리일 뿐이다. 그것은 사람이 사는 이치를 아예 무시한 추론이다. '역사적인 사건을 유발하는 근본 원인은 무엇인가?'라는 이 질문에는 이런 해답도 있을 수 있다. 이를테면 이 지구상에서 벌어지는 온갖 사건은 … 그 사건에 관련된 모든 사람의 생각과 의견이 한데 뭉친 결과다. 따라서 당시 나폴레옹의 영향력은 지극히 피상적이며 허울에 불과하다.

내가 보기에 요즘 사람들은 이른바 잘나가는 기업의 CEO에게 무조건적인 찬사와 지나친 경외심을 보내는 것 같다. 이것은 그야말로 오버 액션이다. 반대로 어떤 기업이 경영 실패로 무너지면 그 CEO는 가혹할 정도로 비난과 경멸의 대상이 된다.

실패의 경우에 대한 극단적이고도 가슴 아픈 예시로 미국의 종합화학회사이자 초대형 기업인 유니언카바이드Union Carbide의 전前 CEO였던 워런 앤더슨Warren Anderson을 들 수 있다. 1984년 12월 3일에 인도의 보팔Bhopal에 있던 현지 공장에서 인류 역사상 가장 끔찍한 산업 재해라 일컬어진 사고가 발생했다. 그날 유독 가스가 누출되어 하루 만에 수천 명이 사망했고 누출 사고의 여파로 수만 명의 사망자가 추가로 발생했다.

보팔 시민은 워런 앤더슨을 바로 이 극악무도한 사건의 주범으로 지목했으며 지금도 그러한 생각에는 변함이 없다. 지금도 시내 곳곳의 벽에 "앤더슨의 목을 쳐라."라는 글이 남아 있고 앤더슨을 상징하는 목각 인형을 불태우는 모습을 볼 수 있다. 정말 워런 앤더슨 때문에 그런 사건이 발생한 것일까? 물론이다. 해당 공장의 주식 51%를 보유한 CEO로서 그는 책임을 회피할 수 없다. 보팔 시민이 원한을 품는 것도 충분히 이해할 만하다. 잭 웰치나 그와 비슷한 유명 기업의 CEO를 신처럼 떠받들면서 숭상심이라는 본능적 욕구를 채우는 것과 근본적으로 다를 바 없다. 하지만 현실을 따져보면 톨스토이가 말한 대로 기업의 흥망성쇠는 "그 사건에 관련된 모든 사람의 생각과 의견이 한데 뭉친 결과다." 따라서 한 사람의 경영자를 극찬하거나 반대로 죄인 취급하는 것은 모두 지나친 오버 액션이다.


## 유명세를 누리는 CEO와 부담스러운 기대치

유명세를 누리는 CEO가 상을 받으면 어떤 변화가 생기는가에 대한 연구 결과가 있다. 한때 비즈니스 전문 잡지로 인정받았던 〈파이낸셜 월드〉에서는 올해의 CEO라는 이름으로 매년 폭넓은 조사를 실시하여 최고의 CEO를 선정했다. 수많은 CEO와 애널리스트를 조사한 다음 다수의 대기업 CEO에게 영예로운 상을 수여했다. 약 2,000여 명이 후보에 올랐으며 그중 동메달은 수백 명, 은메달은 10여 명이 받았고, 금메달은 단 한 사람에게만 수여되었다. 금메달 수상자는 그야말로 비즈니스계의 신적 존재로 추앙받았다. 메달 수상식은 화려한 분위기에 골프 이야기가 오가는 디너 파티와 함께 열렸다. 이 잡지사는 오래전에 파산했으나(파산 직전까지도 초호화 파티를 일삼았다고 한다) 메달 수여식은 아직도 많은 사람에게 회자되고 있다.

조지타운 대학의 제임스 웨이드James Wade 교수는 몇 년 전에 메달을 받은 CEO와 그들을 추앙하던 사람들이 어떻게 변했는지 연구했다. 연구팀은 먼저 메달을 받은 기업이 다른 기업보다 실제로 우수한 실적을 올렸는지 분석했다. 대답은 명백히 '아니다'로 판명되었다. 연구진은 이 결과에 대해 조심스러운 태도로 이렇게 설명했다. "CEO가 일약 스타 반열에 오르는 것은 해당 기업의 발전에 긍정적이거나 부정적인 영향도 주지 못한다." 이 말의 이면에는 CEO의 메달 수상이 기업에 전혀 도움이 되지 않는다는 뜻이 숨어 있다.

　연구팀은 또한 메달을 수상한 CEO가 (개인) 수입이 더 늘었는지 알아보았다. 메달을 수상한 후에 이사회에서 지급한 상여금을 보면 금방 알 수 있었다. 상여금이 분명히 '인상'되긴 했으나 한 가지 조건이 있었다. 상여금이 약 10%나 인상되는 대신, 이후 기업의 실적이 나빠지면 그동안 칭송받던 CEO의 수입은 메달을 받고 싶어서 안달이 난 경쟁자들보다 줄어들었다(그야말로 자기자본이익률이 떨어지는 것만큼이나 부정적인 효과를 내는 것이다). CEO가 외부에서 상을 받으면 상여금을 올려주는 것으로 보아 이사회는 스타성이라면 사족을 못 쓰는 것이 분명하다. 반대로 CEO가 스타성에 걸맞은 실적을 내지 못하면 조금도 봐주지 않고 그 대가를 치르게 하는 것 또한 바로 이사회다.

　하지만 CEO의 보수와 관련해서 이러한 부정적인 효과는 상대적으로 미미한 편이다. 사실 자기자본이익률이 0 이하로 떨어지는 기업은 극히 드물다. 주식시장은 언제나 그렇듯이 냉정하다. 연구팀은 또한 주식시장이 메달을 수상한 CEO에 대해 어떤 반응을 보이는지 주목했다. 처음에는 주가가 오르는 것으로 보아 주식시장도 약간 영향을 받는 것 같았다(이때 변동폭은 0.25% 수준이었다). 그러나 며칠 후면 주가가 서서히 하락하기 시작해 몇 달이고 하향세를 보였다. 약 8개월이 지나자 메달을 수상한 CEO가 이끄는 기업의 주가는 그렇지 않은 기업들의 평균 주가보다 8%나 낮은 것으로 나타났다. 8%는 결코 간과할 수 있는 수치가 아니다. 수십억 달러 규모의 기업이라면 메달 하나 때문에 기업 가치가 8,000 달러나 절하된다는 뜻이다! 메달 하나 가격치고는 너무 비싼 수준이다.

주변 사람들이 박수를 쳐주고 팡파르를 울려 주었는데 주가는 왜 하락한 것일까? 내가 보기에는 사람들의 기대치가 관건인 것 같다. CEO의 연봉이 올라간 것이나 처음에 주가가 약간 올라간 것을 볼 때 메달 수상 직후에는 모든 것이 좋아 보인다. 그러나 시간이 조금 흐르면 그 CEO를 바라보는 시각이 냉담해진다. 한껏 부풀어 오른 기대에 부응하지 못한다는 생각에 주가는 금세 하락세로 돌아서고 주주들도 등을 돌린다. 이 연구 결과에 의하면, 평균적으로 주변의 기대를 온전히 충족시키기란 거의 불가능하다.

메달을 받는 순간 CEO의 연봉은 올라가고 주식시장이 두 팔 벌려 그를 환영하는 한편 그만큼 사람들의 기대치도 높아진다. 그 기대치에 부응하지 못하면 그만한 대가를 치러야 한다. 수상 당시에 한껏 멋을 부린 모습으로 파티에 참석하여 자랑스럽게 메달을 내보이며 카메라 세례를 받지만, 아마 그때는 이런 가혹한 결과를 맞닥뜨릴 것이라고는 상상조차 못했을 것이다.


## 성공한 CEO는 무능력하다

어떤 사람들은 유명인사가 된 CEO가 인지도가 낮은 CEO보다 정말 경영 실력이 뛰어난지 의문을 제기한다. 사실, 반드시 그렇다고 확신할 수 있는 증거는 전혀 없다. 여기서 한 걸음 더 나아가 어떤 사람들은 가장 화려해 보이는 CEO가 오히려 제일 무능하다고 주장하기까지 한다. 아마 지금까지 이런 주장을 과감하게 펼친 사람은 아무도 없었을 것이다. 과연 그들은 무슨 근거로 그렇게 주장하는 것일까?

비즈니스 세계는 위험천만한 곳이다. 이 점은 그 누구도 부인할 수 없다. 자신이 원하는 것을 철저히 분석하여 꼼꼼하게 계획하고, 자료를 수집해 성공 방안을 모색하다 보면 머리에 쥐가 날 정도가 된다. 하지만 그렇게 애를 써도 항상 내가 원하는 대로 일이 풀리는 것은 아니다. 비즈니스란 아무도 함부로 단언하거나 호언장담할 수 없다.

그렇다면 어떻게 해야 훌륭한 리스크 매니저risk manager가 될까? 아마 여러 가지 경우의 수 중에서 가장 안정적이고 성공 가능성이 큰 것을 잘 선택해야 한다. 그렇게 하면 성공할 수도 있지만 실패할 가능성도 여전히 있다. 리스크와 수익률을 계산할 때는 항상 신중을 기해야 한다. 리스크는 최소로 줄이면서 기대수익률을 가장 높일 수 있는 시점을 찾는 것이다. 때로는 (국공채를 매입하는 등) 수익률이 낮아도 리스크가 낮은 안전한 투자 대상을 선택하는 것이 현명할지 모른다. 반대로 (주식 투자와 같이) 리스크는 비교적 높은 편이나 기대수익률이 높은 기회를 잡을 수도 있다.

리스크 매니저는 국내외의 경제 불안이 계속되는 현실에서 미래에 발생할 수 있는 위험을 줄이고 기업의 안정을 확보하는 일을 담당한다. 단순한 계량화를 통한 리스크 관리뿐 아니라 회사의 전략과 경영전반에 대한 관리까지 넓어지고 있다.

이와 반대로 리스크 매니지먼트를 제대로 못하는 사람들은 뭔가 엉성하고 부족하다. 그들은 리스크는 높고 평균수익률이 낮은 투자 대상을 거부하지 않는다. 한마디로 멍청하기 짝이 없다. 그러나 이들을 무조건 손가락질해서는 안 된다. 엉뚱하게도 소 뒷걸음질치다 쥐 잡는 격으로 그들의 선택이 대박으로 이어지는 경우가 종종 있기 때문이다.* 우리가 가장 유망한 CEO 중에서도 제일 똑똑한 사람에게 기대를 걸 때 그들은 전혀 가망이 없는 기업을 기웃거린다. 그런데 거기서 '심봤다'를 외칠 때도 있는 것이다.

스탠퍼드 대학의 짐 마치 교수가 말한 것처럼 CEO에 대한 기대도 이와 동일한 결과로 이어질 수 있다. 사람들의 이목을 끄는 최고의 CEO가 알고 보면 아무것도 모르는 허수아비인 경우가 있다. 그런데 바로 이들이 해당 분야에서 독보적으로 높은 수익률을 기록하기 때문에 위험하다. 사람들은 겉으로 드러난 모습만 보고 그들이 '비즈니스의 귀재'이며 정말 똑똑한 인재라 믿어 버린다. 설상가상으로 당사자들도 그렇게 ("이것 봐. 또 해냈잖아. 난 천재인가 봐!"라고) 착각하기 시작한다. 사실 한두 번, 아니 세 번 정도는 억세게 운이 좋을 수도 있다(세 번쯤 반복되면 사람들의 주목을 받게 된다). 하지만 그저 운이 좋아서 성공한 것은 거품처럼 한순간에 사라지기 마련이다(프랑스의

---

* 통계적으로 볼 때 유능한 리스크 매니저는 비교적 높은 평균치에 맞추어 투자한다. 무능한 매니저는 평균 수익은 볼품없지만 '팻 테일fat tail(정규분포함수와 비교했을 때 평균보다 양끝의 영역 분포가 훨씬 큰 현상—옮긴이)'을 놓치는 법이 없다. 이렇게 되면 분포도의 오른쪽 끝이 넓어지므로 '무능한 리스크 매니저'도 실적상 최상위 그룹으로 분류되는 사람들에 포함된다.

유력 사업가이자 정치인 베르나르 타피Bernard Tapie, 제프 스킬링, 세에스 반 데르 호이벤, 콘래드 블랙 등을 떠올려 보라).

펀드 매니저나 주식으로 돈을 벌어 보려는 사람들도 마찬가지다. 가장 주목받는 펀드라고 해서 무조건 최고의 투자 대상은 아니다. 예를 들어 생각해 보자. 참가자들에게 '주식에 투자할' 종잣돈을 주고 6개월간 수익을 가장 많이 올린 사람에게 상을 주거나 취업까지도 보장하는 콘테스트에 대해 들어 보았을 것이다. 하지만 이 콘테스트는 심각한 결함이 있다. 이런 조건이라면 주식에 대해 문외한인 사람만 1등 할 수 있다. 가장 무식하고 어처구니없으며 위험하기 짝이 없는 방법으로 투자하되 운이 따라야만 수익을 크게 낼 수 있기 때문이다. 경험이 많고 리스크를 회피하는 참가자는 투자금도 회수하지 못하는 경우가 허다하며 수익을 내도 별로 높지 않아서 수상후보에 오르지 못한다.

그렇다. 어떤 사람은 순전히 운이 좋아서 콘테스트에서 우승한다. 이런 조건에서는 투자에 실패할 확률이 99% 이상이다. 결국 실력에 관계없이 억세게 운 좋은 사람이 우승자가 되는 것이다.

그러니 비즈니스에서 '최고의 자리'에 오를 기회나 리스크를 수반하는 상황은 일단 경계해야 한다. 그런 조건에서 1등을 차지하는 사람은 운 좋은 바보임이 분명하다.

# 경영진은 결국 슈퍼맨이 되어야 하나?

지금까지 살펴본 내용은 다소 극단적인 면이 있을지 모른다. 성공 비결이나 성공의 필수 조건을 논할 때 우리는 모두 서투른 면이 많다. 특히 본인의 성공을 논할 때는 더 그렇다.

이는 일상 행동에서 흔히 볼 수 있다. 무언가를 잘해내면 자기가 잘났다고 생각하지만 일이 틀어지면 다른 사람을 탓하거나 핑계를 댄다. 이를 '귀인의 편향attribute bias'이라 부르며 이미 사회심리학자들이 충분히 연구한 주제다. 하지만 하루가 멀다 하고 자주 접할 수 있는 상황이므로 그들의 연구 결과를 들추어보지 않아도 된다.

미시간 주립대학의 존 와그너John Wagner 교수와 리처드 구딩Richard Gooding 교수는 기업 CEO도 동일한 문제를 겪는지 조사했다. 두 사람은 CEO 102명을 대상으로 장기간의 실험 및 통계적 분석을 했다. 지루하고 복잡한 중간 과정은 생략하고 결론만 이야기하자면 (정말 놀랍게도) "그들도 같은 문제를 겪는다." 기업이 좋은 성과를 내면 경영진은 자신들이 노력을 아끼지 않은 공이 크다고 주장한다(말만 그렇게 하는 것이 아니라 진심으로 그렇게 생각한다고 한다). 반대로 경영난을 겪을 때는 하늘에 맹세코 자신들은 아무 잘못이 없다고 생각하며 다른 누군가가 모든 비난을 받아야 한다고 말한다. 경영진도 사람이니까 어쩔 수 없는 모양이다.

이것이 전부가 아니다. 두 교수는 한 가지 흥미로운 시도를 했다. (방금 설명한 것처럼) 자기가 운영하는 기업의 성공 여부만 평가해 보라고 한 것이 아니라 경쟁사 또는 자신과 비슷한 처지에 있는 다른 기업의 실적과 그 원인도 분석하도록 요구한 것이다.

자기 회사의 경우 실적이 좋으면 본인의 노력 덕분이라고 말하고 실적이 나쁘면 외부 요인을 탓하는 경향이 두드러졌다. 그런데 다른 기업의 실적을 논할 때는 반대 현상이 나타났다. 실적이 좋으면 "보세요, 전체적으로 모든 조건이 좋았잖아요."라고 말했고 실적이 나쁘면 경영진에게 심각한 결함이 있는 것 같다고 말했다.

이런 반응은 아직 정식으로 보고된 바 없다. 그러므로 우리는 두 가지 결론을 생각해 볼 수 있다. 하나는 기업 CEO가 인간적인 반응을 보이는 경계선상에 있다는 것이고, 다른 하나는 그들이 일반인들보다 더 인간적인 성향이 강하다는 것이다. 어느 쪽 결론을 택하느냐는 우리 각자의 몫이다.

"CEO는 기업 실적 곡선이 최고 또는 최저를 가리킬 때 짐을 꾸려야 한다."

때때로 영웅과 악당의 차이는 종이 한 장에 불과하다. CEO를 영웅 대접할 것인지 악당 취급할 것인지는 180도 다른 문제이나 어느 한 쪽을 택하고 나면 되돌릴 수 없다는 단점이 있다. 회사의 경영 실적이 계속 저조해서 이사회가 CEO를 쫓아낸다면 당사자에게도 잘된 일일지 모른다. 그 자리에 계속 있어봐야 평판만 나빠져서 결국 술집에 취직하려는 알코올 중독자 취급을 받을지 모를 일이다. 언론에서 CEO를 어떻게 평가하든 간에 기업 실적은 분명히 CEO의 교체 시기를 좌우하는 중대한 요소다. 최고 실력을 갖춘 전문 CEO도 이사회의 눈치를 견디지 못해서 후임자에게 바통을 넘겨주고 '새로운 도전을 향해' 떠나는 경우가 많다.

하지만 저조한 실적이 CEO가 조기 퇴임하는 유일한 이유라고 말할 수 없다. 미국 CEO들을 대상으로 한 연구 결과를 보면 (수많은 연구 결과 중 와그너, 페퍼, 오레일리 교수의 연구 결과가 가장 주목할 만하다.) 기업의 실적이 바닥을 쳐서 CEO가 떠나기도 하지만 기업 실적이 비교적 좋을 때 CEO가 떠나는 경우도 많다(전자의 경우는 정식 해고는 아니더라도 이사회가 옆구리를 계속 찔러서 하는 수 없이 물러나는 것이다). 와그너 교수는 후자의 경우 CEO 본인의 몸값이 최고치에 달했을 때 더 나은 기회를 찾아 떠나는 것이라고 설명한다.

누군가가 '재미삼아' 이런 추론을 한 것은 아니다. 여하튼 실제로 이런 현상이 벌어지는 것을 자주 볼 수 있다. 나에게도 네덜란드 기업의 CEO 200여 명에 대한 자료가 있는데 문득 그들 역시 (한 사람도 빠짐없이) 이렇게 행동할 것인지 궁금해졌다. 어느 비 오는 날 오후 내내 열심히 자료를 분석해 보니, 놀랍게도 이들 역시 기업의 실적이 최고치를 기록할 때 CEO 자리를 내놓는다는 결론이 나왔다. 하지만 경영이 어려울 때는 꼼짝도 않는 것 같았다. 네덜란드에서는 회사가 어려울 때 CEO부터 내쫓지 않는 모양이다.

하지만 한 가지 유의할 만한 점이 있다. 네덜란드 기업에서는 실적이 가장 높을 때 CEO가 떠나기도 하지만 실적이 (급격히) 하락하기 시작할 무렵에 떠나는 경우도 많았다. 기업이 본격적인 하락세를 보이기 전에 후임자에게 자리를 비켜 주어서 자기 이미지가 실추되는 것을 막는 것 같았다. 결국 타이밍의 문제다. 최고의 자리에 올랐을 때 미련 없이 돌아서 나오는 것보다 더 좋은 시점이 어디 있겠는가? 이제 바닥으로 곤두박질 치는 일만 남아 있으니 말이다.


## CEO는 수석 스토리텔러다

아직 우리에게는 "CEO가 하는 일은 무엇인가?"라는 질문이 남아 있다. 그들의 영향력은 종종 (좋은 의미로든 나쁜 의미로든) 과대평가되고 있으며, 어느 정도 영향력을 행사하는 것은 명백한 사실이다. CEO는 정확히 어떤 역할을 맡고 있는 것일까?

영국의 유명 잡지 〈퓨처Future〉의 CEO 스티비 스프링은 얼마 전에 나에게 이런 말을 한 적 있다. "나는 CEO가 아니라 수석 스토리텔러에요." 수석 스토리텔러? 그게 무슨 뜻일까?

먼저 조직이 무엇인지 생각해 보자. 조직이란 사람들이 모여서 이루어지는 큰 규모의 단체로서 하나의 공통된 목표를 추구한다. 간단히 말하자면 수익이 곧 목표라고 할 수 있겠지만 수익을 내기 위해 무엇을 하는가에 대한 공통적인 생각이라고 정의하는 것이 더 낫다. 그렇다면 조직에는 명확하고 전략적인 방향이 있어야 한다. 기업 전략을 수십 페이지에 걸쳐 자세히 설명하는 보고서가 있어야 한다는 말이 아니다. 그런 보고서는 서류철만 늘릴 뿐 실제로 도움이 되지 않는다. 명확한 전략적 방향이란 조직 구성원이 해야 할 일과 하지 말아야 할 일을 분명히 정해놓은 것이다.

예를 들어 〈퓨처〉의 목표는 "젊은 남성을 겨냥한 특별한 주제를 다루는 잡지로서 가능하다면 다양한 사건을 망라하면서 온라인에 스필오버spillover(어떤 요소의 생산 활동이 그 요소의 생산성 또는 다른 요소의 생산성을 향상시켜 전체 경제의 생산성을 올리는 현상을 말하는 것으로 일출효과溢出效果라고도 함—옮긴이) 효과를 노리는 것"이다. 이런 잡지는 '기타로 연주하는 록 음악'을 다루어도 '음악'이라는 주제는 (특별한 주제로 보기에는 너무 광범위하므로) 다루지 않는다. 미국에서는 출판해도 독일에서는 하지 않는다(이렇게 하면 독일 측에서 먼저 출판 계약을 제의할지 모른다). 모터사이클 레이스, 엑스박스, 윈드서핑과 같은 주제는 몰라도 뜨개질 이야기를 다룰 리 만무하다. 이런 식으로 이 잡지에서 다루는 주제와 다루지 않는 주제가 분명히 나뉜다. 다른 기업도 마찬가지다. 각자의 전문 분야나 능력을 벗어나는 주제는 제외해야 한다.

스티비 스프링은 전 세계를 돌면서 이 이야기를 입이 닳도록 반복하고 있다. 애널리스트, 펀드 매니저, 이사회, 직원, 고객은 물론이고 경영대학원 교수도 예외가 아니다.

훌륭한 CEO는 자신만의 스토리를 가지고 있다. 영국의 엔터테인먼트 회사인 프레맨틀 미디어Fremantle Media의 토니 코헨Tony Cohen은 텔레비전 프로덕션의 제작권을 소유하여 (온라인과 같은) 다른 분야에 스핀오프spin-off(인기를 끌었던 프로그램의 등장인물에 근거해 새로 만들어내는 라디오나 텔레비전의 프로그램—옮긴이)를 확대한다는 목표가 있다. 이렇게 하면 동일한 프로그램을 세계 각국의 상황에 맞게 수정해서 보급할 수 있다. 매우 단순하면서도 분명한 목표다. 런던에 있는 새들러스 웰스 극장의 앨리스터 스펄딩Alistair Spalding은 런던 관객을 겨냥하여 최신 현대 무용을 다양하게 선보이고자 적극적인 노력을 기울인다. 혼비Hornby를 이끄는 프랭크 마틴Frank Martin은 모형 기차를 거의 완벽에 가깝게 축소 모형으로 재현하여 수집가와 취미 활동을 하는 사람들의 향수를 불러일으키는 것을 목표로 삼고 있다. 그들의 스토리는 모두 명확하고 단순하다는 공통점이 있다. 따라서 모든 직원과 투자자, 고객이 스토리를 충분히 이해하고 공감할 수 있다.

그렇다면 상대방의 마음을 얻을 수 있는 스토리만 준비하면 되는 것일까? 아니다. 그것으로 만족해서는 안 된다. 골드만삭스에 근무하던 어느 애널리스트는 2001년 10월에 엔론에 대해 이렇게 기술했다. "엔론은 지금도 세계 최고의 기업이다. 얼마 전에도 엔론의 최고 경영진 임원과 대화를 나누었다. 우리는 엔론과 그 기업의 경영진을 굳게 신뢰한다."(하지만 그로부터 불과 몇 주 후에 엔론은 파산하고 말았다. 이를 통해 경영진의 스토리가 전부는 아님을 알 수 있다—옮긴이)

어쨌든 이처럼 스토리는 매우 중요한 부분인 것이 확실하다. 기업의 전략이 엉성하거나 초점이 분명하지 않고 논리가 결여되어 있으면 일관성 있고 설득력 있는 스토리를 만들 수 없다. 스토리가 제대로 잡혀야 사람들이 관심을 느끼거나 투자할 마음이 생기고 (투자 여부와 관련하여 중대한 결정을 내려야 하므로) 이사회의 지지가 필요할 때 그들을 설득할 수 있다. 또한 스토리는 기업의 전체 목표에 비추어 볼 때 직원들 각자가 어떤 결의로 무슨 역할을 해야 하는지 분명히 보여 준다. 이처럼 스토리는 CEO에게 힘을 실어 준다.

## CEO와 리더는 달라야 하는가

나는 스티비 스프링의 스토리를 듣고 오래전에 〈하버드 비즈니스 리뷰〉에 실린 유명한 기사가 생각났다. 리더십에 관한 아브라함 잘레즈닉Abraham Zaleznik의 글이었다. 나는 훌륭한 리더나 유능한 CEO의 특징에 대한 글을 읽을 때마다 이맛살을 찌푸리게 된다. 기업의 역사와 전략의 발전 과정을 분석하면 할수록, 그 시기에 맞는 다양한 특성을 갖춘 여러 부류의 사람들이 CEO가 된다는 점을 깨닫게 된다. 다시 말해서 모든 사람이 존경해야 할 리더는 단 한 가지로 정의할 수 없다.

내가 개인적으로 좋아하는 영국의 중소기업이자 모형 기차 제작업체인 혼비를 예로 들어보자. 10여 년 전에 큰 위기를 맞았을 때 혼비의 이사진은 피터 뉴웨이Peter Newey라는 터프가이를 CEO로 지목했다. 그는 비용 지출을 대폭 감축하고 포트폴리오를 무자비하게 줄였을 뿐 아니라 상당수의 직원을 정리 해고했다. 분명히 사람들이 좋아할 만한 유형의 인물은 아니었다(그의 집이 회사가 위치해 있는 마르게 이트에서 멀리 떨어진 것은 천만다행이었다. 그렇지 않았다면 아마 등에 칼을 맞고도 남았을 것이다). 그렇지만 지나온 행보를 되돌아보면서 사람들은 그에 대한 존경심도 갖게 되었다. 그 시점에는 바로 그런 CEO가 필요했던 것이다. 그가 단호한 변화를 추진하지 않았다면 회사가 아예 문을 닫았을지도 모를 일이었다.

얼마 후 혼비의 CEO는 프랭크 마틴Frank Martin으로 바뀌었다. 그는 인간지향적인 사람이었다. 직원들은 CEO가 어떤 사람이냐는 질문에 대뜸 이렇게 대답했다. "인간관계의 귀재랄까요?"(피터 뉴웨이와는 정말 대조적이지요.) 실제로 프랭크 마틴은 공급업자, 고객, 소매상, 투자자들과 원만한 관계를 유지하여 기업의 성장에 크게 기여했다.

그런데 프랭크 마틴이 피터 뉴웨이처럼 단호한 결정을 내릴 수 있었을까? 그럴 리 만무하다. 두 사람은 성격이 확연히 달랐다. 피터 뉴웨이가 리더의 자질이 필요한 시기에 등장해서 회사를 살렸듯이 프랭크 마틴도 적절한 시기에 CEO의 자리에 올랐기에 훌륭한 업적을 이룬 것뿐이다.

어떤 기업을 봐도 마찬가지다. 애플을 생각해 보자. 초창기에 스티브 잡스는 넘치는 열정과 뛰어난 카리스마로 두각을 나타냈다. 신생 기업의 리더에게 반드시 필요한 자질이었다. 그러나 현실적이고 계산적인 존 스컬리John Sculley에게 경영권이 넘어가자 (스티브 잡스는 그를 매우 못마땅하게 여겼다) 애플의 수익은 사상 초유의 기록을 달성했다. 새로운 CEO는 혁신을 주도하거나 과감하게 변화를 시도하지도 않았으며 큰 변화를 도모하는 것은 생각조차 하지 않았다. 그는 오로지 돈을 버는 데만 집중했으며 실제로 엄청난 수익을 올렸다.

지나고 보면 그 시기에는 애플이 수익 확대에 주력하는 것이 옳았던 것 같다. 한편, 시간이 더 지나서 새로운 방향을 모색할 필요가 생겼으나 존 스컬리는 잡스처럼 강하게 이끄는 힘이 없었다. 스티브 잡스에게 다시 기회가 온 것이었다. 창의력을 발휘하고 새로운 사업을 주도하여 기업을 성장시키는 것이라면 그 누구에게도 뒤지지 않았다. 실제로 그는 사람들의 기대를 저버리지 않았다.

스위스의 시계 제조업체로 유명한 스와치Swatch도 비슷한 과정을 겪었다. 에르네스트 톰크Ernest Thomke는 스와치를 혁신적인 시계 제조의 선두주자로 만들어 놓았다. 그의 뒤를 이은 니콜라스 하이에크Nicolas Hayek는 기존의 경영 방침을 그대로 수용하면서 스와치를 수익성이나 시장점유율 면에서 독보적인 자리에 올려놓았다. 이처럼 시간과 장소를 불문하고 모든 상황에 잘 들어맞는 리더란 없다. 기업의 특성이나 시기적 필요에 따라 최상의 CEO가 갖추어야 할 특성은 달라진다.

〈하버드 비즈니스 리뷰〉에 실린 아브라함 잘레즈닉의 '경영자와 리더는 달라야 하는가?'라는 헤드라인으로 사용된 흥미롭고도 도발적인 질문에 대해 그 기사를 쓴 아브라함 잘레즈닉은 분명하게 '그렇다'라는 답을 제시했다. 리더는 기업에 영혼을 불어넣는 사람으로서 노이로제에 걸릴 정도로 신경이 예민해서는 안 되지만 감성적인 면이 두드러져야 한다. 그런 특성은 타고난 기질에 가깝다. 하지만 CEO는 이와 대조적으로 이성적이고 감정에 치우치지 않으며 (조금

지루하다 싶을 정도로) 변덕이나 기복 없이 안정적이어야 한다. 리더와 CEO 중에서 누가 우위인지 따지는 것은 무의미한 일이다. 기업의 종류나 발전 상태에 따라 리더가 필요할 수도 있고 이성적으로 목표를 향해 돌진하는 CEO가 필요할 수도 있다. 따라서 '리더'가 될 재목은 아니지만 CEO로서는 손색 없는 사람이 있을 수 있다.

종종 우리는 마음을 뜨겁게 해줄 누군가를 원한다. 그런 사람이 옆에 있으면 위험 앞에서도 용감해지며 색다른 변화를 꿈꾸게 된다. 물론 이성적이고 논리적이 되어야 하는 때도 있다. 따분한 은행가나 고루한 정치가라고 해서 무조건 불필요한 존재로 낙인찍어서는 안 된다.


## 명석한 두뇌를 가진 재치 있는 여성 CEO

4장을 마무리하기 전에 나의 개인적 경험을 통해 깨달은 점을 한 가지 소개할까 한다. 그것은 바로 여성 CEO에 대한 점이다.

일반적으로 CEO는 평범한 사람들과 외모가 비슷하다. 물론 잘 생긴 사람도 있고 못 생긴 사람도 있다. 성격이 부드러운 사람이 있는가 하면 가까이 가기도 싫을 정도로 잘난 척이 심한 사람도 있다. 명석한 사람이 있는가 하면 머리가 둔한 사람도 있다. 남을 잘 도와주는 사람도 있고 반대로 매사에 자기중심적이고 부정적인 사람도 있다(지금 당장에라도 구체적인 사례를 들 수 있다). 하지만 여성 CEO는 보기 힘들다.

내가 만나본 CEO 중에 여성들도 있는데, 오래전에 만난 바버라 카사니Barbara Cassani는 고 에어라인Go Airline의 CEO였다(이 회사는 후에 이지젯Easyjet에 인수되었다). 슬라이 베일리Sly Bailey는 IPC 미디어의 CEO 이었고 지금은 트리니티 미러Trinity Mirror라는 신문사의 CEO이다. 게일 리벅Gail Rebuck은 랜덤하우스Random House 출판사의 CEO이었으며 병원에서 출산하는 와중에 중요한 계약에 서명했다는 일화로 유명하다. 최근에 만난 여성 CEO로는 〈퓨처〉의 CEO인 스티비 스프링과 영국 빌딩 관리 전문 업체인 미티에MITIE의 루비 맥그리거-스미스Ruby McGregor-Smith를 꼽을 수 있다. 모두 유능하고 멋진 CEO이었다.

여성이라서 관대하게 말해주는 것은 절대 아니다. 그 사람들이 나에게 개인적으로 선물하거나 친한 척을 한 것도 아니다. 정말 유능하고 대인 관계를 잘하며 현실적인 사람들인 데다 똑똑하기까지 했다. 여성 CEO 중에는 아둔한 사람이 한 명도 없었다.

그래서 여성 CEO에 대한 나의 호기심이 더욱 커졌다. 어째서 그들은 모두 똑똑한 것일까? 흔히 볼 수 있는 남성 CEO들과는 전혀 다른 모습이다.

나는 곰곰이 생각해 보고 나서 이렇게 결론지었다. CEO 자리에 오르는 것은 다윈이 말한 진화 과정과 흡사하여 밑바닥에서부터 열심히 노력해 한 단계씩 승진하는 사람이 많다. 그러나 그중 CEO 자리에 오르는 사람은 극소수에 불과하다. 이처럼 치열한 경쟁 속에서 여성으로서 살아남으려면 뭔가 특별한 것이 필요하다. 특히 (런던 경제의 중심지인) 도시를 관리하는 공기업을 이끄는 자리라면 사소한 결정 하나도 함부로 할 수 없다. 내가 말하는 특별한 것은 명석한 두뇌와 재치다(이 두 가지 특성을 겸비한 사람은 매우 드물다. 특히 대학 교수로서 지성과 재치를 모두 갖춘 사람은 전무하다). 둘 중 하나 또는 둘 다 없어도 남성은 정글 같은 험한 세상에서 살 길을 찾아갈 수 있다. 하지만 여성은 두뇌와 재치 중 하나만 없어도 즉시 '경쟁에서 밀리거나 퇴출' 당한다. 그러므로 CEO의 자리에 올랐다면 분명히 특별한 인물이다!

부디 오해는 없기 바란다. 내가 만나본 남성 CEO 중에도 유능하고 대인 관계가 원만하며 현실적인 사람들, 즉 '멋진' 인재가 많았다. 그런데 여성 CEO들은 한 사람도 예외 없이 "여자라서 불리하다고 투덜거리지 말고 남들처럼 열심히 해봐."라는 자세를 갖고 있었다. 물론 그들도 한 단계 승진할 때마다 남성보다 더 노력해야 한다는 점에 수긍했다. 그렇다고 해서 여성이 빨리 승진하거나 CEO가 될 수 있도록 배려해 주자는 뜻이 아니다. 그랬다가는 자기밖에 모르고 잘난 척이 심하며 자신은 능력이 없으면서 주변 탓만 하는 못난 CEO가 급증할 것이다. 그보다는 기업 경영과 관련하여 남성을 평가할 때도 여성을 대하듯 좀 더 관대해지기를 바란다. 그러면 '멋진' CEO가 많이 등장하지 않을까?

# 05

**애널리스트 정보는 가치 있다?**

## 믿을 만한
## 애널리스트는
## 단 한 명도 없다

BUSINESS
EXPOSED

## 확실한 증거로 밝혀질 진실들

5장은 비즈니스 세계에서 벌어지는 교섭과 음모에 대한 것으로 상당
히 많은 내용을 담았다. 실제로 이 부분이 비즈니스 세계의 큰 부분
을 차지하기 때문이다. 물론 이곳은 온갖 소문과 의혹을 자아내는 뒷
이야기가 무성하나, 5장은 확실한 증거 위주로 전개될 것이다. 이해
관계의 대립을 정확히 분석한 연구 자료, CEO에게 (지나칠 정도로 많
은) 연봉을 지급하는 구체적인 이유와 그로 말미암아 벌어지는 결과
및 비즈니스 세계에서 인맥이 미치는 영향력 등을 논의할 것이다.

이번 장에서는 투자 은행과 애널리스트를 둘러싼 국제적인 동향,
이사회 및 최고경영진의 연봉이라는 세 가지 주제를 다루며 각 주제
에 대한 사실적인 정보를 단편적으로 자주 소개할 것이다. 텔레비전
드라마를 보면 에피소드마다 나름대로 우여곡절이 있듯이, 사실적
인 정보는 그 자체로도 흥미가 있고 5장의 주제 전체를 부각시키는
데도 기여할 것이다.

애널리스트의 영향력은 어느 정도일까? 은행은 이해상충이 발생

할 가능성이 (조금이라도) 보이면 어떻게 대처할까? 새로운 이사회 임원은 어떻게 선정될까? 5장에서는 최고경영진이 입이 딱 벌어질 정도로 거액의 연봉을 받게 된 이유를 알려주고, 스톡 옵션에 대한 오해를 말끔히 해소해 주며 흔히 이사회라 불리는 기득권층의 숨겨진 관행을 낱낱이 파헤친다.

언뜻 보면 삼류 소설이라는 생각이 들지 모른다. 그러나 지금부터 하는 이야기는 모두 논픽션이다.

## 애널리스트는 특별한 존재인가

프린스턴 대학의 경제학 교수인 버튼 마키엘Burton Markiel은 이렇게 말한 적이 있다. "비즈니스 세계에서 앞일을 내다보는 것이 과학이라면 점성술도 과학에 못지않은 학문으로 존중받아야 할 것이다."

이미 알다시피 투자 은행에서 일하는 애널리스트는 (특정 분야에 속하는) 여러 기업의 추이를 지켜보고 그들의 실적을 평가하여 해당 기업 주식의 매수·매도·보유 여부와 관련해 투자자들에게 적절한 조언을 한다.

평균적으로 애널리스트는 수익을 5% 이내로 남기고 매각하라고 권한다. 그런데 상장 기업의 주가는 분명히 5% 이상 추락한다. 도대체 상황이 어떻게 돌아가는 것일까?

여러 가지 해석이 가능하다. 그중 한 가지는 (투자 은행의 인센티브와 관련된) 다양한 이유로 애널리스트가 개인적으로 주가가 오르기를 바라는 기업을 분석한다는 설이다. 따라서 특정 기업의 주식을 매수·매도·보유할지 여부보다 어느 기업을 분석할 것인가가 그들에게 더 중요한 문제다.

바로 여기에서 문제가 복잡해지고 자성적 예언이 만들어지기 시작한다. 연구 결과에 의하면 애널리스트가 분석한 기업은 주가가 오른다고 한다. 즉, (애널리스트가 몸담은) 리서치 팀이 특정 기업을 분석하면, 그 덕분에 해당 기업의 인지도가 높아져 더 많은 투자자의 이목을 끌 수 있다. 따라서 자본을 쉽게 모을 수 있고 그 결과 주가가 오르는 것이다.

그러면 리서치 팀은 분석 대상을 어떻게 선정할까? 허기 라오 Huggy Rao, 헨리치 그리브Henrich Greve, 제리 데이비스Jerry Davis 교수는 나스닥에 상장된 1,442개 기업과 그들을 분석한 애널리스트를 조사하고 그 밖의 광범위한 통계 자료를 분석한 결과 애널리스트들 사이에는 일종의 따라하기 관행이 있다고 결론지었다. 그들이 제시한 증거는 매우 설득력이 있다. 어떤 애널리스트가 특정 기업을 분석하면 다른 투자 은행에 근무하는 동료 애널리스트 역시 (해당 기업의 실적을 불문하고) 동일한 기업을 분석하는 경우가 많았으며, 결국 애널리스트 보고서가 물밀듯이 쏟아졌다. 1장에서 소개한 캘리포니아의 특정 지역 주민들의 반응을 떠올려 보자. 그들도 이웃이 에너지를 절약한다는 소식에 덩달아 에너지 절약을 실천하지 않았는가? 애널리스트도 이 점에서 크게 다를 바가 없다. 자기도 모르는 사이에 다수가 움직이는 대로 따라하는 것이다.

　그러나 앞의 연구 결과에서 또 다른 사실이 드러났다. 물밀듯이 쏟아지는 보고서를 비교해 보면 남이 분석한 기업을 또다시 분석한 애널리스트는 해당 기업의 향후 전망을 과장하는 경향이 있었다. 덕분에 그 기업은 수많은 애널리스트의 관심이 더해져 관대한 평가라는 이중적인 축복을 받았다. 이에 반해 애널리스트는 실적이 기대치에 못 미치는 기업을 분석 대상에서 제외하는 경향이 있다. 이는 어쩌면 애널리스트의 기대치가 너무 높기 때문일 수 있다. 그래서 처음에는 애널리스트의 관심 대상이 되어 이익을 얻던 기업일수록 나중에 버림받고 더 힘든 상황에 맞닥뜨릴 가능성이 크다.

　애널리스트는 나그네쥐처럼 잘 알아보지 않고 뛰어들었다가 기대에 못 미치는 모습에 실망하고 만다. 그리고 떨어진 자신의 체면을 살리려고 다른 기업을 찾아 뛰어든다. 이런 식으로 애널리스트가 휘젓고 다닌 기업은 무참히 짓밟혀 상처투성이가 된다.


## 애널리스트는 고객의 주식을 더 긍정적으로 평가한다

중국의 만리장성이 지구 밖에서도 보인다는 말을 한 번쯤 들어 보았을 것이다. 하지만 그것은 허풍일 뿐이다.

　전문적인 조직 안에 '차이니즈 월'이 있다는 이야기는 들어 보았는가? 예를 들어 경영 컨설턴트나 사무 변호사solicitor(토지 · 건물 매각을 위한 서류 관련 업무나 법률 자문 등을 주로 담당—옮긴이)는 이익 충돌을 겪을 가능성을 안고 있다. 동일한 분야에서 서로 경쟁하는 개인 또는 기업을 고객으로 맞이하기 때문이다. 그들은 경영 컨설턴트나 사무 변호사끼리 정보를 공유하기는커녕 서로 말도 섞을 수 없으니 걱정할 것 없다고 고객을 안심시킨다. 그러나 이는 서두에 말한 만리장성만큼이나 대단한 허풍이다.

투자 은행을 한 번 생각해 보자. 투자 은행은 조사 부서를 따로 두고 애널리스트를 고용해 특정 기업의 주식을 매수 또는 매도할지 제안하는 업무를 맡긴다. 애널리스트가 어떤 기업의 주식을 매도하라고 제안하면 그 결과, 해당 기업의 주가가 크게 하락하는 등 엄청난 피해를 입고 (그야말로 머리부터 발끝까지) 고통을 겪는다. 반대로 매수 제안은 어깨춤이 절로 날 정도로 반가운 소식이다.

하지만 그런 투자 은행은 기업 금융 부서도 따로 두고 있다. 이 부서는 부채, 자본, M&A 거래 등에 관한 조언을 해서 거래의 안전성을 높여 준다. 애널리스트가 어떤 기업의 주식 매도를 제안했는데 하필이면 그 투자자가 해당 기업의 내부 인사라면, 얼마나 불쾌하겠는가? 아마 두 번 다시 이 은행을 찾지 않을 것이므로 기업 금융 부서는 귀한 손님 한 분을 놓치게 된다.

일부 기업은 지금까지 자기네 주식 거래를 긍정적인 쪽으로 추천해 준 투자 은행만 선택하여 향후 거래를 맡기는 것으로 알려져 있다. 어느 경우든 이 은행이 한편으로는 감언이설로 고객의 마음을 달래주고 뒤돌아서서는 "그 기업 주식을 팔아버려요!"라고 제안한다면 고객은 이 투자 은행에 완전히 등을 돌릴 것이다.

그렇다면 투자 은행은 이처럼 이익 충돌이 발생할 가능성을 어떻게 처리하는가? "차이니스 월이 있잖아요!"라고 자신 있게 말하는 것을 보면 우리는 자신도 모르게 믿음이 간다. "우리 회사는 차이니스 월이 있으니 걱정하지 마세요. 애널리스트에게 함부로 압력을 가하는 일은 절대 없어요. 같이 밥 한 끼 먹는 것도 안 된다니까요." 큰소리치는 것을 그대로 믿다가 나중에 큰코다칠 수 있으니 조심하기 바란다.

당시 런던 경영대학원에 몸담고 있던 매튜 헤이워드Matthew Hayward와 워런 보커Warren Boeker 교수는 정확히 이 문제를 조사하기 시작했다. 두 사람은 (바이오테크, 정유업, 요식업, 통신업 등) 여러 분야에서 70개 기업을 선정한 다음 애널리스트가 내놓은 총 8,169개에 이르는 투자 등급을 모두 파악했으며 그들의 자산, 부채, M&A 거래에 투자 은행이 개입했는지 확인했다. 그러고 나서 애널리스트들이 자기가 일하는 은행과 거래하는 기업의 주식을 긍정적으로 평가하는지 통계적으로 분석했더니 놀랍게도 '그렇다'는 대답이 나왔다. 조건이 비슷하면 자기가 몸담은 투자 은행과 거래하는 기업을 훨씬 더 긍정적으로 평가한 경우가 무려 80%나 되었다.

은행과 기업이 본격적으로 거래하기 전, 다시 말해 은행 측 기업 금융 부서가 특정 기업과 거래하려고 준비하거나 사전 조사를 할 무렵에 발표한 투자 등급은 다소 과장된 것이 아니었다. 실제로 계약을 체결하여 해당 기업이 정식 고객이 되고 나서 발표한 투자 등급도 분명히 부풀려진 경향이 있었다. 투자 등급을 발표한 날짜가 거래일자와 가깝거나 고객의 규모가 큰 기업일수록 이러한 현상이 더욱 두드러졌다.

중국의 만리장성은 훈족의 침입을 막는 데 실제로 도움이 되었을지 모르지만, 오늘날 전문 기업들이 갖춘 차이니스 월은 세력이 강한 주주들의 영향력을 차단하는 효과가 전혀 없는 것이 분명하다. 그들의 존재는 피부로 느껴질 정도로 강력하며 실질적으로 얼마나 영향력을 행사하는지 수량화할 수 있을 정도다. 시간이 지나고 보면 결국 주주들의 주머니를 두둑하게 했다는 점도 드러나게 된다.

## 투자 은행의 모호한 기업 분류 기준
—그 속내를 해부하다

"동물은 다음과 같이 분류할 수 있다. ① 황제의 소유 ② 방부 처리한 것 ③ 잘 훈련된 것 ④ 새끼 돼지 ⑤ 인어 ⑥ 우화에 나오는 것 ⑦ 유기견 ⑧ 이 범주화 작업에 포함되는 것 ⑨ 발작이 온 것처럼 온몸을 떠는 것 ⑩ 셀 수 없이 많은 동물 ⑪ 낙타털로 만든 비싼 붓으로 그린 동물 ⑫ 기타 ⑬ 꽃병을 깨뜨린 말썽꾸러기 ⑭ 멀리서 보면 파리처럼 보이는 것"

앞의 내용은 아르헨티나의 소설가이자 시인인 호르헤 보르헤스

Jorge Borges가 고대 중국의 백과사전에서 읽은 내용을 《속심문續審問 Other Inquisitions》에 인용한 것이다.

비즈니스 세계에서는 특정 기업의 주식을 매수·매도·보유하라는 애널리스트의 제안을 분류할 때 이보다 불분명한 기준을 적용하니 얼마나 다행스러운지 모르겠다. 그런데 이게 정말 안심해도 될 문제일까?

앞서 말했듯이 애널리스트는 종종 이해 상충의 가능성이라는 문제에 맞닥뜨린다. (그들이 예상하기에 주가가 오를 것이므로) 특정 기업의 주식을 사라고 조언하든 (주가가 내릴 것으로 예상하여) 지금까지 산 주식을 모두 매도하라고 조언하든 간에 원칙적으로 애널리스트는 항상 객관적이고 구체적인 의견을 제시해야 한다. 그러나 이들이 몸담은 투자 은행은 동시에 해당 기업을 고객으로 모시면서 그들의 M&A, 자산, 부채 거래 등에 대해 이러저러한 조언을 제공할지 모른다. 고객인 기업 입장에서는 투자 은행이 자기네 주식을 ('매도'하라고 제안하여) 부정적으로 평가하는 것을 불쾌하게 여기는 것도 당연하다 (현실에서는 불쾌하게 여기는 정도로 끝나지 않는다).

그러면 투자 은행은 이 문제를 어떻게 해결할까? 앞서 살펴보았듯이 예전에는 조금도 개의치 않았다. 뻔뻔하게도 기업 고객을 놓치지 않으려고 매수 평가를 내주는 경우가 허다했다. 그러나 최근 들어서는 이 문제가 굉장히 복잡해졌다. 시간이 흐르면 결국 진실이 밝혀지는 데다(은행 직원들이 고객 기업의 주식에 매수 평가를 내주고 자기들끼리 주고받는 이메일에서는 그 기업을 깎아내렸다가 낭패를 본 사례들은 이 점을 이해하는 데 도움이 된다) 중개 감시단brokerage watchdog이 날카로운 눈으로 주시하기 때문이다. 게다가 주식의 매수 등과 관련하여 투자 은행이 내놓은 평가 등급이 완전히 빗나가거나 전혀 신빙성이 없으면, 손실을 입게 되어 결국 은행의 평판이 바닥에 떨어지고 만다.

투자 은행으로서는 이러지도 저러지도 못하고 쩔쩔매게 된다. 이 딜레마에서 어떻게 벗어나야 할까? 토론토 대학의 앤 플라이셔Anne Fleischer 교수는 한 가지 흥미로운 분석을 내놓았다. 그녀는 은행의 주식 등급 체제에 모호한 부분이 많으며 이 점이 이해 상충 문제에 적잖은 영향을 준다고 말한다.

투자 은행은 특정 주식의 투자 가치를 논할 때 다양한 분류 기준을 사용하며, 이러한 기준은 저마다 모호하다. 그냥 매수 · 매도 · 보유로 구분하면 간단하고 명확할 텐데 대부분 기업은 여기에 적극 매수와 매도를 추가하여 5가지 분류 기준을 사용한다. 이 정도만 되어도 모호한 느낌은 없다. 그런데 여기에 더하여 '매수/위험 부담이 높음', '매수/위험 부담이 낮음'과 같은 기준도 있다. '매수 ; 낙관적임/보유 ; 중립 ; 비관적임'과 같은 기준은 또 어떠한가? 게다가 '매수'와 '누적'은 뭐가 다른지 알 수 없다. 그런데 이 두 가지 기준을 모두 사용하는 은행도 있다. 어떤 투자 은행은 매수 또는 매도와 관련하여 무려 16가지 기준을 제시한다. 왜 처음부터 그렇게 모호하고 이해하기 어려운 기준을 만들어 냈을까?

혹시 은행 측이 이해 갈등 문제에서 발뺌하려고 만든 방어책은 아닐까? 실제로는 특정 기업의 주가가 하락할 것이라고 예측했지만 그 기업의 분노를 살 것이 두려워 직접 '매도' 대상이라고 할 수 없어서 모호한 표현을 사용한 것이 아닐까? 어떤 기업의 주식을 '매수' 하라고 분명히 추천했는데 그 기업의 주가가 하락하면 투자 은행으로서 무능하다는 비판을 피할 수 없을 것이다. 그러나 '깊이 생각해 본 후에 매수를 권장함' 이라고 말했다면 나중에 뭇매 맞는 일은 피할 길이 있다. 이처럼 투자 은행은 투자자나 고객의 눈총을 피하기 위해 일부러 애매모호한 표현을 쓰는 걸까? 정말 투자 은행이 그렇게 기만적이란 말인가?

플라이셔 교수는 그런 추측에 넘어가지 않고 객관적인 사실에 집중했다. 그녀는 몇몇 금융 전문가에게 207개의 증권 회사에서 사용하는 투자 등급 체계가 얼마나 모호한지 조사해 달라고 의뢰했다. 플라이셔 교수는 은행이 (개인 또는 기업 투자자에게) 주식 매수 제안을 하는 동시에 고객 기업에 부채, 자산 관리 및 M&A에 대해 조언해야 하므로 이해 갈등 상황에 놓일 수밖에 없다는 사실을 잘 알고 있었다. 그래서 각 은행이 직면하는 이해 갈등 상황의 범위를 측정하자 분명한 상관관계가 드러났다. 이해 갈등 상황에 놓이는 투자 은행은 주식의 매도나 매수 여부를 '추천' 할 때 훨씬 모호한 투자 등급 분류를 적용하고 있었다.

이와 같은 투자 등급 제도는 처음부터 명료성이나 확실성은 안중에도 없었던 것이다. 오히려 투자 은행은 명료성을 피하는 것을 급선무로 여긴다. 이렇게 경계가 모호해야 불리한 상황을 피할 수 있고 두 마리 토끼를 다 잡을 수 있기 때문이다. 이것도 저것도 아닌 것처럼 보이지만 사실은 둘 다 가지려는 심산이다.

## 애널리스트가 주도권을 쥐고 있다

이해 갈등 문제는 잠시 접어두고 재무 분석가의 영향력을 잠깐 논할까 한다. 그들은 실제로 주가를 쥐락펴락한다고 말할 수 있다. 따라서 기업이 사용할 수 있는 재정 자원의 범위는 그들의 손에 달렸다. 게다가 이들은 기업의 재정 확보 수단을 좌우하므로 기업이 원래 추구하는 경영 전략에도 지대한 영향을 준다. 기업 다양화 현상을 통해 이 점을 설명해 보겠다.

1960년대에는 모든 기업에 '다양화' 열풍이 불었으며 그 결과 대기업 및 복합 기업이 우후죽순처럼 생겨났다. 그들은 서로 연관성이 없는 온갖 분야로 사업을 확장해 갔다. 일례로 영국의 유명 기업 핸슨PLCHanson plc은 화학 약품, 전기 제품, 금광, 담배, 배터리, 공항 면세점, 의류점, 백화점 등 손을 대지 않은 곳이 없었다. 그 시절에는 다양화를 추진하는 것이 대세였기에 너도나도 새로운 분야에 도전했다.

그러나 1990년대가 되자 상황이 역전되어 탈다양화de-diversification를 지향하는 분위기가 고조되고 있다. 많은 기업이 '핵심 활동'을 강조한다. 대기업은 반으로 갈라지거나 사업 부문별로 나뉘는 등 다양화를 추구하던 기존 분위기는 온데간데없다.

왜 이렇게 상황이 바뀐 걸까? 경제학자들은 주주들의 영향이 크다고 지적한다. 그들은 스스로 투자 대상을 확대할 수 있다. 주주들이 투자 포트폴리오를 다양화하는 것은 어디까지나 본인의 선택과 의지에 달린 문제다. 또한 관리자는 자기 배를 채우려고 기업을 키우는 데 급급해 한다. 그렇게 1990년대에 이르자 주주들은 더는 못 참겠다며 자기 잇속만 챙기는 기업 경영진에 탈다양화를 요구했다.

사회학자들의 의견은 조금 다르다. 그들은 1960년대의 분위기는 위험을 분산시키고 다양화를 추구하는 것을 바람직하게 여겼다고 지적한다. CEO들은 이기적으로 자기 잇속만 챙기는 사람이 아니라 단지 전체적인 분위기에 따라 행동한 것뿐이었다. 그리고 (시간이 흐르면서 시장이 더욱 투명해지고 효율성이 높아져서) 주주들이 "앞으로는 다양화를 좀 자제하기 바란다."라고 하자 그 의견을 수용하여 부지런히 핵심 사업에 몰두한다는 것이 사회학자들의 분석이다.

그런데 최근에 와서 기업이 새로운 사업 분야를 확장하거나 축소하는 결정을 내릴 때 증권 분석가가 어떤 영향을 주었는지, 지금도 그런 영향력을 행사하는지 연구하는 사례가 많이 늘었다. 대세가 어떻든 다양화를 추진하는 것이 필요한 기업도 있기 때문이다. 일례로 몬산토Monsanto와 같은 기업은 제약, 비료, 농업용 바이오테크 산업을 서로 연결하는 기술을 보유하고 있으므로 세 분야에서 동시에 활동하는 것이 가장 유리하고 바람직하다. 그러나 전략적으로 유리해 보인다고 해서 증권분석가도 항상 동의하는 것은 아니다.

증권분석가가 밥을 먹으며 하는 이야기가 기업의 행보를 좌우한다는 것을 쉽게 믿지 못하는 사람도 있다. 어쨌든 상장 기업은 증권분석가의 눈길을 끄는 것이 매우 중요하다. 수많은 연구 결과를 보건대 증권분석가의 연구 대상이 되지 못하면 주가가 급락할 수밖에 없다. 1999년에 미국의 투자 은행 페인 웨버Paine Webber가 내놓은 보고서 내용을 잠깐 인용해 보겠다.

"생명공학 실험은 우리의 분석이나 현실과 전혀 맞지 않다. 몬산토를 제대로 분석하려면 제약, 비료, 농업 바이오테크에 대한 전문 지식이 필요하다. 그러나 안타깝게도 월스트리트에서는 하나씩 떼어놓아도 복잡한 분야라며 이를 따로 더 잘게 쪼개어 분석하려고 애를 쓴다.

페인 웨버에서는 애널리스트가 합심하여 각 분야의 전문 지식을 공유하고자 하며 이러한 노력이 절대 헛되지 않으리라고 확신한다. 사실 작업 일정이 간단해도 서로에게 맞추기가 쉽지 않다. 우리는 이렇게 가능한 모든 노력을 기울이지만 월스트리트에 이런 변화를 기대하는 것은 무리가 있다. 따라서 몬산토는 앞으로 기업 구조를 조정해야만 애널리스트에게 합리적인 평가를 받을 수 있다."

자, 한 번 생각해 보자. 몬산토를 분석하려면 각 분야의 전문가 세 사람이 한자리에 모여야 하는데, 이들이 서로 시간을 맞추기 어렵다는 이유로 기업을 분리하라는 말인가? 좀 황당하지만 그 말이 이 보고서의 요점이다.

MIT의 에스라 주커만Ezra Zuckerman 교수도 이와 비슷한 연구 결과를 제시한다. 그는 기업이 애널리스트의 이해를 돕기 위해 특정 부문의 투자를 중단하거나 기업을 나누거나 규모를 줄이는 경우가 있다고 밝혔다. 어떤 이유로든 서로 무관한 여러 사업 부문에 손을 대 애널리스트가 분석하기 어려운 기업은 반드시 주가가 낮아진다. 애널리스트에게 경영 전략을 자세하게 설명해 줘도 소용이 없다. 기업을 분리하는 것 외에는 방도가 없다. 당시 URS 코퍼레이션의 CEO이던 아더 스트롬버그Arthur Stromberg는 최초로 기업 분할을 시도하면서 이렇게 말했다. "애널리스트도 일반인과 크게 다를 바 없어요. 자기들이 이해할 수 있는 것을 보여줘야 불평이 없습니다. 기업 분리 전에는 도무지 우리 기업을 제대로 이해하지 못하더군요."

애널리스트는 주로 한두 가지 분야에서만 전문가다. 따라서 자기 전문 분야가 아닌 기업은 제대로 이해하거나 분석할 수 없고, 결국 그 기업의 주가만 손해를 본다. 상황이 이렇다 보니 기업 전략상 바람직하지 않더라도 일단은 기업 규모나 사업 부문을 단순화하여 애널리스트의 입맛에 맞춰야 한다. 그렇다. 주도권은 애널리스트가 쥐고 있다. 그들이 밥을 먹으며 나누는 몇 마디가 기업의 주가를 좌우한다.

애널리스트는 여러 조각(정보)을 모아서 큰 그림(전망)을 만들고, 그 그림을 투자자들에게 보여주고 투자를 권한다. 그러나 업체 입맛에 맞는 그림을 그리는 사례가 많아서 정보의 음성화와 왜곡된 그림으로 나타났다. 때문에 많은 개미 투자자들이 어설픈 정보만 가지고 주식시장에 뛰어들었다가 실전에서 손해를 보곤 한다.

## 사이렌의 요정과 투자은행가

지금까지 살펴본 내용을 요약하면 애널리스트는 주가에 지대한 영향을 미친다. 따라서 그들은 기업의 재정은 물론이고 경영 전략도 좌우할 수 있다. 한편, 애널리스트는 자기가 몸담은 투자은행의 고객 (또는 고객이 될 가능성이 있는 기업)을 분석하므로 이해 갈등 상황에 봉착한다. 이러한 이해 갈등은 애널리스트에게 영향을 주는 데서 끝나지 않는다. 사실 투자은행은 우리가 생각하는 것 이상으로 기업의 경영 전략을 좌우한다. 이해를 돕기 위해 기업 인수와 관련된 한 가지 사례를 이야기해 보겠다.

얼마 전에 FTSEFinancial Times Security Exchange(영국 유력 경제지인 〈파이낸셜타임스〉와 런던증권거래소가 공동 소유한 FTSE 그룹이 작성해 발표하는 주가지수—옮긴이) 100을 기록한 어느 기업의 CEO를 인터뷰할 기회가 있었다. 그는 지난 몇 년 동안 10여 개 기업을 인수한 사람이었으며, 우리는 투자은행가에 대해 이야기하게 되었다. 그가 "그리스 신화에 나오는 사이렌 요정이 누군지 아십니까?"라고 묻기에 나는 "네, 알지요."라고 대답했다(그리스 신화라면 나도 잘 아는 이야기였다. 어쨌든 무식하다는 인상을 남기고 싶지 않았다).

사이렌은 절벽과 바위로 둘러싸인 작은 섬에 사는 아름다운 요정을 말한다. 그들은 섬 가까이에 배가 지나가면 아름다운 노래를 불러서 선원들을 유혹했고, 그들의 배는 결국 바위에 부딪혀 파선하고 말았다.

그는 이렇게 말을 이었다. "투자은행가가 바로 그런 사이렌 요정이랍니다." 나는 귀가 솔깃해졌다. "어째서요?" "그들은 기업이 또 다른 거래를 하도록 계속 부추기죠. 하지만 그 거래가 정말로 기업에 득이 되는지 해가 되는지는 별로 따지지 않아요. 그저 자기네 잇속을 챙기려고 바위에 부딪혀 파선하게 만드는 겁니다." 흠, 자기 기업의 고문에 대한 비유치고는 참 특이하다는 생각이 들었다.

물론 그의 말도 일리가 있다. 어떤 거래가 성사될 때 기업과 주주만 이익을 보는 것은 아니다. 거래를 제안하고 평가하며 협상하고 마무리하는 일은 해당 분야의 모든 기업과 연관이 있다. 그러나 투자은행가와 같이 제3자의 이익이 반드시 거래 당사자인 기업의 이익과 항상 비례하는 것은 아니다. 특히 M&A가 뜸해지면 투자은행가들은 자기에게 유리하다는 보장이 없는 거래라도 제안할 것이다.

예전에 투자은행가로 일한 사람이 이렇게 귀띔해 준 적이 있다. "아무 일도 없이 조용하면 우리는 수첩을 뒤져서 '한동안 아무 거래가 없던 기업'을 찾아냅니다. 우리가 나서서 설득하면 대개 새로운 거래를 시작하거든요."

(이런 주장을 펼치는 사람은 거의 없겠지만) 혹자는 투자은행만 탓할 문제는 아니라고 말할지도 모른다. 그들은 자기에게 유리한 대로 행동할 뿐이고 그들의 제안을 수락할지는 CEO가 결정할 문제이니까.

그렇기는 해도 투자은행가의 말은 상당히 설득력이 있어서 좀처럼 거절하기 어렵다. 일단 그들이 뭐라고 하는지 들어보기만 하자고 생각한다면 오디세우스처럼 행동해야 할지 모른다. 오디세우스는 사이렌 요정의 신비한 노래를 들어보고 싶었지만 난파당할까 봐 걱정되었다. 그래서 그는 부하에게 자신의 몸을 돛대에 묶으라고 하고 선원들에게는 모두 밀랍으로 귀를 막으라고 지시했다. 그런 다음에 사이렌 요정들이 사는 섬을 지나갔다. 듣던 대로 사이렌 요정들의 노래는 너무나 아름다워 그쪽으로 향하고 싶었지만, 지휘하는 자신은 몸이 묶여 있고 노를 젓는 선원들은 귀를 막았기 때문에 섬 가까이 배를 몰고 갈 수 없었다.

우리도 그래야 한다. 이사회는 밀랍을 준비하고 사무실에 돛대 하나를 세워야 한다. 그러면 내가 밧줄을 가져다 줄 수 있다.


## 애널리스트 길들이기

애널리스트가 글로벌 경제에서 특별한 역할을 하고 있다는 점은 이제 인정해야 한다. 그 점을 뒷받침하는 사례는 충분히 살펴보았다. 애널리스트는 사람들에게 주식의 매수·매도·보유 등을 제안하는데, 사실 고객이 그 주식을 매수할 때 그들이 몸담은 투자은행이 돈을 벌게 되어 있다. 더 중요한 점은, 그들이 추천하는 기업은 사실 투자은행의 고객이므로 이해관계가 복잡해진다(그래서 애널리스트는 주식을 '매도'하는 것이 유리한 상황일지라도 절대 매도를 권하지 않는다). 그렇다면 애널리스트는 무엇을 기준으로 매도나 매수를 제안할까? 우리처럼 눈에 보이는 각종 수치 자료에 의존할까? 아니면 기업 CEO의 감언이설에 휘둘릴까? '설마 그럴 리가 있나'라고 생각하는 사람도 있을 것이다.

애널리스트에게 어느 기업의 CEO와 개인적 친분을 맺는 것은 대단한 영광이다. 그런데 그런 관계에 있는 기업을 긍정적으로 평가하지 않으면 어떻게 될까? 두 번 다시 그 CEO를 만날 일은 없을 것이다. 땅을 치고 후회해도 그때는 이미 늦다.

내가 말도 안 되는 허풍을 떠는 것 같은가? 아니면 진지하고 엄숙한 비즈니스 세계를 풍자하는 코미디라도 연출하려는 것일까? 내 말을 믿기 어렵다면 철저히 사실에 근거한 연구 자료 하나를 살펴보기 바란다.

미시간 대학의 짐 웨스트팔Jim Westpal 교수와 텍사스 대학의 마이클 클레멘트Michael Clement 교수는 CEO와 애널리스트의 상호 관계를 연구했다. 두 사람은 애널리스트 4,595명을 대상으로 설문 조사를 실시하여 그들이 여러 기업의 전략과 경영 실적을 어떻게 평가했는지 알아보았다.

우선 두 교수는 애널리스트에게 CEO를 개인적으로 만나거나 컨퍼런스에 초대받는 등 사적인 만남이 있었는지, 그리고 이러한 관계가 끝나버린 계기는 무엇인지 질문했다. 또한 다른 기업의 CEO를 소개받는 기회를 얻거나 개인적인 일이나 커리어와 관련해 조언을 듣는 등 CEO에게 도움을 받은 경험이 있는지 알아보았다.

흥미롭게도 앞의 질문에 대한 답변을 통계적으로 분석해 보니 기업 수익이 비교적 낮을수록 CEO가 애널리스트를 사적인 모임에 부르거나 친절하게 응대해 주고 다른 사람들에게 소개할 때 치켜세워 주는 등 여러 가지 방법으로 애널리스트에게 호의를 베푼 사실이 드러났다. 그리고 활동 분야를 넓히기 위해 기업 인수를 발표하기 전에도 CEO들이 비슷한 행동을 보였다(알다시피 애널리스트는 기업의 다양화 전략을 절대 긍정적으로 평가하지 않는다). 쉽게 말해서 애널리스트의 심기를 건드리는 발표를 하기 전에 그들을 따로 불러서 친분을 맺는 등 사전 작업을 하는 것이다. 과연 이 방법이 효과가 있었을까?

독자들은 어떻게 생각하는가? 너무 당연한 질문이 아닐까? 이건 마치 스티브 잡스가 맥가이버보다 기술이 뛰어난지 묻는 것과 같다. 빌 클린턴 대통령이 여자를 좋아한다는 사실을 누가 모르는가? 직원을 10만 명 이상 해고함으로써 언론으로부터 '중성자탄 잭<sub>Neutron Jack</sub>'이라는 별명을 얻은 잭 웰치가 매정한 사람인지 아닌지 꼭 경험해 봐야 아는 걸까? 여하튼 CEO의 감언이설이 애널리스트의 눈을 가려놓은 것은 사실이다.

인정하기 싫어도 어쩔 수 없다. CEO가 개인적으로 잘 챙겨준 애널리스트는 나중에 그 회사가 형편없는 경영 실적을 보고하거나 이해할 수 없는 경영 전략을 선포해도 주식 등급을 높여 주었다. 만약 그렇게 해주지 않았다면 어떻게 되었을까? 고마운 줄도 모르고 감히 주가를 떨어뜨렸다가는 그 기업의 CEO에게서 다시는 전화 한 통 받는 일이 없을 것이다. 앞으로 사적인 자리에 초대를 받지 못하는 것은 물론이고 CEO가 친하게 지내는 골프 친구들을 소개받는 것도 기대할 수 없다. 돌아오는 것이라고는 앞으로는 뻣뻣하게 굴지 말고 자기 앞길을 위해서 허리를 굽힐 줄도 알아야 한다는 가시 박힌 충고뿐이다.

이 충고조차 애널리스트를 쥐락펴락하는 효과가 있다. 애널리스트 중에 누군가가 CEO에게 버림받고 고생하면, 그 모습을 지켜본 다른 애널리스트는 절대로 저렇게 하면 안 되겠다고 결심하게 된다(프롤로그에서 살펴본 원숭이의 예처럼 자연스럽게 학습하고 있다고 보여지는 대목이다).

자칫하면 사회에서 매장당할 수 있기 때문이다. 특히 그들은 잊지 않고 보복하는 사람으로 알려진 CEO의 심기를 절대 건드리려고 하지 않을 것이다. 이처럼 애널리스트는 CEO의 영향력에 지배당하기 때문에 객관적으로 등급을 매길 수 없다.

상황이 이렇게 되면 CEO는 무슨 생각을 품을까? 잘 구슬리면 애널리스트를 자기 마음대로 조정할 수 있다고 확신하지 않겠는가? 게다가 말을 잘 듣지 않으면 은근한 협박과 괴롭힘으로 길들이면 된다고 생각할 것이다.


## 기업은 왜 정부 관료에게 임원 자리를 제안할까

최근 전 세계적으로 외부 임원이 늘어나는 이상한 현상이 벌어지고 있다. 애널리스트는 이해가 되지만 정부 관료를 기업 임원으로 발탁하는 것은 소설이나 드라마에서도 보기 드물다. 기업 경영에 대한 전문 지식도 없을 뿐더러 잠깐씩 얼굴을 비출 뿐이다. 심지어 어떤 사람들은 노동조합원이거나 정치 당원으로 활동한다. 다국적 기업의 경우 1년에 하루나 이틀 정도만 경영을 둘러볼 뿐이다. 게다가 다른 기업의 CEO까지 겸해 도움이 되기도 하지만 해가 될 때도 있다. 어쨌든 이 사람들은 하는 역할이 많아서 어느 것 하나에도 온전히 매달리거나 집중할 수 없다.

그들이 업무를 대하는 태도는 우리가 공과금을 내거나 은행 업무와 관련된 서류를 보관하는 방법과 비슷하다. 피곤한 몸을 이끌고 집에 돌아오면 TV 드라마를 보면서 고지서를 대충 훑어보고, 꼭 내야 하는 것만 우선 처리한다. 그러고 나서 신문을 읽느라 고지서 따위는 잊어버린다. 다국적 기업이라고 해서 뭐 별다른 점이 있을까?

그런데 외부 임원들이라고 해서 모두 전에 CEO 경험이 있는 것은 아니다. 자세히 들여다보면 기업에서는 과거에 정부 관료로 일한 사람들을 이사로 채용한다. 각종 연구 결과에서 알 수 있듯이 그 이유는 단순하다. 정부 고위직에 있던 사람들은 조언만 하는 것이 아니라 정책적 영향력을 행사할 수 있다. 이렇게 대가를 치르고 경영 고문을 모시는 것은 문제 없지만 정책적 영향력을 돈으로 사는 것은 도덕적으로 문제이지 않을까?

그들이라면 정책 관련 문제에 어떻게 대처해야 할지 구체적으로 알려줄 수 있다. 다른 사람들보다 아는 것도 많고 실전 경험이 풍부하므로 그런 점에서는 최고의 고문이다. 그뿐 아니라 이들은 자기 인맥을 활용하여 다른 경쟁사가 꿈꿀 수 없는 길을 터줄 수 있다. 결국 임원 자리는 정책적 영향력을 돈으로 사는 수단이 되어 버린다. 게다가 실제로 정책 결정에 직접적인 영향을 주는 사람이 이사회에 합류하면 문제는 더 복잡해진다. 어떤 사람들은 정부 요직에 있던 사람들이 퇴직 후 기업 이사회에 합류하는 것은 결국 공무원으로 일할 때 세운 정책 덕분이라고 손가락질한다. 그것이 사실이라면 법적으로 떳떳할 수 없다.

이 중 경영진이 정부 관료였던 사람을 이사로 채용하는 이유가 무엇인지 확실히 알 수 없다. (전문가의 조언이 필요했다면) 법적으로 문제가 없지만 (정치적 영향력과 혜택을 노린 것이라면) 정당할 수 없다. 개인별로 그들이 어떻게 기업 이사회에 합류하게 되었는지 조사해 보면 그 궁금증을 해결할 수 있다.

텍사스 A&M 대학의 리처드 레스터Richard Lester 교수는 몇몇 동료와 함께 기업 이사회로 자리를 옮기는 정부 관료는 어떤 사람들인지 연구했다. 그들은 1988년에서 2003년 사이에 상원, 하원, 대통령 각료 조직을 떠난 사람들을 간추린 다음 그중 기업 임원으로 발탁된 사람들이 누구인지 알아보았다.

연구 결과에 따르면 정부에서 오래 근무한 사람일수록 임원 자리를 주겠다는 기업의 제안이 많이 들어왔다. 경험이 많을수록 훌륭한 고문이 될 수 있고 정책적인 영향력도 강하기 때문일 것이다. 그러나 아직 속단하기는 이르다. 하원보다는 상원, 상원보다는 대통령 각료 조직에서 일한 사람들에게 기회가 더 많았다. 이 점은 단순히 '고문'이 필요한 것이 아니라 '어느 정도 영향력 있는 인사'를 확보하려는 의도를 확실히 보여 준다. 기업으로서는 그렇지 않다고 변명하고 싶어도 대통령 각료 조직에 있었으면 아무래도 경영 고문으로서 더 자질이 있지 않겠느냐는 주장 외에는 할 말이 없다.

또 한 가지 흥미로운 점은 정부 요직에서 물러나면 기업 임원이 되어 달라는 제의가 쏟아지나 어느 정도 시간이 지나면 전혀 들어오지 않았다는 점이다. 대통령 각료 조직이나 상원에서 활동하던 사람들은 그 자리에서 물러난 지 1년 안에 스카우트 제의를 받았다. 왜냐하면 1년 정도 지나버리면 그들은 더 이상 쓸모 없기 때문이다. 공무원에서 물러난 기간이 길어질수록 정부의 정책 결정에 미치는 영향력은 줄어들기 마련이다. 또 그들이 요직에 있을 때 실시한 정책으로 혜택을 입은 기업에서 손을 내밀 것이라는 예상도 그대로 적중했다.

마지막으로 리처드 교수는 정권이 바뀔 때 어떤 변화가 일어나는지 주목했다. 여당이 야당에 밀려서 영향력을 잃으면 여당 소속의 정부 관료가 임원으로 제의받는 일이 거의 없었다. 반대 세력이 정권을 장악하므로 이제 세력을 뺏긴 정당 소속의 정부 관료는 기업 임원으로서 아무런 가치가 없기 때문이다. 이 점 역시 정부 관료였던 사람을 이사회에 합류시키는 이유가 '정치적 영향력'을 노린 것이라는 주장을 뒷받침해 준다. 아무래도 정당하지 못하다는 비난을 면하기 어렵다는 생각이 든다.


## 파벌과 당파가 난무하는 이사회

이사회의 어두운 면을 조금 더 살펴보기로 하자. 특히 그들이 엘리트 그룹을 형성하는 등 자체적인 파벌을 조장한다는 사실을 알면 깜짝 놀랄 것이다.

1980년대에 미국에서는 주주들(특히 기관 투자가)이 이사회 임원들에게 최고경영진이 주주들의 주머니를 털어서 자기 잇속을 챙기지 못하게 조치를 취해야 한다고 목소리를 높였다. 즉, 주주의 입장은 전혀 고려하지 않고 최고경영진에게 유리한 방향으로 기업을 이끌어가서는 안 된다는 주장이었다. 처음에는 어느 정도 이목을 끄는 것 같았지만 20년 정도 흐르는 사이 이 주장은 파묻히고 말았다. 일례로 미국 대기업 중에 (투자자들이 요구한 대로) 이사 선발 방식이 독립적이거나 별도로 새로운 이사를 채용하는 위원회가 있는 기업은 1999년이 되어도 1989년과 비교해 거의 늘어나지 않았다.

그렇다면 이러한 지배 혁신의 움직임이 왜 정체되고 말았을까? 이 질문을 해결하고자 현재 미시간 대학에 몸담고 있는 제임스 웨스트팔 교수가 심층적인 연구를 진행했다. 그는 417개의 기업자료를 수집하고 수십 명의 CEO와 이사회 임원을 인터뷰했으며 임원 1,098명과 CEO 197명을 대상으로 설문 조사를 한 결과 매우 흥미로운 결과를 얻었다. 미국 내 대기업의 CEO와 이사회 임원이 손을 잡고 일종의 '엘리트' 층을 형성하여 '고등학교에서 흔히 볼 수 있는 불량학생들'처럼 횡포를 부리고 있었다.

구체적으로 말해서 웨스트팔 교수는 다음과 같이 CEO의 영향력을 약화시키는 방안이 제안될 때 이사회 임원들이 어떤 반응을 보였는지 지켜보았다.

- (이사회는 독자적으로 운영되어야 하므로) CEO는 이사회 대표를 겸임할 수 없다.
- 회사는 새로운 임원을 발탁하는 일을 CEO의 권한에 맡기지 말고 별도의 임명 위원회를 구성해야 한다.
- 회사의 실적이 저조하면 CEO 해고를 투표로 결정할 수 있다(이 방안은 누가 봐도 CEO에게 불리하다).
- 기업은 소위 말하는 포이즌 필<sub>poison pill</sub>(기업의 경영권 방어 수단의 하나로, 적대적 M&A나 경영권 침해 시도가 발생하는 경우에 기존 주주들에게 시가보다 훨씬 싼 가격에 지분을 매입할 수 있도록 미리 권리를 부여하는 제도—옮긴이) 방침을 철회할 수 있다. 이는 최고경영진의 뜻에 거슬러서 기업 인수를 어렵게 한다(그러면 최고경영진이 제 할 일을 못하거나 실적이 저조할 때 새로운 소유주를 내세워 이들을 내쫓을 수 있다).

이와 같은 (논쟁의 여지가 큰) 방안 중 하나 이상을 선택하는 데 동의한 임원들이 어떻게 되었는지 알아보자.

첫째, 이사회 임원 중에는 다른 기업의 임원을 겸임하는 경우가 많다는 점을 이해해야 한다. 특정 임원이 어떤 시기에 앞의 방안 중 하나를 옹호함으로써 최고경영진(다시 말해서 엘리트 그룹의 멤버)에게 불이익을 초래하고 (엘리트 그룹이 아닌) 투자자들에게 유리한 기회를 안겨주면 나머지 임원들이 모두 그를 적대시한다. 사실 그는 이방인, 아니 배신자 취급을 당한다.

(이사회 내에서 환영받지 못하는 사람과 예전과 달리 특정 임원을 적대시하는 사람들을 대상으로 실시한) 설문 조사와 인터뷰 자료는 실제로 최고 경영진에게 불리한 방안에 동의한 사람이 미묘한 방법으로 처벌받는 것을 볼 수 있다. 예를 들자면 사적인 모임에 더 이상 초대받지 못하며 공식석상에서 발언할 기회를 얻지 못한다. 토론에서 의견을 내도 아무도 거들어 주지 않고 무시당하기 십상이다. 사적인 대화를 할 때도 그 사람만 모르는 주제를 꺼내서 꿔다놓은 보릿자루로 만든다. 한마디로 투명인간으로 취급해 버린다.

실제로 이사회 임원들은 혼자 배신하면 "따돌림당하는 것이 당연하다."라며 "앞으로 함께 일하고 싶지 않다."라고 털어놓았다. 어떤 임원은 "앞서 언급한 네 가지 방안 중 하나라도 찬성하는 사람은 다른 대접을 받을 수밖에 없습니다. '나는 배신자예요' 라는 딱지를 이마에 붙이고 다니는 격입니다."라고 지적했다. 또 어떤 임원은 "분명히 피해를 볼 겁니다. 이사회에서 쫓겨나지 않을지는 몰라도 예전처럼 대우받을 수는 없습니다. 다들 의심스러운 눈으로 보거나 거리를 두고 경계하려 할 겁니다."라고 말했다. 실제로 CEO에게 불리한 방안에 찬성했던 임원은 자신의 경험을 들려주었다. "CEO를 해고했더니 다른 이사회 임원들이 나와 말도 안 하더군요.… 중요한 모임이나 회의인데도 연락해 주지 않더라고요."

혹시 고등학생 시절에 이런 괴롭힘을 당한 기억이 있는가? 누군가가 당신의 개인 사물함에 물을 부어놓거나 등 뒤에 '나 좀 때려줘.' 라는 종이를 몰래 붙이거나 교과서를 쓰레기통에 버렸을지 모른다. 엘리트 그룹의 기대를 배신한 이사회 임원도 그와 비슷한 보복을 당한다.

그러면 이런 괴롭힘이 무슨 효과가 있을까? 웨스트팔 교수는 괴롭힘을 당한 이사회 임원들이 어떤 영향을 받는지도 연구했다. 그런 일을 당한 임원은 CEO에게 불리한 방안이 제시되면 어떤 의견도 내지 않고 반대표를 던졌다. 친구의 눈치를 보는 고등학생처럼 소신대로 행동하지 않은 것이다.

## CEO와 이사회의 복제 인간

CEO는 어떤 사람을 후계자로 선택할까? 말할 것도 없이 자신과 닮은 사람을 원할 것이다.

이사회도 그렇게 생각할까? 이사회 임원들은 당연히 자기들과 비슷한 사람이 차기 CEO가 되면 좋겠다고 여길 것이다. 그렇다면 CEO는 새로운 이사회 임원으로 어떤 사람을 선호할까? 이번에도 역시 자기와 비슷한 사람을 원한다. 그러나 이사회는 이 점에 동의하지 않는다. 이사회 임원들은 자기들과 비슷한 사람이 새로운 임원으로 적합하다고 굳게 믿고 있다.

이는 (당시 노스웨스턴 대학에서 함께 일하던) 제임스 웨스트팔 교수와 에드 자야츠 교수가 1990년대 중반에 CEO 후계자와 이사회의 새로운 임원이 된 사람들의 배경을 조사한 결과를 요약한 것이다. 별로 놀랄 일이 아니다. 사람은 누구나 자기와 비슷한 사람을 좋아하며 신뢰하는 경향이 있다. 하지만 두 교수가 몇 가지 단순한 통계자료만으로 이런 연구 결과를 완성했다는 사실에 놀라지 않을 수 없다.

그들은 〈포춘〉이 선정한 500대 기업 중 413개 기업을 선정하여 CEO 후계자와 새로운 이사회 임원들(거의 다 남자이다)의 나이, 전문 분야, 교육 정도 등 배경 요소를 모두 조사한 다음, 기존 CEO나 이사회 임원, 그리고 새로 임명된 CEO 및 이사회 임원을 비교할 때 어떤 차이가 있는지 주목했다.

현직 CEO가 영향력이 큰 편이면(예를 들어 CEO와 이사회 회장직을 겸임하거나 재임 기간이 길었거나 경영 실적이 비교적 우수하면 CEO의 영향력이 커진다. 또 이사회에 외부 임원이 거의 없거나 CEO가 기업의 대주주인 경우도 마찬가지다.) 그의 뒤를 잇는 CEO나 이사회 임원들도 그와 비슷한 성향을 보였다. 아마 현직 CEO는 분명히 자신의 복제인간이라 할 만한 사람을 찾아냈을 것이다. 반대 경우도 마찬가지였다. 이사회의 영향력이 CEO보다 더 큰 경우에는 새로 임명된 CEO나 이사회 임원이 기존 이사회 임원과 닮은꼴인 경우가 많았다.

CEO가 자기와 비슷한 사람들로 이사회를 계속 채우면 조금 문제가 복잡해진다. 그러면 이사회 임원과 CEO를 구분하기 어려운 상황이 벌어질 수 있다. 결국 회사 내의 모든 사람이 외모나 말투, 배경, 출신 학교, 자동차나 옷 입는 취향, 오락 선호도까지도 비슷해질 것이다. 혹시 이런 기업을 본 적 있는가? 아마 예전에 그런 기업에 근무한 경험이 있을지 모른다(그 기업에 다닐 때 별 문제가 없었다면 다행이다). '성공의 덫'이라는 악몽이 다시 떠오르는 사람도 있을 것이다.

흥미롭게도 두 교수는 CEO가 자기와 비슷한 사람을 후계자로 지목하거나 이사회에 채용할 때 기업이 그에게 제시한 연봉이나 보너스가 달라졌는지 알아보았다. 경영 실적과 관련된 보너스는 줄어들었으나 전체 연봉은 크게 늘어났다.

내 생각에는 CEO가 자기와 비슷한 사람을 좋아해서 선택하는 것은 물론이고 선택받은 사람들 역시 CEO에게 호감을 갖고 있다. 그러니 CEO의 연봉을 후하게 올려주지 않았을까? 결국 자기들이 보기에 그 CEO만큼 훌륭한 경력이나 자격을 갖춘 사람은 없을 테니 말이다.

## CEO의 친구가 이사회 임원이 된 경우

요즘에는 이사회 임원들이 인상을 찌푸리고 싫은 티를 역력히 내거나 남몰래 음흉한 미소를 짓고 몰래 손짓을 하는 경우가 많다. 자기들끼리 똘똘 뭉친 엘리트 그룹인데다 기업가로서는 아마추어에 불과하다. 또한 절대로 객관적이 될 수 없고 남의 눈치를 늘 봐야 하며 '학연·지연' 등으로 얽혀 있다. CEO와 오랜 친분을 지닌 이사회 임원은 자격이 없다는 말도 나온다. 그들은 CEO를 엄호하는 데 급급할 뿐 그에게 난처한 질문을 던지거나 잘못을 질책하는 등 자신이 해야 할 일은 전혀 하지 않는다.

이런 주장이 다 옳은 말일까? CEO와 '친구' 였던 사람은 이사회 임원으로 무조건 부적격자일까? 미시간 대학의 제임스 웨스트팔 교수는 또 한 번 사람들의 불평이 사실인지 확인해 보기로 했다. 그는 'CEO와 이사회 임원의 사회적 친분이 실제로 기업에 해를 끼치는 가' 라는 주제를 선택했다. 개인적 친분이나 우정이 이사회 임원의 자격에 어떤 영향을 주는지 알아보고자 243명의 CEO와 외부 임원 564명을 대상으로 설문 조사를 했다.

첫째, CEO와 친분이 있는 이사회 임원이 자신의 본분인 CEO를 '감시(전략적 의사결정을 검토하거나 공식적인 기업 경영 실적을 평가하는 업무 등을 말함)' 하는 일을 소홀히 한다는 주장은 전혀 근거가 없다는 점이 밝혀졌다. 오히려 CEO의 친구일수록 그 임무에 더 충실해지려는 자세를 보였다.

오히려 연구 결과는 이런 임원들이 CEO에게 더 많은 서비스를 제공한다고 알려준다. 즉, 그들은 지속적인 조언을 해주며 카운슬링 역할을 자처한다. 경영 전략의 수립 과정에 대해 비공식적으로 피드백을 제공하며 일종의 사운딩 보드sounding board(아이디어 · 결정 등에 대한 반응 테스트의 대상이 되는 사람—옮긴이)를 자처한다. 물론 공식적인 이사회 모임이나 회의가 아니라 사적인 방법으로 만나거나 연락한다. CEO와 친분이 없는 임원은 절대로 시도할 수 없다.

CEO는 대체로 지속적인 카운슬링을 요청하거나 참고 의견을 구하는 점에서 소극적이다. 연구 결과에 의하면 CEO가 조언 구하기를 주저하는 이유가 바로 자신의 이미지에 대한 염려 때문이라고 한다.

사람들은 도움이 필요하다고 말한 순간 본인이 무능하고 의존적이며 상황이 어렵거나 문제가 있다는 점을 인정한다는 것이다.

CEO는 항상 자신감에 넘치고 당당하며 모든 일을 주도해야 한다는 이미지를 지향한다. 따라서 그들이 누군가의 도움이나 조언을 구한다는 것은 쉽게 상상할 수 없다. 남자다워야 하고 호락호락하게 보여서는 안 된다는 강박관념 때문에 CEO는 주변 사람의 의견이나 조언을 쉽사리 받아들일 수 없다. 하지만 사적인 자리에서 친구가 하는 말이라면 별로 문제가 되지 않는다. 심리학적으로 보더라도 낯선 사람보다는 평소에 잘 알고 믿을 만한 사람이 하는 조언에 더 귀를 기울이게 된다. 그러므로 CEO의 친구가 이사회 임원이라 해도 그리 문제 될 일은 아니다.


## 스톡 옵션이 CEO를 위협한다

이제 주제를 바꿔서 이사회가 어떤 방식으로 CEO에게 보상을 지급하는지 살펴보자. 여기서 빼놓을 수 없는 요소는 그 유명한 스톡 옵션이다. 혹시 기업이 CEO에게 스톡 옵션 형식으로 계속 보상을 제공하는 이유를 아는가? 이 관행이 이미 자리를 잡긴 했지만 이것이 시작된 계기는 무엇일까?

"경영 실적에 해당하는 보수니까요. 최고경영진이 이룩한 업적을 금전적으로 보상하는 좋은 방법이 아닌가요?"라고 대답하는 사람이 있을지 모른다. 틀린 말은 아니다. 사람은 누구나 자기가 한 행동이나 성과에 따라 보상을 받는다. 그런데 CEO의 경우에는 이러한 보상이 전체 금액의 80%를 차지한다. 80%라니! (그 회사에 근무하는) 다른 직원들도 각자의 실적이나 성과에 따라 보수의 80%가 좌우될까? 그런 사람은 아마 거의 없을 것이다.

이론적으로 따지면 대기업이 최고경영진에게 주식으로 보수를 지급하는 것이 바람직하다. '이론상' 그렇다고 단서를 붙이는 데는 그만한 이유가 있다. CEO에게 스톡 옵션으로 이 관행은 '대리인 이론 agency theory(기업과 관련된 이해 관계자들의 문제는 기업 내의 계약 관계에 의하여 이루어진다는 이론—옮긴이)'에서 비롯된 것이다. 대리인 이론은 경영학 분야에서 완성된 몇 안 되는 과학적 이론 중 하나로서 사실상 비즈니스 관행의 모든 면에 깊숙이 스며들어 있다. 사실 이 이론도 경제학에서 출발했다. 한마디로 기업을 경영하는 사람들(최고경영진)의 이익을 주주들의 이익과 결부시키지 않으면 경영진은 자기에게 유리한 일 외에는 게으르고 부정적인 태도로 일관하거나 심지어 주주들을 속이려 들 것이라는 주장이다. 이것도 일리가 있다. 하지만 바로 그 때문에 대다수 CEO가 보수의 상당 부분이 실적에 좌우되는 스톡 옵션으로 받고 있다.

그런 사람들이 기업 운영을 맡아도 괜찮을까? 정말 최고경영진은 기회만 생기면 자기 잇속을 챙기고 그렇지 않은 문제는 나 몰라라 하는 사람들일까? 이대로 실적에 따라 연봉을 책정해도 괜찮을까? 그들에게 고정적인 보수를 지급하면 일순간에 이기적으로 돌변할까?

혹시나 해서 덧붙이는 말이지만 정말 대답을 꼭 해야 하는 질문은 아니니 너무 부담스럽게 여길 필요는 없다.

어쨌든 지금으로서는 최고경영진에게 엄청난 주식을 보상이라는 명분으로 제공한다. 그래도 한 가지 의문이 남는다. 왜 하필 스톡 옵션일까? 아무래도 이야기가 길어질 것 같다.

대리인 이론에 의하면 최고경영진은 속임수를 쓰거나 빈둥거릴 핑계를 찾기 바쁘다. 경영진은 원래부터 위험을 감수하지 않으려 한다. 주주들이 그들에게 기대하는 위험조차도 무조건 피하는 편이다. 그래서 이들이 어느 정도 위험을 감수하도록 자극하려고 주식이 아니라 스톡 옵션을 주는 것이다.

"위험을 더 감수하라니요?"라고 반문할지 모른다. 대기업은 이미 위험을 충분히 감수하고 있지 않은가? 요즘 비즈니스 업계가 돌아가는 것을 보면 최고경영진들이 마음을 가다듬고 자제하도록 설득해야 하지 않을까? 그렇게 생각하는 사람도 있겠지만 아무튼 대리인 이론에서는 정반대의 가설을 내세운다. 대부분 상장 기업이 추구하는 인센티브 구조도 대리인 이론에 맞춰져 있다.

각종 연구를 통해 밝혀진 것처럼 스톡 옵션이 위험을 회피하지 않도록 자극하는 효과가 있는 것은 확실하다. 옵션이란 미래의 특정 시점에 정해진 가격으로 주식을 매수할 수 있는 권리다. 예를 들어 2010년 1월에 X사의 주식을 100달러에 살 권리를 얻었다고 가정해 보자. 2010년 1월에 그 회사의 주가가 120달러이면 당신은 1주당 20달러를 벌게 된다. 하지만 그때쯤 주가가 90달러로 떨어지면 옵션은 무의미하다. 한마디로 '휴짓조각'이 되어버린다. 주가가 90달러이면 100달러에 살 수 있는 권리를 주장할 수 없다.

앞과 같은 상황에서 X사의 CEO에게 스톡 옵션이 많이 있으면 그는 위험을 감수할 만하다고 생각한다. 2009년 8월 무렵에 주가가 90달러이면 그는 위험부담이 있어도 '이기거나 지거나 둘 중의 하나'라는 마음으로 지켜보게 된다. 다행히 주가가 100달러 이상으로 오르면 스톡 옵션은 엄청난 수익을 낸다. 하지만 그의 예상이 빗나가서 주가가 폭락해도 걱정할 필요가 없다. 주가가 90달러이든 60달러이든 100달러에 살 수 있는 스톡 옵션은 어차피 무의미하기 때문이다.

하지만 스톡 옵션이 유발하는 위험이 단순히 이런 것일까?

대리인 이론에 빠져 있지만 실제로 스톡 옵션과 관련된 위험은 훨씬 다양하고 방대하다. 어떤 위험은 도움이 되지만 어떤 위험은 여러모로 불리하다. 스톡 옵션이 반드시 좋은 의미에서 위험을 감수하도록 자극한다고 말할 수 있을까?


## 스톡 옵션과 위험 감수 행동

내 생각에는 스톡 옵션이 좋은 면만 있는 것 같지 않다. 라이스 대학의 게리 샌더스Gerry Sanders 교수와 펜실베이니아 주립대학의 돈 햄브릭Don Hambrick 교수는 미국 기업 CEO 950명을 대상으로 스톡 옵션과 그로 인한 위험 감수 행동을 연구했다. 스톡 옵션이 많은 CEO는 기업 인수의 횟수와 규모를 늘리고 자본 투자를 확대하며 R&D 투자를 늘리는 등 과감한 행보를 보였다. 동일한 프로젝트를 진행한다고 할 때, 스톡 옵션이 거의 없는 CEO가 5,000달러를 투자하면 스톡 옵션이 많은 CEO는 1억 달러를 선뜻 내놓았다.

그뿐 아니라 이들은 변동성이 높은 대상에도 (상당히 큰 금액을) 선뜻 투자하는 경향을 보였다. 투자액의 20%를 얻거나 잃을 가능성이 있는 프로젝트와 투자액의 50%를 얻거나 잃을 가능성이 있는 프로젝트가 있으면 그들은 후자를 선택했다. 즉, 변동 가능성의 위험에도 아랑곳하지 않고 대범하게 행동했다.

그래도 이 정도면 아직 '권할 만한 위험'이라고 말할지 모른다. 하지만 두 교수는 좀 더 극단적인 결과를 찾아냈다. 스톡 옵션이 많은 CEO는 수익을 많이 올리는 경우보다 큰 손실을 볼 때가 훨씬 많았다. 대범하게 행동하는 것은 좋지만 실패율이 높다는 뜻이다. 아마 이런 CEO를 반기는 회사는 어디에도 없을 것이다.

왜 이런 문제가 생길까? 스톡 옵션을 준 것이 결국 CEO의 배짱만 키워준 것이 아닌가? 1,000달러를 잃든 1억 달러를 잃든 CEO가 쥐고 있는 스톡 옵션이 무용지물이 되는 것에는 차이가 없으므로 CEO는 손실액의 규모에 둔감해진다.

문제는 그 정도로 그치지 않는다. 워싱턴 D.C.에 있는 아메리카 대학교의 시아오밍 장 교수가 이끄는 연구팀은 스톡 옵션과 이익 조작earnings manipulation(영업 이익, 순이익 등을 부풀리거나 줄이는 행위—옮긴이)의 관련성을 조사했다. 물론 이익 조작은 엄연히 불법 행위다. 그들은 이익 조작 365건을 조사한 결과 "자기가 가진 스톡 옵션으로 이득을 볼 수 없을 경우에 CEO가 회사에 불이익을 초래하는 사례가 많다."고 결론 내렸다(어떤 CEO는 이익 조작을 하던 와중에 들킨 경우도 있었다).

아무리 위험 감수를 좋아하는 주주라도 이런 CEO를 반길 리 없다. (극히 드물지만) CEO가 위험 감수에 더 적극적으로 나서게 자극하려고 이사회 임원이나 주주들이 스톡 옵션을 제공하는 것이 과연 바람직한 방안인지 다시금 생각해 봐야 한다. 스톡 옵션을 제공하면 위험을 감수하려는 의지가 커지지만 과연 임원과 주주가 원하는 방향으로 움직인다고 보장할 수 없다.

## 최고경영진의 과도한 연봉 책정이 가능한 이유

'억 소리 나는' CEO의 연봉은 어느 나라에서나 구설에 오른다. 사람들에게 상대적 박탈감을 주고 반감을 품게 하며 일부 국가에서는 정치인들이 힘을 모아서 CEO의 연봉에 상한선을 정하는 법안을 제안하기도 한다. 하지만 나는 CEO가 거액의 연봉을 받는 것은 시장 메커니즘의 당연한 결과이므로 (정치인이든 누구이든) '왈가왈부할 문제가 아니다'라고 생각했다. 하지만 과학적 연구 조사를 통해 CEO의 연봉 및 이사회의 영향력(CEO의 연봉은 주로 이사회가 결정한다)에 대해 더 알게 되자 숨겨진 의혹이 많다는 점을 더욱 확신하게 되었다.

우선 CEO의 연봉이 기업의 경영 실적과 밀접한 관련이 있다는 것을 입증하기 위해 많은 학자가 연구를 거듭했다. 그러나 그들의 예상은 보기 좋게 빗나갔다. 아무리 깊이 연구해 보아도 그들의 예상을 뒷받침할 증거는 도무지 나타나지 않았다. CEO의 연봉과 기업의 실적 사이에 아주 미약하나마 비례 관계가 성립한다는 연구도 있었으나 설득력이 부족했다. 일반적인 CEO가 받는 보수가 기업의 경영 실적과 연관되어 있다는 점을 증명하기에는 역부족이었다.

이 점과 관련하여 한 가지 확실하게 말할 수 있는 점은 기업의 규모다. 기업의 규모가 클수록 CEO의 연봉이 높아지는 것은 분명한 사실이다. 굳이 연구하지 않아도 직감적으로 예상할 수 있다. 그런데 연구를 해보면 왜 이런 상관관계가 나타나는지 명확한 증거를 찾을 수 없다. 왜 기업의 규모가 클수록 CEO의 연봉이 올라갈까? 대기업일수록 CEO의 근무 시간이 늘어나는 것도 아니다. 직원을 1,000명 거느리는 것보다 10만 명을 거느리는 것이 더 어려운 일이라서 연봉도 높은 걸까? 꼭 그렇지만은 않다. 그렇다면 이유가 뭘까? 대기업은 중소기업보다 자원이 풍부하므로 한 번 실수하면 손실이 크다. 그래서 가능하면 유능한 사람에게 CEO 자리를 내주고 그만큼 연봉도 더 주는 것이 아니냐고? 뭐, 나름 일리가 있는 주장이다. 연구 결과에서는 대기업의 수익이 중소기업보다 반드시 많은 것은 아니라고 알려준다. 따라서 대기업의 CEO가 중소기업보다 반드시 실력이 낮다고도 말할 수 없다. 여하튼 이유는 모르지만

CEO의 연봉이 높은 이유를 겨우 하나 찾았으니 지나치게 따지지 말기로 하자.

그렇다면 기업의 규모 외에 CEO의 연봉을 좌우하는 요소가 또 있을까? 먼저 CEO의 연봉을 결정하는 사람이 누구인지 생각해 보자. 어느 나라이든 상장 기업이라면 이사회가 그 문제를 처리한다. 어떤 경우에는 (외부 이사 3~5명으로 구성된) 보수 위원회가 처리한다. 어수룩한 이사회와 보수 위원회에 대한 연구 결과도 있다.

캘리포니아 대학(버클리 캠퍼스)의 찰스 오렐리Charles O'Reilly 교수와 그라에프 크리스털Graef Crystal 교수 및 스코틀랜드의 성 앤드류 대학의 브라이언 마인Brian Main 교수는 CEO의 연봉과 이사회의 관련성을 연구했다. 세 사람은 미국의 대기업 105개를 선정하여 (기업의 규모, 경영 실적과 같은) 다양한 경제적 요소와 CEO의 연봉 사이에 어떤 관련성이 있는지 분석해 보았다. 하지만 그들은 기업의 매출에 따라 CEO의 연봉이 높아진다는 점 외에는 아무것도 알아내지 못했다. CEO의 재직 기간에 기업의 매출이 1억 달러 오르면 그의 연봉이 1만 8,000달러 인상된다는 결론이 전부였다. 아마 세 사람은 기운이 쭉 빠졌을지 모른다.

이에 세 교수는 기발한 아이디어를 냈다. 우선 이사회 임원들은 대부분 다른 기업의 CEO를 겸직하거나 예전에 CEO로 일한 경험이 있다는 점에 착안하여 이사회 임원들이 CEO로서 받는 연봉이 다른 CEO의 연봉을 결정할 때 영향을 주는지 알아보았다. 흥미롭게도 두 가지 요소는 높은 관련성을 보였다. 외부 이사의 경우 자신이 CEO로서 받는 연봉이 10만 달러 정도 오르면 남의 연봉도 5만 1,000달러 정도 인상해 주었다. 이 액수는 기업의 규모나 수익성과 같은 관련 요소를 모두 계산한 것이다. 세 사람은 일종의 비교 심리 때문에 이런 현상이 나타난다고 생각했다. 보수 위원회는 CEO의 연봉을 결정할 때 자기가 CEO로서 받는 연봉을 기준으로 삼았다. 그들은 해당 CEO가 재직하는 동안 기업의 수익 변동 등 다른 요소는 전혀 고려하지 않았다.

그렇다면 여기서 잠깐 생각해 보자. 외부 이사회 임원은 누가 선택하는가? 대답은 분명하다. 바로 그 회사의 CEO가 새로운 외부 이사를 선택·임명한다. 그렇다면 다른 기업에서 높은 연봉을 받는 CEO를 자기 회사의 외부 이사로 삼고 싶지 않겠는가? 꽤 설득력 있는 추론이다.

아무리 생각해 봐도 연봉이 높은 사람을 외부 이사로 불러야 나중에 CEO에게 후한 보상을 안겨줄 가능성이 크다. 일종의 도미노 현상이랄까. 반대로 연봉이 적은 사람은 아예 이사회에 들고 싶은 마음이 들지 않을 것이다. 그런 사람은 분명히 CEO가 높은 연봉을 받는 데 반기를 들 테니까. 부자를 데려와야 나도 부자가 될 수 있다. 이것이 바로 CEO의 숨은 속내다.

# CEO의 거액 연봉이 정당함을 증명하려면

이미 말했듯이 CEO가 받는 거액의 연봉은 종종 구설에 오른다. 이유가 무엇이든 대다수 사람은 그들의 연봉이 터무니없이 많다고 생각한다. 시장 메커니즘이나 수요와 공급의 원리 때문이라는 말은 무슨 뜻일까? 실력 있는 경영인은 희소가치 때문에 거액의 연봉을 받을 수밖에 없다는 논리다(영화배우나 축구 선수의 연봉도 이와 같은 논리다).

이런 시장 원리도 어느 정도 관련되긴 하지만 실제로 CEO의 연봉을 결정하는 사람들인 이사회 임원들이 일종의 이해 상충 관계에 직면한다는 점도 고려해야 한다. 이사라는 직위는 연봉도 많으며 사회적 지위나 명성도 높아지므로 꽤 괜찮은 직업이다. 하지만 새 임원을 선택하는 권리는 기업의 CEO에게 있다는 점에서 갈등이 시작된다. "은혜를 원수로 갚지 마라."라는 옛말도 있듯이 자신을 이사로 뽑아준 CEO에게 두둑한 연봉으로 보답하고 싶은 것이 인지상정이다.

또 앞서 잠깐 살펴보았듯이, 이러한 사회적 표준에서 벗어나면(예를 들어 CEO의 연봉을 낮게 잡거나 삭감하는 방안을 지지하면) 다른 임원들에게 비난을 받고 괴롭힘을 당한다. '빨리 정신을 차리고' 다른 임원들의 비위에 맞추지 않으면 살아남기 어렵다.

요즘 이사회는 CEO의 연봉이 정당하다는 것을 증명하기 위해서 공개적으로 기업의 실적을 '또래 집단'과 비교한다. 이렇게 하면 어느 기업의 이사회도 함부로 CEO의 연봉에 손 댈 수 없다. 그런데 한 가지 의문이 생긴다. 기업의 또래 집단은 어떤 기준으로 정할까?

동종 기업으로 또래 집단을 구성하는 것이 가장 합리적인 것처럼 보인다. 그렇지만 동종 기업이라고 해서 반드시 비교 대상으로 적절한 것은 아니다. 은행은 종류가 너무 다양하고 제약회사는 규모나 전문 분야가 전혀 다르며 소프트웨어 회사도 다들 제각각이다. 하다 못해 동네마다 있는 슈퍼마켓도 비교 조건이 모두 충족되는 것은 아니다. 따라서 이사회는 '또래 집단'을 구성할 때 어느 정도 융통성을 발휘해야 한다. 그 때문에 이익 조작과 비슷한 문제가 생길 가능성이 생긴다.

조 포락Joe Poark, 짐 웨이드Jim Wade, 팀 폴락Tim Pollock 교수는 미국 대기업 280개가 선택한 또래 집단이 어떻게 구성되어 있는지 알아보았다. 그들은 분명히 또래 집단을 구성할 때 음모가 있었으리라 확신하면서 각 또래 집단 내에 동종 기업이 얼마나 되는지 세어보았다. 또한 그들은 또래 집단의 수익 실적, 샘플 기업의 수익 실적 및 각 기업이 속한 산업 분야의 상태 및 CEO의 연봉을 모두 비교했다.

이렇게 조사해 보니 또래 집단은 주로 동종 기업으로 구성된다는 결론이 나왔다. 샘플 기업과 분야가 다른 기업은 평균적으로 전체 또래 집단의 30%를 차지했다. 그런데 흥미롭게도 샘플 기업의 실적이 저조하면 이 비율이 커졌다. 게다가 이사회는 (분야만 다른 것이 아니라) 실적도 좋지 않은 기업을 선택하여 샘플 기업이 상대적으로 경영 실적이 나은 것처럼 보이게 만들었다. 샘플 기업과 동종 기업의 실적이 모두 우수할 때는 일부러 실적이 저조한 기업으로만 또래 집단을 구성하여 (샘플 기업의 실적이 우수한 사실이 사실 그리 대단한 일이 아니라는 사실을 감추고) 샘플 기업이 상대적으로 돋보이게 했다.

이사회는 CEO의 연봉이 낮을 경우 일부러 분야가 다르고 실적이 저조한 기업으로 또래 집단을 구성했다. 그렇게 하면 샘플 기업의 실적이 상대적으로 두드러지기 때문에 CEO의 연봉을 올려줘야 한다는 주장을 펼칠 수 있었다.

결국 세 교수는 "이사회가 자기들에게 유리한 쪽으로 또래 집단을 조작한다."고 결론지었다. 즉, 이사회는 CEO에게 거액의 연봉을 안겨주려고 사람들의 눈을 속이고 있다.


## 두려움을 이기고 얻은 조언은 CEO를 성장시킨다

스톡 옵션이 (위험 감수를 촉진하는 효과를 발휘하여) 최고경영진의 행동을 바꾸는 효과가 있다는 점을 살펴보았다. 그렇다면 실적에 따라 지급되는 연봉에는 전반적으로 어떤 영향을 줄까? 위험 감수가 아닌 다른 방향으로 행동하게 할 수 있을까? 어떤 방향이든 CEO의 행동을 개선하는 효과가 있을까?

최고경영진에게 실적 기반의 연봉을 지급하는 것 자체가 이상한 일이라고 꼬집은 바 있다. 자기에게 직접적인 보상이 돌아올 때만 열심히 일하거나 머리를 쓰는 사람이 과연 최고경영진으로 합당할까? 하긴 이런 식으로 아무리 따져봤자 인간의 본성은 바뀌지 않는다.

인간은 결과나 성과에 따라 연봉이 주어질 때 비로소 행동을 변화시킨다. 그 누구도 예외가 될 수 없다. 그렇다면 적절한 보상 체제를 마련하여 남용하지 않도록 주의하면 되지 않을까? 무조건 실적 위주로 가면 최고경영진의 행동이 걷잡을 수 없을 정도로 엇나갈 우려가 있다. 최근 엔론, 리만Lehmann, 월드컴의 사태는 지나친 실적 위주의 연봉이 어떤 부작용을 일으키는지 여실히 보여 준다.

어떻게 하면 최고경영진의 행동을 긍정적인 방향으로 유도할 수 있을까? 센트럴 플로리다 대학의 마이클 맥도널드Michael McDonald 교수와 애리조나 주립 대학의 푸남 카나Poonam Khanna 교수, 미시간 대학의 짐 웨스트팔 교수는 CEO의 행동 중에서 외부 조언을 구하는 경향이라는 흥미로운 면을 조사했다.

CEO는 다른 기업의 임원을 찾아가서 경영 전략에 관한 조언을 구한다. 그러나 연구 결과를 보면 그들도 우리와 마찬가지로 자기와 비슷한 사람이나 친구에게 '조언'을 구하는 편을 선호한다. 이는 엄밀히 말해서 조언이 아니라 자기 생각이 옳다는 확신을 얻기 위해서다. 자기 생각이나 행동이 옳다는 말을 듣기에 친구보다 더 좋은 상대가 어디 있겠는가?

맥도널드 교수가 이끄는 연구팀은 조언을 가장한 동의를 구하는 CEO와 진정한 의미의 조언을 얻기 위해 반대 의견을 내놓을지도 모르는 사람을 찾아가는 CEO를 구분해 보기로 했다. 그들은 미국 내 대기업 및 서비스 기업 225개를 대상으로 설문 조사를 실시하여 CEO가 다른 기업의 최고경영진에게 조언을 구하는 횟수와 개인적인 친분 여부를 확인했다. 또한 이들은 CEO가 받는 연봉 중에 실적에 좌우되는 부분이 실제로 그가 조언을 구하는 횟수에 어떤 영향을 주는지 상관관계를 찾아보았다.

흥미롭게도 실적 위주의 연봉을 적게 받는 CEO는 외부의 조언을 구하는 일이 거의 없었다. 그들은 친구, 아내, 친척, 부모님 등 자신에게 듣기 좋은 말을 하는 사람들만 찾아다녔다.

이와 대조적으로 실적 위주의 연봉을 많이 받는 CEO는 평소 친분이 없는 다른 기업의 중역이나 자기와 배경이 다른 사람들에게 조언을 얻으러 다녔다. (무슨 헛소리를 하는 거냐며 면박을 줄지도 모르므로) 잘 알지 못하는 사람에게 조언을 구하는 것은 쉽지 않은 일이다. 하지만 분명히 그런 조언은 피가 되고 살이 된다. 맥도날드 교수가 이끄는 연구팀이 알아낸 바로는 실제로 이러한 외부 인사의 조언은 기업의 장부상 이익뿐 아니라 자산수익률을 크게 높이는 데 기여했다. 어색함과 두려움을 이겨낸 노력에 비해 엄청난 금전적 수확이다!

이를 통해 실적 위주의 보상 체제의 효과를 다시금 확인할 수 있다. 그 보상체제는 낯선 사람에게 면박을 당할지 모른다는 '두려움'을 이겨낼 힘도 주었다. 듣기 좋은 말로 기분을 좋게 해줄 사람을 찾아가는 것보다 심적인 부담은 크겠지만 실용성과 수익성은 훨씬 크다. 그런 노력을 보상해 주면 CEO는 (그도 사람인지라) 앞으로 더욱 외부 조언을 많이 구하고자 능동적으로 움직일 것이다.

## 누가 약점을 감추고 있는가?

5장을 마치기 전에 한 가지 흥미로운 질문에 대해 생각해 보자. 기업은 주주들을 대할 때 부정적인 것을 숨기고 싶지 않을까? 하고 싶은 말이 많지만 함부로 넘겨짚으면 안 될 것 같다.

몇 년 전 콜롬비아 경영대학원의 에릭 아브라함슨Eric Abrahamson과 런던 경영대학원의 박철순 연구원은 이 문제를 체계적으로 연구한 결과 '그렇다'는 답을 얻었다. 사실 그리 놀랄 일은 아니다.

다행히도 두 사람은 단순히 그렇다는 답을 얻은 데 만족하지 않았다. "그렇다면 누가 숨기는가?", 즉 어떤 기업이 자기네 약점을 숨기려 하느냐는 질문이 남아 있었기 때문이다.

두 사람은 1,118개의 기업을 선정하여 기업의 연간 보고서에 포함된 주주에게 보내는 글을 조사했다. 이러한 서한이 기업과 주주 사이의 주요 의사소통 수단이며 주가에도 실질적인 영향이 있다는 점은 이미 밝혀진 사실이다. 두 연구원은 컴퓨터로 주주에게 보내는 글에 사용된 표현을 분석하여 부정적인 정보의 분량이 어느 정도인지 알아보았다.

두 사람은 주주에게 보내는 글이 발표된 이후의 기업 경영 실적, 이사회에서 외부 이사가 차지하는 비율, 외부 이사가 보유한 주식, 기업의 제도적 소유권, 감사원 보고서 등 다양한 자료를 모두 수집했다. 그러자 불쾌한 현실을 여실히 보여 주는 결과가 나왔다.

첫째, 주주에게 보내는 글을 작성하는 기업의 대표이사는 나쁜 점을 모두 숨기거나 거짓말로 포장하고픈 유혹을 느꼈다. 어찌 보면 지극히 인간적인 심리다. 사람은 누구나 대중에게 공개할 자료에 (자기가 잘한 것은 아주 크게 떠벌리고) 실수한 것은 조금 완곡하게 표현하고픈 유혹을 느끼게 된다. 그래야 체면을 구기지 않고 남들에게 좋은 이미지를 줄 수 있기 때문이다. 기업의 경우 이러한 자연스러운 욕구에 따라 진실을 왜곡할 수 있는 몇 가지 방법이 마련되어 있다.

둘째, 외부 이사가 있으면 허풍을 치거나 거짓말을 할 가능성이 크게 줄어들었다. 외부 이사가 많을수록 기업은 실패나 실수를 허심탄회하게 인정했다. 이와 마찬가지로 기관투자자가 많을수록 주주들에게 보내는 글에는 기업의 실수를 깨끗이 인정하는 문구가 자주 등장했다. 대규모 기관투자자들은 자기가 투자하는 기업을 면밀하게 관찰하므로 부정적인 요소를 감출 여지를 거의 남기지 않았다.

셋째, 외부 이사에게 주식을 나누어 주면 정반대의 상황이 연출되었다. 이는 굉장히 당혹스러운 연구 결과일지 모른다. 외부 이사가 있어도 그들이 대주주인 경우에는 불리한 사항을 솔직하게 공개하는 횟수가 크게 줄었다. 주주가 되면 일종의 이해 갈등 상황에 맞닥뜨려서 기업에 불리한 사항을 공개하기보다는 감추는 쪽으로 마음이 기우는 것 같다.

또한 (기업 활동을 꼼꼼히 감시하지 않는) 소규모 기관 투자자가 많은 경우에도 의외의 결과가 나왔다. (소규모 기관 투자자들은 조금이라도 나쁜 소식이 들리면 바로 등을 돌리는 것으로 알려져 있으므로) 이들을 놓칠까봐 부정적인 사항은 무조건 숨기는 경향이 나타났다. 만약 소규모 기관 투자자들이 술렁거리면 소문이 금세 눈덩이처럼 커져서 주가가 폭락할 우려가 있었다. 한마디로 외부 이사도 주주가 아닐 경우에만 기업의 비리가 줄어들었다. 기관 투자자 역시 대규모 투자자일 때에만 억제 효과가 나타났다.

한편, 어떤 기업이 불리한 점을 꼭꼭 숨길 경우 그 기업의 CEO는 주주들에게 보내는 (지나치게 낙관적인) 글을 발송하자마자 개인적으로 보유하고 있던 주식을 모두 매각해 버렸다. 여하튼 악덕 CEO는 거짓말만 하는 것이 아니라 도둑질도 서슴지 않고 있다.

# 06

**유행하는 경영 기법은 가장 효과적이다?**

## 경영 이론에는
## 허점이
## 숨어 있다

## 픽션이 난무하는 곳

이번 장에서는 경영 관행, 기업이 경영을 위해 시도하는 여러 가지 방안을 살펴볼 것이다. 이러한 방안은 매우 많은데 대부분 다른 기업의 관행을 따라하거나 모방하는 경우가 많다. 그런데 이러한 관행은 의도와 다른 결과를 낳는다. 6장에서는 바로 그처럼 예상치 못한 결과에 초점을 맞춘다. 다행히 이런 결과가 모두 부정적인 것은 아니다. 한 가지 예로, 신기술이나 신상품을 전혀 만들어 내지 못하는 R&D 부서도 쓸모가 있다면 믿겠는가? 아마 그 이유가 굉장히 궁금할 것이다.

반면에 어떤 경영 관행은 아무리 긍정적으로 보려 해도 전혀 도움이 안 된다. 원래 무의미한 것이기 때문이다. 남들이 다 한다고 해서, 또 화려한 경험담을 늘어놓는다고 해서 그러한 관행이 다 옳은 것은 아니다.

이번 장에서는 비즈니스 세계에 널리 보급된 수많은 경영 관행을 소개하고 과학적 연구를 통해 밝혀진 효능을 살펴볼 것이다. 이 점을 이해하려면 쉽게 믿을 수 없더라도 일단 귀를 기울여야 한다. 그동안 철석같이 믿었던 것이 모두 옳지 않다는 점을 인정하고 필요하다면 바로잡아야 할지 모른다. 따라서 5장과 마찬가지로 6장에서도 구체적인 연구 결과의 사실적인 면을 크게 조명해야 한다.

먼저 기업의 경영 관행이 어떻게 널리 퍼져서 보편화되는지 살펴보자(항상 그 효과가 명확히 드러나는 것은 아니다). 밴드웨건 효과 bandwagon(기업의 인지도나 브랜드 유행 및 트렌드에 따라 소비자가 영향을 받아 매출이 달라지는 현상—옮긴이), 자성적 예언self-fulfilling prophecy, 특허사냥꾼patent shark을 이해하도록 해보자.


## 말 한마디에 고공 행진을 하는 주식

5장의 마지막 부분에서는 유명 기업인들의 연봉에 대해 잠깐 언급한 바 있다. CEO를 비롯한 최고경영진에게 적절한 연봉을 지급하는 기준에 대해서는 지금도 의견이 분분하며 앞으로 계속 연구해야 할 문제다. 한 가지 분명한 점으로 경영진의 연봉은 기업의 실적과 밀접한 관련이 있다는 사실에 아무도 이의를 제기하지 않는다.*

그러나 '기업의 실적'을 수치화하는 것은 결코 쉬운 일이 아니다.

---

\* 하지만 이 규칙이 예외일지 모른다는 사실을 부인할 수 없다. 가끔 CEO에게 정해진 연봉을 주는 것이 가장 좋은 방안이 아니라는 생각을 떨칠 수 없다.

어떤 기준으로 실적을 산출해야 하는가? 기간은 어느 정도가 적절한가? 그래서 10여 년 전에 '장기 인센티브 계획'이 등장했다. 쉽게 말하자면 이는 특정 시기를 기준으로 구체적인 실적 목표에 달성하면 (주식이나 현금 형태로) CEO에게 연봉을 지급하는 방식이다. 이러한 인센티브 계획이 보상과 경영 실적 사이에 정확한 연결 고리를 제시한다고 여겨졌으며 경영진은 단기적인 수익 창출보다 장기적인 수익성 인상에 초점을 맞추게 되었다.

주식시장(즉, 투자자와 애널리스트)은 이를 두 팔 벌려 환영한다. 금융 경제에 대한 수많은 연구 결과를 보면, 기업이 (언론이나 주주총회 안내서를 통해) 장기 인센티브 계획을 채택한다고 발표하면 주가는 곧바로 급등했다. 경영진도 장기 인센티브 계획을 항상 반기는 것은 아니다. 정해진 시간에 구체적인 수치 목표에 달해야만 보상을 받을 수 있다는 사실은 오히려 기운 빼기 때문이다. 하지만 장기 인센티브 계획을 무턱대고 반대할 수도 없는 노릇이다. 자칫하면 다른 꿍꿍이가 있는 것처럼 보이기 때문이다. 그래서 수많은 기업의 경영진이 그냥 이를 받아들인다.

미시간 대학의 제임스 웨스트팔 교수와 노스웨스턴 대학의 에드 자야츠 교수는 이러한 장기 인센티브 계획이 주식시장에 미치는 영향에 다시 주목했다. 이번 연구는 뭔가 색다른 점이 있었다. 우선 두 사람은 미국 408개의 대기업을 조사하여 인센티브 계획을 실시한다는 발표가 떨어지기 무섭게 해당 기업의 주가가 상승한다는 사실을 재확인했다.

두 사람은 발표에 사용된 표현이 주가변동에 영향을 주는지 살펴보았다. 더 구체적으로 이야기하자면 인센티브 계획을 도입하는 것이 정당하며 CEO가 받는 연봉이 주주의 이익과도 밀접한 관련이 있다는 사실을 강조한 것(그야말로 투자자들에게 제시할 수 있는 '근거란 근거는 모두 제시' 하는 방식을 말한다. 실제로 국제적인 알루미늄 제조업체인 알코아Alcoa에서는 이 방법을 사용했다)과 (AT&T가 "이 계획을 계기로 능력 있는 CEO가 우리 기업에 관심을 보이기 바랍니다."라고 발표한 것처럼) 상투적인 표현을 쓰거나 아예 부연 설명을 내놓지 않은 것은 어떤 차이로 이어지는지 비교했다. 결과는 명백했다. 전자의 경우에는 주가 상승률이 2.4%로 나타났으나 후자와 같이 인센티브 계획만 발표하거나 다른 부연 설명을 덧붙인 경우에는 1.2%에 그쳤다. 표현에 조금 신경을 쓴 덕분에 무려 두 배의 수익을 거둔 것이다. 공을 들인 것에 비해 굉장히 큰 대가다.

그것이 전부가 아니다. 두 사람은 더 나아가 장기 인센티브 계획을 실행한다고 발표했으나 행동으로 옮기지 않은 기업은 주가가 어떻게 달라졌는지 분석했다(실제로 무려 인센티브 계획을 도입한다고 발표한 기업 중에서 실천에 옮기지 않는 경우는 52%나 된다).

인센티브 계획을 발표한 직후에는 주가가 크게 올랐다(그도 그럴 것이 이 단계에서는 기업이 실제 행동을 취할 것인지 미리 알 방도가 없다). 일주일 후에도 (해당 기업이 인센티브 계획을 실행할 기미를 보이지 않아도) 주가는 여전히 고공행진을 계속했다. 한 달 후에도 주가는 내려갈 줄을 몰랐다. 그렇게 1년을 지켜보았으나 주가는 여전히 상승세를 지속했다.

자, 이제 정리해 보자. 주가는 인센티브 계획을 발표함과 동시에 크게 상승했고, 실제로 그 계획을 실천하지 않아도 하락세로 돌아서지 않았다. 이보다 손쉽게 돈을 벌 방법은 없을 것이다!

주식 투자자들이 멍청한 걸까? 물론 그럴지도 모른다. 하지만 이 문제는 그리 간단히 대답하기 쉽지 않다. 투자자와 애널리스트는 바른말을 하는 기업을 선호하지만 그만큼 행동도 정당한가에는 개의치 않는 것 같다. 즉, 사람들은 기업의 실제 행동이 아니라 공약을 보고 투자한다. 투자자들은 부지불식간에 기업의 공약을 절대적으로 신뢰하는 것 같다. 카이사르의 아내였던 폼페이아Pompeia(카이사르에 따르면 그녀는 정숙한 여인처럼 보여야 했을 뿐만 아니라 실제로도 정숙한 이미지였다고 한다)와 달리 사람들은 기업이 겉으로 보기에 믿음직스러운 것을 선호하지만 실제로 신뢰할 만한지는 개의치 않는다.


## 엄청난 손해를 끼치는 자성적 예언

지금 생각해 보니 여기까지 이 책의 독자들은 내가 CEO를 비롯하여 비즈니스에 몸담은 사람들의 전반적인 지적 능력을 낮게 본다는 느낌을 받았을 것이다. 그러나 그것은 오해에 불과하다. 사실 그들의 판단력에 한계가 있다고 믿는 것은 사실이다. 내가 강조하려는 점은 그들 역시 인간이라는 것이다. (경영대학원 교수처럼 '유전자 조작이라도 한 것이 아닐까?'라는 의심이 드는 사람도 있지만) 아무튼 그들 모두 자성적 예언 때문에 엄청난 손해를 보고 있다. 한 가지 사례를 통해 설명해 보겠다.

한때 런던 경영대학원에서 나와 함께 근무했던 올레이 소렌슨Olay Sorenson 교수와 그의 동료인 데이비드 웨그스팩David Waguespack 교수는 어떤 영화가 박스오피스에서 성공하는가에 대한 선입견이 있었다. 이를테면 영화에 등장하는 유명 배우가 몇 명이며, 그 배우가 이전 작품에서 어떤 성과를 거두었는지, 또한 영화 제작팀이 어떤 경력을 가지고 있느냐 등이 영화의 흥행을 좌우한다고 생각했다.

두 사람은 약 5,000편 이상의 영화 자료를 분석한 결과, 자기들의 예상에 부합하는 영화일수록 박스오피스에서 큰 수입을 얻는다는 배급업자의 예측이 옳다는 것을 알게 되었다.

하지만 두 교수는 거기에 만족하지 않고 한 가지 명민한 생각을 해냈다. 예산, 홍보 활동, 개봉일에 공개한 영화장면의 숫자, 개봉 시기(크리스마스에 개봉하면 훨씬 더 많은 관객을 모을 수 있다는 장점이 있다) 등의 희소자원을 배급업자들이 각 영화에 얼마나 할당했는지 살펴보았다. 그 결과는 굉장히 흥미로웠다. 영화제작팀과 배급업자들이 큰 기대를 건 작품이 실제로도 대박을 터뜨린 이유는 배급업자들이 기대를 건 만큼 희소자원을 아낌없이 지원했기 때문이었다.

두 교수는 배급업자들이 희소자원 대부분을 자기들이 기대하는 영화에 투자한다는 점을 밝히려고 통계자료를 분석한 결과, 그들의 사전 평가가 크게 잘못되어 있음을 발견했다. 그들이 잘되리라고 예상한 영화는 사실 비교적 실망스러운 수준이었다! 그런데도 실제로 성공하여 '수익'을 거둔 이유는 배급업자들이 희소자원을 아낌없이 지원한 덕분이었다. 결국 그 자원을 다른 영화에 투자했다면 훨씬 더 많은 수익을 거둘 수 있었다는 결론이 나온다. 엉뚱한 영화에 기대를 걸었지만 추호도 의심하지 않고 전폭적으로 지원한 결과, 잘못된 기대가 맞는 것처럼 보이는 상황이 연출된 것뿐이다.

그렇다면 이런 식의 자성적 예언은 할리우드에만 있을까? 그럴 리 없다. 이러한 심리는 인간의 모든 활동영역에 나타난다. 인간은 어떤 일이 잘되고 못될 것인지에 대해 선입견을 형성하며 (자기도 모르는 사이에) 그러한 선입견을 현실화하는 방향으로 노력을 기울인다. CEO도 이러한 인간적 성향에서 크게 벗어나지 않는다.


## 인간은 자신의 기대치에 따라 행동한다

자성적 예언은 (그리스, 인도, 아랍 등) 다양한 문화권에서 종교색이 짙은 설화나 글 속에 자주 나타나며 동화(엔론을 떠올려도 좋다)나 심리학 연구 자료도 예외가 아니다. 교육 현장을 예로 들어보자. 교사가 특정 학생에게 엄청난 잠재능력이 있다고 믿으면 그때부터 그 학생은 또래 친구들보다 훨씬 앞서가기 시작한다. 교사가 그 학생에게 자주 관심을 보이고 긍정적인 피드백을 주기 때문에 아이는 자신감을 얻어서 학업 성과가 올라가는 것뿐이다. 이런 과정이 반복되면 원래는 평범한 학생이었으나 우등생이 될 수 있다. 유명한 사회학자인 로버트 머튼Robert Merton은 이러한 효과를 '자성적 예언'이라고 명명했다.

비즈니스계와 경제 전반에는 자성적 예언이 자주 등장한다. 한 가지 예로 1970년대에 캔자스 주립대학에서 경영 및 노무 관계를 가르치던 앨버트 킹Albert King 교수의 연구를 살펴보기로 하자(빌 스타벅Bill Starbuck이 발표한 '지식의 생산The Production of Knowledge'에도 이 연구 내용이 잘 요약되어 있다).

앨버트 킹 교수는 동일한 기업에 속하는 네 개의 공장을 대상으로 흥미로운 실험을 했다. 본사의 제조업 담당 이사가 공장 1, 2의 공장장에게 '직무 확대' 명령을 내려서 기계를 다루는 직원들이 기계를 직접 설치하고 자신들이 수행한 작업 내역을 직접 점검하게 했다. 반면에 공장 3, 4의 공장장은 '직무 순환' 명령을 받았다. 이는 작업자들이 시간을 정해놓고 서로 업무를 바꾸는 것이었다. 즉, 직무 확대와 직무 순환의 결과를 비교하는 실험이었다.

여기서 앨버트 킹 교수는 한 가지 독특한 시도를 추가했다. 바로 거짓말을 해서 네 개의 공장이 모두 다른 조건을 갖게 한 것이었다. 공장 1, 3의 공장장에게는 과거의 실험 결과를 보면 업무변화가 생산성을 높인다고 말했고 공장 2, 4의 공장장에게는 업무변화가 '노사관계' 개선에 도움이 된다(여기에는 결근자가 줄어드는 것도 포함된다)고 말했다.

그로부터 1년 후에 앨버트 킹 교수는 모든 공장의 생산성과 결근율을 확인해 보았다. 자료를 분석해 보니, 직무 확대 또는 직무 순환을 적용했는가는 의미가 없었고 생산성이 높아진다고 공장장에게 귀띔한 곳은 실제로 생산성이 6%나 높아졌고 노사관계가 개선된다고 말한 곳은 결근율이 12%나 낮아졌다.

작업자의 실제 활동이 달라진 것은 생산성에 아무런 영향을 주지 않았다. 직무 확대를 실시한 공장 1, 2의 생산성이나 직무 순환을 실시한 공장 3, 4의 결근율을 서로 비교하면 이 점을 알 수 있다. 결과를 좌우한 것은 바로 공장장의 기대치였다.

앨버트 킹 교수는 이렇게 설명했다. "이 실험을 통해 우리는 기업의 실적에 대한 경영진의 기대나 예상이 일종의 자성적 예언처럼 작용함을 알게 됩니다." 기업에 실제로 어떤 변화가 일어나는가는 중요하지 않다. 경영진은 자기가 생각하거나 (어떤 이유로든) 자기가 예상한 결과를 향해 움직인다. 경영(이나 경영과학)에서 이런 점은 논리적으로 설명하기 어렵다. 핼리혜성의 궤도는 사람들의 기대치에 영향을 받지 않는다. 이와 대조적으로 경영진은 자신에게 큰 기대를 거느냐 아니면 처음부터 자신의 실력에 대해 비관하느냐에 따라 전혀 다른 결과를 산출할 수 있다.


## '역의 인과관계'
## —미안하지만 인생은 그리 단순한 게 아니야!

'역의 인과관계' 라는 비슷한 현상을 소개할까 한다. 혹시 《초우량기업의 조건》《성공하는 기업들의 8가지 습관》《핵심에 집중하라》와 같은 책을 읽거나 그에 대해 들어본 적이 있는가? 이러한 책에서는 하나같이 단순하면서도 매우 설득력 있는 공식을 제시한다. 먼저 대박을 터뜨린 수많은 기업을 조사한 다음 그들의 공통점을 찾아서 "여기 비결을 공개합니다!"라고 외친다. 누구나 이렇게만 하면 성공을 보장받는다는 식이다. 하지만 경영을 주제로

범죄가 발생하는 곳엔 더 많은 경찰 순찰이 있다고 해서 경찰의 순찰이 범죄를 일으킨다는 결론을 내리고 범죄율을 낮추기 위해 길거리 경찰 순찰을 철회하도록 요구하겠는가? 분명 그렇지는 않다. 왜냐하면 경찰 순찰이 범죄를 일으키지는 않기 때문이다. 범죄가 경찰 순찰을 발생시키는 것이다. 이러한 상황을 '역의 인과관계'라 부른다. 우리가 이런 식으로 인과관계를 이해할 때 잘못된 결론을 내릴 수 있다.

하는 연구가 그렇듯이 현실은 그렇게 호락호락하지 않다.

대부분 경영 관련 도서는 몇 가지 '핵심 활동'에 집중할 것을 거듭 강조한다. 일례로 옥스퍼드 대학의 제커 덴렐Jecker Denrell 교수가 말한 것처럼 《핵심에 집중하라》의 저자인 크리스 주크Chris Zook와 제임스 앨런James Allan은 1,854개 기업을 조사한 결과, 성공가도를 달리는 기업의 78%가 딱 한 가지 핵심 활동에 집중했으나, 수익이 저조한 기업 중에서 그렇게 한 경우는 22%에 불과했다고 밝혔다. 이에 두 사람은 기업 성공의 출발은 바로 핵심 활동이라고 결론지었다. 정말 간결한 결론이다. 혹시 너무 단순한 시각이라는 느낌이 들지 않는가?

한 가지 중요한 점이 빠져 있다. 수익이 저조한 기업은 수익이 더 나은 시장을 찾기 위해 활동 영역을 계속 다양하게 넓힌다. 즉, 이런 기업이 하나에 초점을 맞추지 못하는 것은 수익이 저조해진 후에 나

타나는 현상이지, 수익을 떨어뜨린 원인이 아니다. 이와 대조적으로 어떤 기업이 한 가지 분야에서 큰 수익을 거두면 그 분야에서 최고의 자리에 오르기 위해 오로지 거기에만 매달린다. 조금 전과 마찬가지로 핵심 활동에 집중하는 것은 성공의 원인이 아니라 성공 후에 나타나는 현상이다. 그런데 베스트셀러 목록에 오른 책들이 주객을 전도시켰다. 이런 식으로 핵심 활동을 강조하는 도서는 아예 읽지 않는 편이 낫다.

그뿐 아니라 대부분 베스트셀러는 훌륭한 기업일수록 기업 문화가 크게 발전했으며 이질적인 요소를 거의 찾아볼 수 없으므로 이와 같은 기업 문화를 발전시키는 것이 성공의 또 다른 비결이라고 주장한다. 꽤 그럴듯해 보이지만 이 또한 믿을만한 이야기는 아니다.

학술 연구에 의하면 성공 후 동질성이 강한 조직 문화가 서서히 형성된다는 점이 이미 밝혀져 있다. 응집력 있는 문화는 기업의 성공을 일구어낸 주역이 아니라 성공에 뒤이어 나타나는 현상이다. 무턱대고 다양성을 배척하며 한 가지 특성만 용납하는 기업 문화를 추구했다가는 큰 낭패를 보기 십상이다. 비즈니스 환경은 수시로 변한다. 따라서 융통성 없는 기업 문화는 적응력을 떨어뜨리고 변화에 뒤처지게 한다. 2장에서 잠깐 언급했듯이 이러한 현상을 바로 성공의 덫이라 부른다.

1982년에 출간된 《초우량기업의 조건》은 '세계 전역을 통틀어 가장 우수한 기업' 43개를 분석한 자료를 근거로 개성이 강한 기업문화는 초우량 기업의 필수조건이라고 주장한다. 하지만 당시 '우수한 기업'으로 여겨지던 43개 기업의 현주소는 어떠한가? 지금까지 그 명맥을 잇는 기업은 3~4개(존슨앤드존슨, 인텔, 월마트, 마스)에 불과하며 나머지 기업은 우수 기업에 선정되지 못하거나 아예 자취를 감추었다.

그러므로 "관련 요소가 모두 원인이 될 수 없다."는 사실을 명심하기 바란다. 사람들이 부러워하는 기업은 한두 가지 핵심 활동에 주력하며 개성이 강한 기업문화를 자랑한다. 하지만 그런 요소가 그들의 성공 비결이라고 착각하면 안 된다. 성공을 이룰 때 나타나는 현상인 줄 모르고 따라했다가는 성공과 더 멀어질 우려가 크다.

## 구조조정과 재조직화의 허점

비슷한 맥락의 이야기를 한 가지 소개할까 한다(지금부터 읽는 내용을 머릿속에 그려보면 너무 역겨워서 괜히 읽었다는 생각이 들지도 모른다). 100여 년 전에 파푸아뉴기니에 사는 포어Fore족은 친족이 죽으면 시신을 땅에 묻었다. 이러한 관습은 다른 부족이나 사회도 마찬가지였다. 햇살 좋은 어느 날 점심 무렵에 에드라는 남자가 세상을 떠났다. 유족들이 모여 시신을 묻으려 하는데 그중 한 남자가 (몹시 배 고픈 얼굴로) 이렇게 말했다. "이렇게 좋은 고깃덩어리를 아깝게 왜 묻어요? 우리가 먹으면 좋잖아요." 유족들은 그 말을 듣고 시신을 먹기로 했다.

다음 달에 또 초상이 났고 유족들은 이번에도 시신을 먹어치웠다.

그러자 마을 사람들도 이들을 따라하기 시작했다. 그 이유는 분명했다. 당시 포어 족은 기아와 영양실조로 허덕이고 있었으므로 배고픔을 면하기 위해 인육을 먹는 것도 마다하지 않았다.

그로부터 얼마 후 이웃 마을 주민이 와서 이 모습을 지켜보았다. 그는 집으로 돌아가서 자기 친척이 죽자, 이렇게 건장한 남자를 그대로 땅에 묻지 말고 바로 인육을 나눠 먹자고 유족들을 설득했다. 이런 식으로 다른 마을로 식인 관습이 퍼져 나갔으며 마침내 친족의 시신을 먹는 것은 지극히 당연한 일이자 포어족의 자랑스러운 전통이 되었다.

그런데 시신의 뇌까지 먹어치운 것이 화근이었다. 결국 사람들은 끔찍한 불치병인 쿠루Kuru를 앓게 되었다(이 병은 또한 크로이츠펠트-야콥병, 즉 인간광우병과도 관련이 있다고 한다). 수년씩 증상을 나타내지 않을 정도로 잠복기가 길기 때문에 포어족은 한참 후에야 집단적으로 병세를 드러내고 죽어가기 시작했다. 물론 뭔가 분명한 이유가 있으리라 짐작했지만 워낙 잠복기가 긴 병이라서 인육을 먹던 관습이 이 문제를 일으킨 것이라고는 생각조차 못했다. 오스트레일리아에서 온 침입자들이 이 관행을 없앨 때까지 인육을 먹는 관행이 계속되었다. 그 결과 포어족의 절반이 목숨을 잃었다.

이 이야기를 소개한 이유는 무엇일까? 수많은 경영인과 기업의 행보를 지켜보면 나도 모르게 머릿속에 포어족이 떠오른다. 포어족의 식인 관행은 몹시 위험하다. 그로 인해 얼마나 많은 사람이 목숨을 잃었는가! 그들이 인육을 먹기 시작한 이유는 분명하다. 당장 배고픔을 덜 수 있다는 즉각적인 이점이 있었다. 그러나 장기적으로 볼 때 그들은 훨씬 더 큰 화를 자초하고 있었다. 병의 잠복기 때문에 그들은 여러 해 후에 닥친 재앙의 원인을 찾아내지 못했다.

요즘 널리 퍼진 경영 관행 중에도 이와 비슷한 것이 많다. 지금에야 당장 이점이 있을지 몰라도 오랜 시간이 흐르면 극악무도한 본모습을 드러낼 것이다. 그래서 실질적인 해악은 무시되거나 아예 고려 대상에 포함되지도 않는다.

'다운사이징'을 예로 들어 생각해 보자(합리화 정책, 구조조정, 재조직화 등 어떤 표현을 써도 좋다. 기존의 직원이 너무 많다고 간주하는 것에서는 차이가 없다). 최근 15년간 많은 기업이 재정난을 겪지 않는데도, 직원삭감 열풍에 흔들리고 있다. 그렇게 하면 분명히 일시적으로 상황이 나아진다. 일단 비용이 크게 절감되고 구조조정 발표가 나는 순간 주식시장에서도 긍정적인 반응이 나올지 모른다. 그러나 장기적으로 보면 불리한 점이 한두 가지가 아니다. 혁신 성공률과 직원들의 사기 및 애사심이 바닥을 치는 것은 불 보듯 뻔하다. 그러나 이런 결과는 시간이 한참 지나야 드러난다.

기업이 신상품 개발 저조 등 심각한 문제에 부딪혀도 최고경영진은 그 문제가 10여 년 전에 다운사이징을 실시하여 혁신 성공률에 큰 타격을 가한 것에서 시작되었다는 점을 파악하지 못한다. 포어족이 쿠루병에 걸린 것처럼, 리드 타임lead time이 너무 길어서 경영진이 원인과 결과를 연결하고 파악하는 것은 사실상 불가능하다. 물론 이 기업의 경영진은 문제를 해결하려고 (또다시 비용 절감을 추진하는 등)

다른 불합리한 방법을 찾을 것이다. 주변 기업들은 다운사이징이 모든 문제의 시작이었음을 알 도리가 없으므로 아무런 의심 없이 그러한 관행을 뒤따르게 된다.

비즈니스 세계에서 원인과 결과를 분석하는 것은 몹시 까다로운 일이다. 특정 경영 관행이 지금 당장 유용하다면 사람들은 그 관행이 바람직하다고 생각해 버린다. 그러나 단기적인 이점이 있다고 해서 전반적인 결과가 좋다거나 장기적으로도 유익할 것이라고 단언할 수 없다. 실제 장기적으로 불리한 결과가 눈앞에 드러나도 사람들은 원인을 어디서 찾아야 할지 모른다. 비즈니스 세계에서는 특히 의사 결정의 장기적인 결과를 이해하기가 절대 쉽지 않다. 자기도 모르는 사이에 포어족과 같은 비참한 실수를 저지르지 않으려면 먼 미래의 결과도 내다보아야 한다

## 다운사이징이 정말 효과가 있을까

자, 이제 다운사이징에 대해 조금 더 알아보기로 하자. 다운사이징이 효과적이라는 증거는 무엇인가? 아니, 다운사이징이 정말 효과가 있긴 있는 걸까? 결론부터 말하자면 대답은 '그렇지 않다' 쪽으로 기운다.

요즘 (특히 최근 20년 동안) 기업들이 심심풀이 삼아 감원 정책을 시행하는 것 같다. 당장 재정적으로 문제가 없는데도 대규모 감원 정책

을 시행하는 기업이 자꾸 늘어난다. 이
러한 관행은 경제가 어려워져서 기업
들이 어쩔 수 없이 살림을 줄여야 했던
1980년대에 시작되었다. 하지만 그 후
로는 일종의 유행처럼 번져서 많은 기
업이 체계적으로 인력 감원 정책을 도
입하고 있다.

　물론 기업이 다운사이징을 실시하는 이유는 수익성 증대다. 하지만 정말 효과적일까? 지금 당장에야 도끼를 휘두르면 인건비가 줄겠지만 그에 따른 부작용도 생각해 봐야 한다. 감원 폭풍이 불어 닥치면 살아남은 직원들도 사기와 애사심이 바닥에 떨어진다. 지금 당장은 비용 절감이라는 장점과 사기 저하라는 단점 중 어느 것이 더 큰지 분별하기 어렵다.

　이에 캔자스 대학의 제임스 거스리James Guthrie 교수와 알링턴에 있는 텍사스 대학의 디파크 다타Deepak Datta 교수는 이 문제를 좀 더 체계적으로 연구했다. 두 사람은 다운사이징을 실시한 122개의 기업에 대한 심층 자료를 손에 넣었으며 다양한 통계 분석을 통해 다운사이징 정책이 실제로 수익성 증대라는 목적을 달성했는지 알아보았다. 안타깝게도 연구 결과는 '다운사이징 정책의 실패'로 드러났다.

　결과가 나오기 전에 두 교수는 이 방침이 (R&D 부서가 중시되는 기업이나 자본집약도가 낮은 기업처럼) 인력에 크게 의존하는 기업이나 성장산업growth industry(시대와 나라에 따라, 또는 토지·노동·자본·기술 등의 생산요소와 수요구조 배분 여하에 따라 가장 수요가 신장되고 공급체제가 정비된 성장성 있는 산업—옮긴이) 분야의 기업에 오히려 독이 될 것이라고 예상했다(후자의 경우 대량 해고를 정당화할 근거를 찾기 어렵기 때문이다). 그들의 예상은 정확히 맞아떨어졌다. 실제로 다운사이징 방침은 이러한 기업의 수익성을 크게 저하시켰다.

한편, 그들은 인력이 기업의 경쟁력 강화에 큰 영향을 주지 않는 기업(이를테면 R&D 부서가 크게 중요하지 않거나 자본집약도가 높은 기업)이나 저성장 분야의 기업에는 다운사이징 방침이 오히려 효과적이라 수익성을 높여줄 것이라고 예상했다. 그러나 이번에는 그들의 예상이 보기 좋게 빗나갔다. 이런 경우에도 다운사이징은 기대에 부응하기는커녕 오히려 수익성을 심각하게 저해했다. 사실 다운사이징으로 효과를 본 사례는 단 한 건도 찾지 못했다.

결론을 내리자면, 각 기업이 처한 상황이나 분야에 관계없이 다운사이징은 일반적으로 기업에 도움이 되지 않는다. 물론 기업이 경영난에 처하면 무슨 대책이든 강구해야 한다. 하지만 무턱대고 직원 수를 줄이는 것은 바람직한 대처방안이 아니다.

그렇다면 다운사이징으로 인해 아무런 피해를 입지 않을 사람이 누구인가?

다운사이징이 좋은 결과를 내지 못하는 이유는 무엇일까? 인원감축의 칼바람에 살아남은 직원들도 더 이상 일할 의욕을 잃게 된다. 연구 조사에 의하면 다운사이징을 도입한 후에는 조직에 대한 충성도가 크게 떨어지고 자발적인 이직률은 급작스럽게 치솟았다. 이처럼 다운사이징은 가볍게 생각할 문제가 아니며 가능하다면 피해야 한다. 하지만 때로는 기업의 사정이 너무 심각해서 다운사이징 외에는 해결책이 없을지 모른다. 그러면 어떻게 할 것인가? 도망갈 길이 없는데 어쩌란 말인가?

위스콘신−매디슨 대학의 찰리 트레버Charlie Trevor 교수와 앤서니 나이버그Anthony Nyberg 교수는 이 질문을 해결하기 위해 미국의 수백 개 기업을 대상으로 다운사이징 규모와 그로 인한 자발적인 이직률, 인적 자원 활용에 대한 설문 조사를 했다. 예상대로 기업은 대부분 다운사이징을 실시한 후에 자발적인 이직률이 급격히 치솟았다. 회사를 다시 살리는 일에 집중하도록 임명된 남은 사람들도 결국은 제 손으로 사표를 제출하고 다른 일자리를 찾아 떠났다. 그로 인해 다운사이징을 실시한 기업들은 전혀 예상치 못한 충격을 받았고, 원래 계획한 것보다 훨씬 더 많은 직원을 잃었다.

한편, 두 사람은 다운사이징 방침의 매서운 후폭풍을 피해 간 사례도 있는지 찾아보았다. 다르게 표현하자면 다운사이징을 실시한 후에도 자발적인 이직률이 예상 외로 치솟지 않은 기업을 조사한 것이다. 결과는 분명했다. 인적 자원 관행에서 항상 과정상의 형평성을 중시한 기업들, 다시 말해서 직원들의 고충을 들어주는 옴부즈맨 제도, 문제 해결을 위한 긴급 직통 전화, 비조합원 지원 센터가 있는 경우에는 이직률이 치솟지 않았다. 다운사이징이 어쩔 수 없는 선택이었으며 결코 무리한 처사가 아니었음을 남아 있는 직원들이 이해했기 때문이다.

그뿐 아니라 유급 안식년, 사내 유아방, 확실한 복지 혜택 및 자유로운 출퇴근 시간제 또는 조정 제도가 있는 기업은 다운사이징의 부작용이 크게 줄어드는 것으로 나타났다. 뒤에 남은 직원들도 경영진의 선택을 이해하고 존중했으며 여전히 강한 애사심을 갖고 있었다. 오히려 제 발로 나가기에는 너무 아까운 일자리라고 생각한 경우가 많았다.

이 결과는 다운사이징의 부작용이 없을 때도 있음을 보여 준다. 하지만 이는 평소에 직원들에게 신뢰를 얻은 경우로 한정된다. 직원들은 경영진이 이 문제를 가볍게 생각한다고 느낄 때 뒤도 돌아보지 않고 떠나버릴 것이다. 그러면 원래 줄이려 했던 인원보다 훨씬 더 많은 사람을 잃어버릴 우려가 있다. 〈포춘〉에서 지적한 대로 다운사이징을 실시하는 기업은 대부분 "군살만 쏙 빼고 눈빛이 강렬해지는 것이 아니라 비쩍 마르고 축 처지는 것으로 끝나고 만다."


## 유행 따라 바람 따라

이제 (약간 미심쩍은) 또 다른 경영 관행을 생각해 보자. 이를테면 목표관리, 영기준예산제도zero-based budgeting(모든 예산 항목에 대하여 기득권을 인정하지 않고 매년 '제로'를 출발점으로 하고, 과거의 실적이나 효과, 정책의 우선순위를 엄격히 심사하여 예산을 편성하는 방법—옮긴이), 인간관계 개선 훈련 집단T group, Y이론(인간은 태어나면서부터 일을 위해 육체적 · 정신적 노력을 하려는 소질을 지니고 있으므로, 조건 여하에 따라서는 자진해서 목표 달성을 위해 헌신하며, 책임감을 자각하고, 문제 해결을 위해 창조성을 발휘하는 능력을 지니고 있다고 하는 인간관에 바탕을 둔 경영 관리 이론—옮긴이), Z이론(Y 이론을 한 단계 발전시킨 것으로 모든 구성원은 합의적 의사결정 과정에 참여하고, 또한 품질 개선을 위해 근로자와 경영자가 품질분임조를 구성하고 공동 작업을 하며 모든 종업원은 자신과 회사를 개선하는 데 적극적으로 참여하게 한다는 이론—옮긴이), 다각화(신제품 또는 새로운 시장으로 진출·성장하는 방식—옮긴이), 매트릭스 조직(프로젝트 조직과 기능식 조직을 절충한 것으로 구성원 개인을 원래의 종적 계열과 함께 횡적 또는 프로젝트팀의 일원으로서 임무를 수행하게 하는 조직 형태—옮긴이), 참가적 경영, 현장 경영(정해진 시간이나 앉아서 보고를 기다리는 것이 아니라 직접 발로 뛰면서 현장의 목소리를 듣는 경영 기법—옮긴이), 직무 확대, 품질 관리 서클quality circle(생산에 있어서 품질의 관리·향상을 위해 의견을 나누는 그룹—옮긴이), 리엔지니어링reengineering(인원 감축, 권한 이양, 노동자의 재교육, 조직의 재편 등을 함축하는 말로서, 비용·품질·서비스와 같은 핵심적인 경영 요소를 획기적으로 향상시킬 수 있도록 경영 과정과 지원 시스템을 근본적으로 재설계하는 기법—옮긴이), 종합적 품질 경영, 식스시그마, ISO 9000, 초보 CEO를 위한 임파워먼트 등이 있다.

아마 당신도 이 중 몇 가지를 이미 시도해 보았을 것이다. 그러나 대부분 흡족할 만한 결과를 내지 못한다. 일시적으로 유행하다 급격하게 소멸되는 경우가 대부분이다. 그래도 효과가 전혀 없다고는 말할 수 없다. 물론 원래 의도한 결과나 예상했던 효과와는 거리가 멀지만 '변화'가 일어나는 것은 확실하다.

버클리에 있는 캘리포니아 대학의 베리 스토Barry Staw 교수와 리사 엡스타인Lisa Epstein 교수는 철저한 통계 분석을 통해 이러한 경영 방식을 채택한 기업이 여러 가지 면으로 어떻게 달라지는지 연구했다. 그들은 〈포춘〉이 선정한 500대 기업 중 100개 기업의 자료를 분석했다. 여기에는 (종합적 품질 경영을 비롯한) 품질 관리 기법, 임파워먼트, (〈포춘〉이 선정한 '가장 존경받는 기업'을 기준으로) 각 기업의 평판, 금융 실적 및 CEO의 연봉도 포함되었다. 연구 결과를 간단히 요약하면 다음과 같다.

TQMTotal Quality Management(종합적 품질 경영)과 같이 인기 있는 경영 기법을 채택하는 기업은 그렇지 않은 기업에 비해 실적이 크게 다르지 않았다. 오히려 연구 결과에 의하면 어떤 변화가 발생할 경우 그것은 백발백중 역효과였다. 대개 아무런 차이도 없었다.

두 사람은 또한 〈포춘〉이 선정한 '가장 존경받는 기업' 순위를 통해 새로 도입한 경영 기업이 실제로 기업의 평판에 어떠한 영향을 주는지 조사했다. 분석 결과에 따르면 인기를 끄는 경영 기법을 선택할수록 선정 순위가 상승했다. 그러나 이는 기업의 실제 업적과는 아무런 관련성이 없었다. 여하튼 순위가 상승한 기업은 혁신을 주도하며 품질 경영에서 귀감이 된다는 평을 얻었다. 외부 세계에서 좋은 평판을 얻는 것은 실적과 무관하다는 것이 다시 한 번 증명되었다.

마지막으로 가장 중요한 점은 바로 인기 있는 경영 기법을 도입하는 것이 CEO의 연봉과 상여금에 미치는 영향력이다. 충분히 짐작할 수 있듯이 CEO의 연봉에 미치는 영향력은 상상을 초월한다. 최신 경영 기법을 도입하면 어김없이 CEO의 연봉이 치솟았다.

이 결과는 우리에게 무엇을 알려주는가? 우선 유행하고 있는 경영 기법 대다수는 아무런 효과가 없다. 어떤 것을 도입해도 기업의 실적은 나아지지 않는다. 그러나 남들에게 혁신적이고 진취적으로 보이는 것은 분명하다. 동료 경영진도 그러한 착각에 빠지므로 그 CEO를 동경의 대상으로 여긴다. 이사회의 눈길이 달라지는 것은 말할 필요도 없다. 대단한 일을 해냈다며 어깨를 두드려주고 고마워서 어찌할 바를 모르겠다는 표정으로 기꺼이 연봉도 올려줄 것이다.

## ISO 9000의 양면성이 신기술 개발을 막고 있다

수많은 연구 결과에서 증명되었듯이 우리가 흔히 접하는 경영 기법은 사실 전혀 쓸모가 없다. 사실 서로 모방한 것도 많다. 앞서 살펴보았듯이 경영자는 다른 기업의 행보를 쉽사리 따라하는 경향이 강하다. 따라할 가치가 없는 것도 잘 구분하지 못한다.

펜실베이니아 경영대학교의 마크 즈바라키 Mark Zbaracki 교수는 TQM 기법이 전성기를 누리던 1990년 초반에 이 기법을 심층적으로 연구하게 되었다. 그는 방위산업체, 호텔, 병원, 제조업체, 정부기관을 문턱이 닳도록 드나들면서 각 기업이 TQM을 실시한 경위를 조사했다.

　그는 한 가지 일관된 패턴을 발견했다. 종합적 품질 경영이라는 새로운 기법이 있다는 말을 듣자 경영진은 각종 세미나와 컨퍼런스에 참석하여 다른 기업 대표가 TQM을 도입한 경험담에 귀를 기울였다. 눈을 휘둥그레지게 만드는 각종 통계 자료를 보고 처음 들어보는 전문 용어를 남발하며 TQM이 기업 발전에 크게 기여했다는 말을 듣자 당장 TQM를 도입하지 않으면 영원히 뒤처질 것이라는 불안감에 압도되었다.

　그래서 이들은 직원들에게 TQM 트레이닝 과정을 마련해 주고 전문가를 직접 초빙하여 TQM의 효과에 대해 자세히 배웠다. 얼마 지나지 않아 본격적인 실험 단계에 들어갔다. 우선 하나의 부서에 TQM을 도입하여 사내의 다른 부서가 보고 배우게 한 것이다.

　이쯤 되면 사내 세미나가 자주 열리고 분기마다 모든 부서에 TQM에 대한 뉴스레터가 발송된다. TQM 도입 및 실행에서 두각을 드러낸 직원들은 TQM 전문가로 임명된다. 그러면 초반에 거둔 '성공담'을 다른 사람에게 이야기하는 방식으로 사내 모든 직원이 TQM에 대해 듣게 되고, 결국 모두가 새로운 경영 기법을 두 팔 벌려 환영한다.

　여기서 한 단계 더 발전하면 사내 뉴스레터는 다른 기업 직원들의 손에 들어간다. 뉴스레터를 발간한 기업 경영진은 각종 TQM 컨퍼런스나 세미나에 와서 강의해 달라는 초대를 받는다. 하지만 한 가지 짚고 넘어갈 점이 있다. 어떤 '성공'도 한두 번의 실패와 실수 없이 이루어지지 않는다. 그러나 이런 점은 절대 뉴스레터에 게재되지 않고 TQM에 성공한 기업의 화려한 모습이나 경영진의 겉만 화려한 세미나 자료만 소개된다.

새로운 경영 기법에 대한 소문을 듣고 컨퍼런스를 찾은 사람들은 TQM을 도입한 기업이 우수한 실적을 거두었다는 보고에 입이 딱 벌어진다. 처음 들어보는 전문 용어와 그럴 듯하게 포장된 각종 통계자료는 그들의 마음을 단숨에 앗아간다. 각자 회사로 돌아간 사람들은 하루빨리 이 새로운 기법을 도입하지 않으면 경쟁사에 뒤처질 것이라고 강력하게 주장한다.

이처럼 경영 기법은 그 누구의 도움 없이 순식간에 퍼져 나간다. 광견병 바이러스가 유행하는 속도와 거의 맞먹는다고 해도 과언이 아니다. 옥스퍼드 대학 석좌교수인 리처드 다우킨스Richard Dawkins는 자신의 저서인 《이기적 유전자The Selfish Gene》에서 광견병에 걸린 개는 입에 '거품'을 물고 있으며 온몸을 흔들어서 거품을 털어낼 때마다 바이러스가 사방으로 퍼져 나간다고 설명한다. 설상가상으로 광견병에 걸린 개는 잠시도 가만히 있지 않고 돌아다니기 때문에 바이러스가 더 멀리 퍼진다.

이와 비슷하게 무의미한 경영 기법이라도 여러 기업으로 확산될 수 있는 메커니즘이 갖추어지면 삽시간에 퍼져 나간다. 그러므로 앞으로 비즈니스 관련 세미나에 참석할 일이 생기면 분명히 누군가가 화려한 파워포인트 프레젠테이션으로 자기네 기업이 새로운 경영 기법을 도입하여 큰 효과를 얻었다고 자랑하는 모습을 보게 될 것이다. 자기도 모르게 그 사람의 말에 귀가 솔깃해지면, 먼저 광견병에 걸려 입에 거품을 문 개를 머릿속에 떠올려 보라. 그러면 정신이 번쩍 들고 한 걸음 물러나서 생각하게 될 것이다.

ISO 9000은 기업의 신뢰도를 높여주지만, 근시안적인 사고를 하게 만든다. 그것은 또한 기업의 효율성에 도움이 되지만 당신의 기업을 둔감하게 만들 수 있다. 그 결과 포스트잇과 같은 발명품은 꿈도 꾸지 못한다.

때로는 기업의 업무 능력 향상을 위해 개발된 경영 기법이 아무런 쓸모가 없을 뿐 아니라 전혀 예상치 못한 결과를 낳기도 한다. 대부분 부정적인 결과를 낳지만 꽤 오랜 시간이 흘러야 윤곽이 뚜렷해지므로 기업은 자기도 모르는 사이에 (장기적으로) 부정적인 영향을 주는 경영 기법을 채택하게 된다.

ISO 9000을 한번 생각해 보자. 이는 기업이 여러 가지 업무 처리 절차를 실행·기록하는 과정 위주의 경영 기법으로서 그중 가장 효과가 뛰어난 처리 절차를 표준화하고 그렇지 않은 것을 분별하여 다시 반복하지 않도록 주의하는 것이다. 이렇게 하면 기업의 목표에서 크게 벗어날 우려가 없으며 품질이 우수하고 효율성이 높은 상품을 생산할 수 있다.

이론만 따지면 굉장히 논리적이고 바람직해 보인다. 그런데 여기에 무슨 단점이 있단 말인가?

펜실베이니아 대학의 메리 베너Mary Benner 교수와 하버드 경영대학원의 마이크 투시먼Mike Tushman 교수는 ISO 9000 기법을 채택한 기업이 내놓은 혁신 결과를 추적했다. 연구 대상은 1980년부터 1999년까지 이 기법을 실시한 사진 산업 분야의 98개 기업과 페인트 산업 분야의 17개 기업이었다. 특히 각 기업이 보유한 특허를 철저히 파악한 다음 특허로 등록된 발명이나 혁신이 기존의 사업을 약간 변형한 것인지 아니면 탐험 정신으로 일구어낸 새로운 발견(기존의 사업과 전혀 무관한 새로운 수입원)인지 구분했다. 두 사람은 이를 통해 한 가지 명확한 패턴을 찾아냈다.

ISO 9000을 채택한 기업은 거의 다 탐험 정신을 발휘하여 새로운 업적을 이루기보다는 기존의 사업을 약간 변형하는 혁신에서만 눈부신 활약을 보였다. ISO 9000이 유도하는 '그만그만한' 특허는 진정한 의미의 신기술과 신상품이 들어설 자리를 없애버렸다.

어떻게 이런 일이 가능했던 것일까? ISO 9000의 원래 취지를 생각해 보면 그 점을 이해할 수 있다. 이 기법은 '가장 효율적인 방법'과 거리가 먼 시도는 무조건 지향한다.

그러나 다들 알다시피, 대단한 발명은 흔히 우연이나 실수를 통해 이루어진다. 생태계를 보더라도 유전자 변형이 무작위로 일어날 때 새로운 종이 등장한다. 그처럼 기업도 표준과 동떨어진 엉뚱한 '실수'가 알고 보면 대박 상품으로 이어지기 마련이다. 포스트잇이 어떻게 태어났는지 생각해 보라.

1970년, 3M 연구소에 근무하던 스펜서 실버Spencer Silver라는 직원은 초강력 접착제를 개발하고 있었다. 새로운 접착제를 만들긴 했지만 접착력은 그야말로 형편없는 수준이었다. 다른 물건에 붙었다가도 금세 떨어져 버렸다. 사람들은 모두 그의 연구가 실패했다고 생각했지만, 결국 이 접착제는 3M의 대표 상품인 포스트잇을 탄생시켜 엄청난 수익을 올렸다.

물론 기준이나 표준에서 멀어질수록 실패할 확률이 높으므로 문제점을 빨리 찾아서 해결할 필요도 있다. 하지만 그런 식으로 모든 실패와 실수를 부정적으로 여기면 포스트잇과 같은 상품을 얻을 행운은 절대 찾아오지 않는다. ISO 9000은 바로 그런 확률을 모두 배제하고 있으며 (의도한 바는 아니지만) 그로 인해 발명 의욕이 넘치는 기업은 기가 꺾여 버렸다.

## 유행처럼 번지는 비합리적 경영 기법

기업 중역을 만나면 항상 그들에게 경영 기법에 대해 여러 가지 질문을 던진다. 특정 기업의 경영자를 인터뷰하거나 그 사람에게 회사를 조직·운영하는 방식에 대해 듣다 보면 항상 이런 의문이 생긴다. 일부 기업의 관행이나 경영 기법, 구체적인 서비스 내용 및 인센티브 제도는 아무리 들어봐도 말이 안 되는데 왜 그것을 고집할까? (몇 가지 예를 들자면 제약업계는 사람들이 이해하지도 못하는 세부사항을 설명서에 나열하며, 투자 은행은 정신 나갔다는 말이 절로 나올 정도로 근무 시간이 길다). "이해가 잘 안 되네요. 더 자세히 설명해 주시겠어요?"라고 물으면 두서없이 장황한 대답만 돌아온다(사실 본인도 그 이유를 잘 모른다는 뜻이다).

그러면 나는 ("정말 죄송합니다만 그래도 저는 이해가 잘 안 됩니다.…"라는 말로) 더 구체적인 설명을 요구한다. 그러면 상대방은 짜증스러운 표정으로 귀찮다는 듯이 이렇게 대꾸한다. "이것 봐요. 참 답답한 분이네요. 이쪽 분야에서는 다들 그렇게 하거든요. 이게 얼마나 오래된 방식인지 모릅니까? 그게 최선의 방법이 아니었다면 지금까지 반복될 리가 없잖아요."

그 대답은 좀처럼 수긍이 가지 않지만 딱히 반박할 말도 생각이 나지 않는다.

그들의 논리는 바로 경제 조직에 대한 주요 이론에 자주 사용된다. 한마디로 시장은 다위니즘에 따라 운영된다는 식이다. 잘못된 습관이나 불합리한 경영 기법을 고집하는 기업은 업무를 야무지게 처리하는 똑똑한 기업과 비교할 때 시장에서 살아남을 가능성이 희박하다. 따라서 전자의 기업은 결국 시장에서 모습을 감추고 그와 함께 잘못된 경영 기법도 사라진다는 논리다.

하지만 이런 추론에는 심각한 오류가 있다. 나는 그 이유도 확실하게 설명할 수 있다. 잘못된 경영 기법은 모든 산업 분야에 퍼져 나가서 지금도 계속 반복되고 있다. 지금부터 상황이 어떻게 바뀌었으며, 그 이유는 무엇인지 설명해 보겠다.

인간을 괴롭히는 수많은 바이러스가 있듯이 잘못된 경영 기법도 기업을 쇠약하게 만들지만 절대 사라지지 않는다. 전염성이 강하고 빠른 속도로 퍼지므로 절대 소멸하지 않는 것이 바이러스와 잘못된 경영 기법의 공통점이다.

게다가 비즈니스 세계에서는 거의 모든 기업이 서로를 모방하기 때문에 누구 하나 나을 것이 없다. 따지고 보면 경쟁은 상대적인 힘겨루기이므로 모든 기업이 비효율적인 경영 기법을 채택할 경우 누가 낫고 누가 뒤처지는지 확연히 드러나지 않는다. 고객의 입장에서는 불만이 쌓여가지만 달리 방도가 없다.("시내 중심가에 있는 은행은 다 똑같아. 모두 서비스가 엉망이야!") 울며 겨자 먹기로 그중 하나를 선택해야 한다(모든 은행이 우수한 서비스를 제공한다고 가정할 때와 상황이 동일해진다). 그러므로 은행 입장에서는 불합리한 경영 기법을 고수하면서도 아무런 손해를 당하지 않는다.

(TQM이나 ISO 9000처럼) 수많은 경영 기법이 바이러스처럼 기업을 병들게 하며 지칠 줄 모르고 계속 퍼지고 있다. 바이러스가 완전히 박멸되지 않듯이 이들도 사라지지 않을 것이다. 역설적이게도 이들은 기업의 효율성을 저해하므로 외면당하는 것이 마땅하나 끈질기게 살아남을 것이 분명하다.


## 똑같은 감기 바이러스로 뒤덮힌 기업 생태계

경영 기법이 바이러스와 같다는 명제를 곰곰이 생각해 보면 경제 전반에 대한 우리의 시각이나 시장 효율성 개념에도 의문을 품게 된다. 거의 대다수 국가가 시장효율성 논리에 따라 경제 모형을 설립하지만 그것으로 시장효율성 논리를 정당화할 수 없다.

저명한 경제학자인 요바노비치Jovanovic는 25년 전에 "효율적인 기업은 생존하여 성장을 거듭하지만 비효율적인 기업은 퇴보하여 결국 사라진다."라고 저술했다. 쉽게 말해서 시장은 다윈의 적자생존 원칙에 따라 운영된다는 뜻이다. 비효율적인 관행이나 경영 기법 때문에 비교적 실적이 나쁜 기업은 결국 시장에서 퇴출당하는 한편 효율적인 기업은 계속 번창하므로, 경영 기법도 효율적인 것만 남는다는 추론이다.

흠, 정말 그럴까?

일단 비즈니스 세계를 둘러보고 나면 요바노비치의 주장에 대해 고개를 갸우뚱하게 된다. 고객의 원성을 사는 기업이 많은 이유, (불필요하게 심각한 위험을 자초하는 행동이나 미심쩍은 면이 많은 관리 방식, 사내 성차별, 정장만 고집하는 이유 등) 불합리한 비즈니스 관행이 성행하는 이유, 소위 고등교육을 받은 똑똑한 사람들도 시장은 효율성 기반으로 운영된다고 굳게 믿는 이유, 시간을 두고 기다려 보면 결국 우수한 기업만 살아남는다고 말하는 이유를 과연 어떻게 설명할 수 있을까?

시장 효율성 이론이 100% 틀린 것은 아니므로 이런 질문이 생기게 된다. 시장은 적자생존원칙에 따라 움직인다. '적응도'가 높으면 성공할 확률도 자연스레 커진다. 그러나 비즈니스 세계는 이렇게 단순한 논리로 이해할 수 없다. 다윈이 보면 민망해서 얼굴을 붉힐지, 배꼽이 빠져라 웃을지, 가슴을 치며 적자생존을 논한 자신을 원망할지 알 수 없다. 다윈의 가설, 즉 시장 메커니즘은 여러 가지 단계로 나누어지며 각 단계 사이에는 갈등이 빚어지기도 한다. 좀 더 자세히 이 점을 논해 보자.

지금까지 살펴본 것처럼 어떤 경영 기법은 기업의 적응도를 저해하는 복병과 같다. 그런데도 이것은 좀처럼 시장에서 사라질 줄 모른다. 이런 기법 역시 나름의 적응성이 있기 때문이다. 매년 독감으로 수천 명의 희생자가 발생한다. 얼핏 생각하기에 바이러스가 자기 숙주를 죽이는 것은 어리석게 보이지만 그런데도 바이러스 자체는 소멸하지 않는다. 그 이유는 숙주를 죽이는 속도보다 널리 퍼지는 속도가 훨씬 빠르기 때문이다. 바이러스가 기생하는 숙주가 죽기 전에 다른 숙주를 찾아가므로 문제 될 것이 없다. 잘못된 경영 기법이 퍼져 나가는 원리도 이와 비슷하다. 이들은 빠른 속도로 퍼져 나가는 한편, 각 기업에 폐해를 끼치는 과정은 겉으로 잘 드러나지 않으며 그로 말미암은 피해는 오랜 시간이 흐른 뒤 나타난다.

기업의 입장에서는 어떤 경영 기법이 좋은지 나쁜지 빨리 알아낼 수 없다. 누가 봐도 비합리적인 기법이 맞다면 어느 기업이나 외면하겠지만 대부분 경영 기법은 흑백 여부를 판단하기가 쉽지 않다. 한 마디로 이들은 사기꾼 같은 존재다. 포어족이 인육을 먹고도 한참 후에 재앙을 당한 것처럼 시간이 한참 지나야 이들의 실체를 알 수 있다.

다운사이징이 수많은 기업에 해를 끼쳤으나 지금까지도 유행한다는 점을 상기해 보라. ISO 9000도 마찬가지다. 특히 이 기법은 혁신으로 지탱하는 기업에 치명적인 타격을 줄 수 있다. 펜실베이니아 대학의 베너 교수와 하버드 경영대학원의 투시먼 교수가 내놓은 연구 결과에서는 ISO 9000이 종국에 기업의 혁신을 저해한다고 명확히 지적했다. 하지만 ISO 9000은 짧은 시간 내에 기대할 수 있는 장점이 많다. 이를테면 기업의 평판이 좋아지고 고객이 단숨에 늘어나며 주주들을 만족시킬 수 있다. 이러한 단기적 유익은 장기적인 폐해를 생각할 때 욕심낼 가치가 전혀 없다.

그러나 현실은 어떠한가? 기업은 장기적으로 어떤 손해를 입을지 전혀 모른 채 눈에 보이는 장점에 현혹된다. 일단 실적을 올리고 보자는 식으로 생각하는 경영진 때문에 ISO 9000의 인기는 좀처럼 식을 줄 모른다. 그들은 (혁신과 무관한) 다른 분야의 기업이 ISO 9000을 채택한 후로 크게 발전하는 것을 보고 앞다투어 ISO 9000을 채택한다. 당장에야 물밀듯이 몰려드는 고객들 덕분에 기분이 좋을 것이다.

앞으로 수년, 아니 수십 년이 흘러야 혁신이나 발명이 저조하다는 문제점을 드러날 것이다. 그때쯤이면 오래전에 ISO 9000이라는 경영 기법의 도입 때문에 그런 문제가 생겼다는 것은 꿈에도 생각하지 못한다. 이처럼 수많은 기업이 자기 발등을 찍는 줄도 모르고 유행하는 경영 기법을 적극적으로 수용한다.

투자 은행의 관리체제나 과도한 위험 부담, 다양한 실적 관리체재, 사내 성차별, 무더운 계절에도 정장을 고집하는 문화 등도 이와 마찬가지다. 다윈의 논리가 완전히 틀렸다는 뜻이 아니다. 그의 논리는 단지 시장 원리와 맞지 않을 뿐이다. 감기가 흔한 병이지만 한 번 걸리면 잘 낫지 않고 여러모로 불편을 야기한다. 그처럼 불합리한 경영 기법도 좀처럼 사라지지 않고 수많은 기업을 괴롭힌다.

## 정장을 말끔히 차려입은 비둘기

경영 관행은 바이러스처럼 이 기업, 저 기업으로 퍼져 나간다. 바이러스와 또 한 가지 닮은 점이 있다면 제3자의 도움이 꼭 필요하다는 것이다. 경영 관행에서 제3자는 컨설턴트를 뜻한다. 컨설턴트는 한마디로 쥐라고 할까, 아니 좀 더 부드럽게 표현해서 비둘기 같은 존재다(전前 런던 시장인 켄 리빙스턴Ken Livingstone은 비둘기가 아니라 '날개 달린 쥐'라고 비꼬아 말했다). 각종 질병을 퍼뜨리는 주역이라는 뜻이다.

예전에 해로운 경영 관행이 퍼져 나가는 현상에 대한 대규모 연구 프로젝트에 참여한 적이 있었다(여기서 말하는 경영 관행에는 무의미한 관리 시스템, 상품성이 없는 금융 상품, 생산성을 저하하는 경영 테크닉 등이 포함된다). 앞서 살펴본 것처럼, 불합리한 경영 관행은 이 세상의 빛을 볼 수 없으리라고 생각하는가?(미리 말하지만 이는 착각이다). 우연히 이 세상에 나온다 해도 금세 사라질 것이라고 생각하는가?(이것도 착각이다). 실제로 이러한 관행이 어떻게 수많은 기업에 퍼지는지 살펴보자.

여기에서 정장을 말끔히 차려입은 비둘기가 등장한다. 솔직히 말해서 그중 몇몇은 전염병을 퍼뜨리는 쥐떼 같은 존재다. 불합리한 경영 관행은 바이러스처럼 퍼지기 때문에, (중국의 전족이나 여성 할례와 같은) 해로운 문화 풍습을 분석한 사회인류학 연구 기법을 사용하면 이러한 관행이 퍼지는 과정을 모형화할 수 있다.

앞서 말했듯이 독감을 보면 알 수 있듯이 바이러스는 기존 숙주가 죽기 전에 새로운 숙주를 찾아서 생명을 이어간다. 이처럼 인간들 사이에 바이러스를 퍼뜨리도록 도와주는 생명체(㈜)가 있다. 바로 컨설턴트가 이러한 역할을 한다. 본인들도 그 점을 잘 알고 있다. 다른 분야나 외국에서 보고들은 것을 새로운 분야의 기업에 적용하도록 추천할 뿐이다. 하지만 아무리 긍정적으로 평가하려고 해도 바이러스나 박테리아처럼 이러한 관행은 큰 도움이 되지 않는다(해로운 결과는 시간이 좀 지나야 본 모습을 드러낸다). 어떤 관행은 처음에 자리 잡은 분야에서 큰 효과를 내다가도 다른 분야에 적용되면 방해가 될 뿐이다.

전문 컨설턴트들이 무리지어 와서 TQM, ISO 9000, 식스시그마 등 다양한 전략을 소개할지 모른다. 그러면 의도하지 않았더라도 런던의 트라팔가르 광장에서 헤매는 딱한 비둘기 떼처럼 경영 컨설턴트는 불합리한 관행을 보급·지속시키는 주범이다. 리빙스턴 시장에 의하면 이들에게 활동금지령을 내리고 굶어 죽게 내버려두어야 한다.

# 경영 컨설턴트? '전략적 후퇴'의 상징이 되다

경영 컨설턴트라는 직업은 함부로 손가락질해도 된다는 생각이 팽배한 사회가 되어 버렸다. (경영 컨설턴트를 고용하면서도) 대놓고 그들을 욕하는 것이 다반사다. 물론 그런 분위기가 지극히 이례적인 것은 아니다. 하지만 그들에 대한 반감이 유례를 찾아볼 수 없을 정도로 새로운 국면을 맞이한 것 같다.

최근에 영국 모 기업(익명으로 해두는 것은 그들에게 적잖은 친절을 베푸는 것이다)의 최고 팀에 속하는 세 사람의 직원을 만난 적이 있다. 그들은 자기 팀이 최근에 채택한 '전략적 후퇴'의 내용을 설명해 주었는데, 놀랍게도 그중 하나는 '앞으로 컨설턴트는 사절!' 이었다.

도대체 컨설턴트가 무엇을 그리 잘못했기에 이런 푸대접을 받을까?

누구나 컨설턴트를 자칭할 수 있다. 경영을 전혀 모르면서 경영 컨설턴트를 자칭하는 사람도 많다. 그런 사람들을 제외한 나머지가 경영대학원 교수라고 보면 된다. 유명 기업들도 할 말이 많을 것이다. 단지 질투가 나서 그런 것일까? 물론 컨설턴트가 CEO와 손을 맞잡고 고급 레스토랑으로 가는 모습, 파워포인트 프레젠테이션을 하는 것으로 당당하게 수천 달러를 요구하는 모습이 비위에 거슬렸을지 모른다.

하지만 그게 진짜 이유는 아닐 것이다. 컨설턴트의 환산가치는 0원이다. (컨설턴트의 가치를 숫자로 표현할 수 있다고 가정할 때) 그들이 제안한 전략이 10년쯤 지나 실제로 효과를 낼 때까지 보수를 지급하지

228

않는다는 뜻은 아니다.

아마 그들이 제안한 모든 것이 "지난번 함께 휴가 갔을 때 제가 말씀드리지 않았던가요?"라는 식의 데자뷰 가치가 너무 높은 탓도 있다.

그뿐 아니라 경영 컨설턴트들이 집단으로 이랬다저랬다 한 탓도 크다. 1970년대에는 다양화를 외치더니 1990년에는 핵심능력에 집중하라고 강조했고 '구경제' 기업에는 닷컴 버블이 지속되는 동안 '신경제' 활동은 특히 분리해서 진행해야 한다고 닦달하다가 최근에는 클릭앤브릭click and brick(원래 오프라인 기반 태생의 기업인데 온라인 마케팅을 활동적으로 진행하는 전략—옮긴이) 전략을 지시했다. 또 IT 기업들은 남몰래 기업 분할을 진행시키고 있다.

물론 각 기업의 사정은 우리가 속속들이 알 수 없다. 그러니 섣불리 앞서가서는 안 된다. 아마 당신이 만나본 컨설턴트 중에는 탁월한 능력을 발휘하는 사람도 있고 실망스러운 사람도 있었을 것이다. 어떤 경영간부들은 컨설턴트에게 자기가 듣고 싶은 말만 들으려 한다.

우리가 진심으로 그들의 말에 귀를 기울이면 컨설턴트들은 분명히 유익한 존재가 될 수 있다. 한 가지 과학적인 조사에 의하면 외부인의 견해에 귀를 기울일 때 (시간이 좀 걸리긴 해도) 의사결정의 질적 수준이 한결 나아진다고 한다. 그렇지만 컨설턴트를 불러놓고 모든 의사결정을 다 맡겨서는 안 된다. 리처드 도킨스는 이렇게 말한 바 있다. "오픈마인드는 좋지만 지나치게 오픈하면 당신의 두뇌가 바닥으로 떨어져 버릴지 모르니 조심하십시오."

## 뛰어난 직원이라도 고액 연봉을 줄 필요 없다

두뇌 이야기가 나왔으니 말인데, 유독 연봉이 높은 사람들이 있는 이유가 무엇일까? "그런 바보 같은 질문이 어디 있어? 그 사람들 덕분에 버는 돈이 얼마인지 생각해 봐."라고 말하는 사람도 있을 것이다. 틀린 말은 아니지만 충분한 이유는 될 수 없다. 5명의 판매원이 팀을 이루어서 700만 달러의 매출을 올리면 직원 한 명당 10만 달러의 연봉을 지급할 수 있다. 하지만 컨설턴트, 법조인, 증권분석가 5명이 한 팀을 이루어 동일한 결과를 이루면 각 팀원에게 100만 달러를 지불하는 일이 흔하다. 어째서 이런 차이가 생길까?

워낙 특별하고 뛰어난 능력을 갖추고 있기 때문에 이 사람들을 놓치면 대체할 인력을 찾기가 어려워서 높은 연봉을 주는 걸까? 그럴지도 모른다. 하지만 그것이 전부는 아니다. 만약 우리 기업의 특정 제품에 대한 전문적인 지식을 갖춘 특별 판매팀을 구성해서 700만 달러의 매출을 기록해도 그들에게 100만 달러를 주는 일은 없을 것이다. 그들을 대신할 만한 실력파를 찾기 어려워도 결론은 달라지지 않는다. 그 이유는 바로 이들 역시 다른 곳에서는 우리 회사에 버금가는 일자리를 구할 수 없기 때문이다. 이들은 우리 회사의 특정 상품에 대해서만 전문가이므로 다른 회사에 취직해서는 그만한 판매 실적을 올릴 수 없다. 한마디로 여기가 아니면 무가치한 존재로 전락한다. 어차피 갈 데가 없는 사람들이니 높은 연봉을 줄 필요가 없다. 하지만 컨설턴트, 법조인, 증권분석가는 다르다. 그들은 자료 파일,

고객 명단을 들고 어디든 갈 수 있다. 그들의 전문지식으로 경쟁사로 이직해서 700만 달러의 매출을 올릴지도 모른다.

하지만 정말 그럴까? 우리는 종종 그들이 '원한다면 다 갖고 떠날 수 있다.'고 생각한다. 본인들도 그렇고 경쟁사에서도 그렇게 생각한다. 하지만 모두 착각에 불과하다.

하버드 경영대학원의 보리스 그로이스버그Boris Groysberg는 스타 대접을 받는 증권분석가의 실적을 연구했다. 알다시피 증권분석가는 투자은행에서 특정 분야에 속하는 기업을 분석한다. 예상 수익, 매수 또는 매각 평가 및 각 기업에 대한 세부 보고서를 산출하는 것도 그들의 몫이다. 실력만 좋으면, 예상 수익도 비교적 정확히 산출할 수 있으므로 수백만 달러의 보수는 물론이고 매년 엄청난 보너스를 받을 수 있다. 절대 과장이 아니다.

투자은행은 증권분석가가 마음만 먹으면 다른 은행으로 자리를 옮겨서 자신의 능력과 증권가 자료, 인맥 등을 그대로 활용할 수 있다고 생각하므로 그들에게 거액의 연봉을 지불한다. 하지만 보리스는 이 문제가 보이는 것처럼 그리 단순한 것이 아니라고 생각했다.

그는 〈인스티튜셔널 인베스터〉의 올 아메리카 리서치 팀All-America Research Team에서 실시한 여론 조사를 바탕으로 316명의 유명 증권분석가들의 실적을 분석한 결과, 스타성을 자랑하는 분석가도 근무지를 바꾸면 즉시 실적이 하락한다는 점을 발견했다. 하락률은 쉽게 간과할 만한 수준이 아니었다. 어떤 분석가가 (가장 정확한 예측률을 제시하는 등) 해당 분야에서 최고의 실력가라는 평을 얻어도 보금자리를 옮기면 정확도가 무려 50%나 떨어졌다. 게다가 그 손실을 회복하고 새로운 자리에 적응하기까지 걸리는 시간은 평균 5년이었다.

증권분석가는 비교적 업무 성향이 개인적이고 어디에 소속되어 있느냐에 크게 구애를 받지 않는데도 근무지를 옮기는 것으로 인해 실적에 적잖은 타격을 받는다. 조직의 운영에 보이지 않게 영향력을 행사하는 지적 자본이나 동료 직원들과의 관계 및 그밖에 (뭐라 꼬집어 말할 수 없는) 사회적인 절차나 암묵적인 요소 등이 스타성을 보유한 실력가들에게도 지대한 영향을 주는 것이 분명하다. 아무리 잘난 사람도 그를 든든히 받쳐주는 기업에서 이탈하게 되면 사회적 영향력이 줄어들면서 그의 능력도 빛을 잃어버린다.

이를 볼 때 지금까지 우리 자신이나 실력 있는 사람들이 마음만 먹으면 어디든 갈 수 있다고 생각한 것은 잘못된 판단이었다. 또한 그런 이유로 어마어마한 연봉을 지불할 필요도 없었다는 결론이 나온다.


## 특허사냥꾼

기업이 내부 정보를 보호하고 고수하는 또 다른 방법은 바로 특허다. 그런데 이를 통해 부당한 이득을 노리는 특허사냥꾼들이 기승을 부리고 있다. '특허사냥꾼Patent sharks'이라는 말을 처음 들어보는 독자들도 있을 것이다. 그리 당황할 필요는 없다. 나도 그런 적이 있었으니까. 여하튼 사냥꾼이라는 표현 때문에 상당히 거칠고 무시무시한 존재라고 생각할지 모른다. 어쩌면 '특허'라는 말 때문에 '사냥꾼'이라는 단어가 조금 부드럽게 느껴질 수도 있다. 하지만 내가 알기에는 이들의 존재를 제대로 알면 등줄기가 서늘해질 것이다. 공포 영화에 나오는 커다란 식인 상어를 상상해도 좋다.

런던 경영대학원의 마커스 리트지그

특허사냥꾼은 미국에서 한 작은 기업체가 가망성 있는 개인 발명가 등의 특허를 수집하여 보유하고 있다가 대기업을 상대로 소송하여 천문학적인 손해배상 및 특허 이용 비용을 받는 기업을 말한다. 미국에서는 이미 특허사냥꾼에 대해서 부정적인 이미지가 형성되기 시작하여, 미국 한 지방법원에서는 기업의 손을 들어준 사례도 있다.

Markus Reitzig 교수는 오랫동안 특허사냥꾼을 연구해 왔다. 그동안 나는 지적 재산권이 연구 주제로 삼기에는 지루한 분야라고 생각했지만 그의 연구 자료를 보고 영화 〈죠스 3〉을 떠올렸다. 날카로운 이빨의 죠스가 아니라 깔끔한 정장에 서류가방을 든 신사처럼 보이지만 일단의 변호사 무리를 이끌고 다니는 사람이 죠스보다 더 무서웠다. 내가 그토록 경악한 이유는 다음과 같다.

이미 알다시피, 특허의 효력 면에서 제약회사는 항상 예외다. 대부분 산업 분야에서 특허는 타 기업의 모방을 제지하는 제한적 효력을 가진다. 일반적으로 특허의 '보호'를 받는 제품은 일부만 다르게 하거나 새로 발명한 것으로 대체하면 문제가 되지 않는다. 이에 요즘 기업들은 자사의 제품을 보호하고자 특허를 가능한 한 많이 얻으려 한다. 그래서 일부 기술집약적 분야에서는 하나의 기업이 제작한 제품의 부품 하나하나마다 특허를 신청하여 1,000건을 넘기기도 한다. 부품 한두 개에 특허를 내는 것으로는 불안하기 때문에 아예 제품 전체를 특허로 보호하겠다는 속셈이다.

　하지만 경쟁사들도 같은 생각을 하기 때문에 결국 특허 신청은 기하급수적으로 늘어난다. 그 결과 어떤 일이 벌어지고 있을까? 신제품이나 신기술을 개발할 때 누군가의 특허를 조금이라도 침범하지 않는 것이 불가능해졌다. 나만 그런 것이 아니라 다른 기업도 무언가 새로운 일을 도모할 때 당신의 기업이 가진 특허를 침범하지 않을 수 없다. 상황이 이렇다 보니 매번 법정 소송을 하기보다는 이해관계가 맞물리는 기업들끼리 이런 식으로 거래한다. "우리 회사가 당신의 특허 63개를 침범해도 무방하다면 당신이 우리 회사의 특허 84개를 침범해도 눈감아 주겠소." 이런 식의 협상은 큰 문제 없이 쌍방 합의로 이어진다.

　하지만 어느 분야든 특허가 워낙 많다 보니 문제가 생긴다. 즉, 자기가 어느 기업의 특허를 침범하는지도 모르고 실수를 범하는 경우가 발생한다. 출퇴근 시간에 만원버스를 타면 어쩔 수 없이 옆 사람의 몸에 바짝 닿는 것과 같은 상황이다. 급기야 이 문제를 악용해서 돈을 버는 '특허사냥꾼'이라는 특수기업이 등장했다. 그들은 자사의 제품이나 기술을 보호할 목적으로 특허를 등록하는 것이 아니라 부지불식간에 특허를 침해하는 기업을 찾아서 돈을 뜯어내려고 특허를 계속 신청·출원한다.

　특허사냥꾼은 어떤 기업이든 자기가 이미 특허를 낸 기술을 사용하는 즉시 공격하지 않는다. 일단은 그 기술로 신제품을 완성하여 시장에 출시하고 투자를 확대하는 등 그 기업이 승승장구할 때까지 조용히 지켜보다가 죠스처럼 갑자기 모습을 드러낸다.

234

특허사냥꾼이 요구하는 것은 거액의 배상금이다. 상대방이 이를 거절하면 '법정소송'을 걸어서 아예 회사 문을 닫게 하겠다며 위협을 가한다. 이때 도마에 오르는 특허 기술은 정말 대단한 것이 아닐지 모른다. 그래도 특허는 특허이므로 사냥꾼에게는 문제가 되지 않는다. 실제로 따져보면 딱히 특허를 낼 만큼 대단하지 않은 경우가 많지만 그들은 법정에 적잖은 영향력을 행사하여 법원 명령을 이끌어내서 상대 기업이 영업 정지를 당하게 만든다. 이런 상황까지 가면 돌이킬 수 없는 피해를 입기 때문에 하는 수 없이 배상금을 순순히 지불해야 한다. 특허사냥꾼은 그제야 음흉한 미소를 지으며 물러선다.

순수 특허 보유 기업인 NTP가 블랙베리로 유명한 RIM을 상대로 소송을 제기한 적이 있다. RIM은 NTP가 문제 삼은 5개의 특허는 이미 미국특허청US Patent and Trademark Office에서 무효 처분되었으며 그중 2개는 최종 취소처분을 받았으므로 법정에 가도 불리할 것이 없다고 판단했다. 하지만 (제임스 스펜서라는) 지방 법원의 판사 한 명이 법원 명령을 허가할 낌새를 보이자 RIM은 즉시 NTP에 6억 125만 달러를 지불하기로 했다. 억울한 마음도 있었겠지만 행여나 법원 명령이 떨어지면 수십억 달러의 손해를 입는 것은 물론이고 시장 경쟁력도 큰 타격을 입을 것이 분명하므로 다른 방도가 없었다.

이런 사례는 특허사냥꾼이 얼마나 무시무시한 존재인지 알려준다. 아마 독자들도 이제 제대로 실감했을 것이다. 당신의 기업도 지금 순항하는 것처럼 보일지 모르지만 어디선가 죠스가 조용히 감시하며 뒤따라오고 있을지 모른다. 당신도 몰랐던 특허 문제가 불거지면 막대한 배상금을 지불해야 한다는 사실을 기억하기 바란다.

## 정보 과잉

기업 경영에서 지식은 굉장히 까다로운 문제다. 지식이야말로 기업 경영의 근간이자 존재 이유이기 때문이다. 경영진과 직원은 함께 일하는 사람에 불과하다. 그들이 함께 일하는 것은 곧 지식을 교환하고 보유한다는 뜻이다. 따라서 기업이 내리는 결정들은 대개 지식에 좌우된다. 그 때문에 사람들은 끊임없이 정보를 얻기 위해 노력한다. 비슷한 업무를 처리하는 동료나 관련 사항을 잘 아는 사람에게 도움을 구하기도 하고 고객과 전문가의 의견이나 경험, 그들의 생각에 귀를 기울이기도 한다.

요즘과 같은 '지식 경제' 사회에서는 많은 기업이 내부 전문 지식의 가치를 잘 알고 있기에 이를 데이터베이스로 구축하여 사원들이 기업 인트라넷으로 접속·검색하게 해준다. 하지만 문제는 지식, 즉 데이터베이스 자료가 워낙 방대하다는 것이다.

요즘 세상은 정보 홍수를 이루고 있다. 우리가 직장이나 집에서 접속하는 데이터베이스는 모두 몇 개인가? 당신이 하루에 읽는 문서는 얼마나 많은가? 컴퓨터나 인터넷으로 접속할 수 없는 직장 동료의 머릿속에 든 지식이나 자료는 또 어떤가?

지식을 손에 얻으려는 사람들만 이런 문제에 봉착하는 것은 아니다. 대다수 기업을 보면 지식을 제공하는 사람들은 존경을 받거나 승진을 하거나 보너스와 같은 물질적인 것으로 보상을 받는다. 당신이 지식을 제공하는 입장이라면 정보 홍수를 이루는 환경에서 어떻게 사람들의 이목을 끌어서 그와 같은 보상을 얻을 것인가?

당시 하버드 경영대학원 교수였던 모튼 한센Morten Hansen과 마틴 하스Martin Haas는 이 문제를 집중적으로 연구하기 시작했다. 두 사람은 4대 회계 법인에 속하는 대기업을 하나 선정하여 전자 데이터베이스를 분석한 다음 43개의 '전문그룹'을 대상으로 그들이 업로드하는 자료의 종류와 시기에 대해 설문 조사를 했다. 연구 결과는 기대 이상으로 명확하게 드러났다.

먼저 설문조사에 응한 전문그룹은 때때로 단순하지만 구체적인 결정을 내려야 한다는 점을 기억해야 한다. 그들은 자료를 업로드할 때 얼마나 선택적인가? 자기에게 있는 자료는 일단 모두 업로드하는 편인가 아니면 가진 것의 일부분만 공개하는가? 최대 몇 개까지 업로드할 의향이 있는가? 관련된 다양한 주제도 모두 다룰 것인가 아니면 현재 논의하는 주제에만 온전히 집중할 것인가?

업로드하는 자료가 적으면 다른 사람들이 접근할 수 있는 자료도 그만큼 적어진다. 반대로 자료를 많이 업로드하면 어떤 사용자는 자료의 분량에 기가 눌려서 일일이 다운로드할 엄두조차 내지 못한다. 즉, 나무만 보고 숲을 보지 못하는 것이다(심지어 어떤 사람들은 자료 양이 너무 많다며 컴퓨터 스크린 앞에서 불만을 늘어놓을지 모른다). 그렇다면 자료의 양은 어느 정도가 가장 적당할까?

연구 결과에 의하면 정보 제공자가 다루는 주제에 따라 업로드하는 자료 분량이 달라져야 한다. '비용 관리' '자본 및 자산 관리' '금융 및 기업공개' 처럼 다른 곳에서도 흔히 다루는 주제라면 각별한 주의를 기울여서 다른 곳에서 쉽게 접할 수 없는 자료만 업로드해야 한다. 정보 가치도 없고 주제와 무관한 자료를 함께 올려서 사람들을 혼란스럽게 하지 말고 항상 유용한 최신 정보로 사용자들을 만족시키면 정보의 양이 많지 않아도 훌륭한 평을 얻어서 사이트 방문자 수가 계속 늘어난다.

반대로 '피플소프트Peoplesoft' '의료 서비스 배달' '콜 센터'와 같이 일반적이지 않은 주제를 다룰 때에는 방문자들이 제대로 이해할 수 있도록 폭넓은 정보를 제공하는 것이 유리하다. 그러면 "X 주제라면 A 사이트만큼 좋은 곳이 없지."라는 평을 얻을 것이다.

이에 따라 하나의 기업 내에서 여러 명의 정보 공급자가 경합을 벌이게 된다. 여기에도 시장 원리가 동일하게 적용된다. 즉, 그들도 자신이 다루는 구체적인 주제에 맞추어 전략을 수정 · 발전시켜야 한다.


## 지식이 오히려 해害가 될 때

지식도 과하면 문제가 된다. 실제로 아는 것이 오히려 해가 되는 경우도 분명히 있다. 지난 10여 년간 많은 기업은 경쟁에서 우위를 차지하는 데 지식이야말로 (유일한 원동력은 아닐지라도) 궁극적인 원동력이라는 말을 굳게 신뢰했다. 그러다 보니 오히려 지식이 과해져서 오히려 해가 되는 지경에 이르렀다. 경영의 달인과 학자 및 수많은 경영 컨설턴트들은 기업이 지식 개발에 투자하고 지식을 보호하는 데 주력해야 한다고 주장했다. 심지어 그들은 지식의 범주를 명확히 하고 이를 암호화하거나 대차대조표에도 반영해야 한다는 주장을 내놓았다.

하지만 요점은 가장 좋은 경영 방안을 파악하고, 이것이 사내에 고루 보급되도록 조직적인 체계를 마련하는 것이다. 그렇게 하면 최상의 방법을 모두가 공유하게 되고 자연스럽게 수익 상승으로 이어질 수 있다. 적어도 전문가들의 논리는 그렇다.

이에 대다수 기업이 모든 서류와 정보를 저장ㆍ검색할 수 있는 시스템뿐 아니라 특정 문제에 대한 전문가를 기업 내에서 찾아 도움을 구할 수 있는 체계도 마련하였다.

그렇다면 이러한 지식 관리 체계가 실제로 그만한 가치를 발휘했을까? 머뭇거리지 않고 '그렇다'라고 대답할 수 있는 문제가 아니다. 이와 관련해서 몇 개의 경고등이 켜졌기 때문이다.

지식을 축적하는 기쁨에 너무 도취한 나머지 한 가지 중요한 사실을 간과한 것 같다. 그것은 바로 지식에도 비용이 든다는 점이다. 일례로 아마존 정글을 방불케 하는 방대한 사내 데이터베이스에서 원하는 정보를 검색하는 데에도 시간과 노력이 든다. 그뿐만 아니라 예전 지식을 다시 꺼내서 사용하는 것은 실제로 큰 의미가 없을지 모른다. 특히 수많은 경쟁자 사이에서 한 걸음 앞서가야 할 때, 업데이트되지 않은 정보는 아무리 많아도 무용지물일 뿐이다.

마틴 하스 교수와 모튼 한센 교수는 판매 입찰을 따내려고 경쟁하는 컨설턴트 팀이 사내 데이터베이스를 어떻게 활용하는지 조사했다. 두 사람은 각 팀이 전자 파일을 열람하거나 사내의 다른 컨설턴트에게 개인적으로 조언을 구하는 횟수에 주목했다. 두 사람은 어떤 기법으로든 자료를 많이 모을수록 컨설턴트에게 유리할 것이라고 추측했다. 과연 두 교수의 생각은 옳았을까?

연구 결과에 따르면 그들이 잘못 생각하고 있었다. 놀랍게도 사내 데이터베이스를 많이 활용할수록 입찰에 떨어질 확률이 높았다. 사내 동료에게 조언을 구하는 횟수도 입찰 성공률과 반비례 관계를 보였다. 이러한 현상은 경험이 축적된 컨설턴트 팀에서 더욱 뚜렷이 드러났다. 전자 파일이든 얼굴을 마주 보고 조언을 듣는 것이든 간에 타인의 경험을 활용하는 것보다 본인의 전문성을 살리는 것이 훨씬 효과적이었다.

두 교수는 또한 이렇게 사전지식을 모으는 노력에 뒤따르는 기회비용이 대단히 높아서 그 어떤 긍정적인 효과도 이를 상쇄할 수 없다는 것을 알게 되었다. 산더미 같은 전자 파일을 뒤지거나 동료에게 조언을 얻으려고 동분서주하다 보면 정말 독창적이고 실용적인 해결책을 마련하는 데 제대로 노력을 기울일 수 없었다.

동시에 입찰에 참여하는 경쟁사가 많으면 상황이 더욱 불리해졌다. 경쟁이 심하면 차별화에 만전을 기해야 하는데, 데이터베이스나 동료의 조언을 얻으려는 팀은 그 어떤 차별성도 제시하지 못하고 고배를 마셨다. 경쟁사를 누르는 비결은 독창성과 혁신이라는 점이 또 한 번 강조되었다.

동료의 조언을 구하는 것이 도움이 될 때도 있었다. 상대방이 대단히 숙련된 기술과 경험이 있는 경우에는 분명히 성공 확률을 높이는 효과가 있었다. 그러나 사내 데이터베이스는 여러모로 쓸모가 없다는 점이 확실해졌다. 초보자는 노다지를 캐낼 심산으로 겁도 없이 산더미 같은 자료를 파헤치려 하지만 그렇게 하면 할수록 성공과는 거리가 멀어졌다.

이 자료를 통해 나는 한 가지 중요한 점을 배웠다. 데이터베이스는 도움이 되기보다 해가 되는 경우가 많으므로 크게 기대해서는 안 된다. 아무리 좋은 자료라도 그렇게 복잡한 데이터베이스 속에 넣으면 무용지물이 되고 만다. 사실 정말 가치 있는 지식은 문서화하기 어려운 경우가 많다. 그러므로 사내 데이터베이스는 각 분야의 전문가가 누군지 확인하고 연락처를 제공하는 정도로 유지하는 것이 바람직하다. 그리고 데이터베이스를 사용하기 위한 패스워드는 초보자들에게만 알려주도록 한다.

지금까지 말한 내용 중 일부 과장된 면이 있다. 그렇다고 해서 데이터베이스에 들어 있는 모든 전자파일이 무용지물이라는 뜻은 결코 아니다. 기업과 같은 복잡한 조직에서 진정으로 가치와 의미가 있는 지식이나 그 지식의 경쟁력은 문서 형식으로 요약할 수 없다는 점을 강조하고 싶다. 종이에 인쇄하여 누구나 쉽게 볼 수 있게 하는 것 자체가 문제가 있는 데다 그런 지식의 일부분은 글로 전달하기 어렵기 때문이다. 제대로 된 지식은 직접 얼굴을 맞대고 대화할 때 전달될 수 있다.

인시아드의 스줄란스키 교수와 펜실베이니아 경영대학원의 윈터 교수는 그 점을 이렇게 설명했다. "복잡하고 거대한 조직의 경우, 단한 사람의 전문가가 각각의 구성요소가 다른 요소와 어떻게 결합되어 있는지 제대로 파악할 수 없으며 이를 문서화하는 것은 더더욱 불가능하다."

내가 지켜본 바로는 몇몇 기업에서는 기업인수 데이터베이스를 구축해 왔다. 인수를 경험한 부서에서 인수 모형과 관련 서류를 사내 데이터베이스에 업로드하여 다른 부서도 열람할 수 있게 한다. 다른 부서가 같은 문제로 쓸데없이 시간을 낭비하지 않게 배려해 주는 것이다.

그렇다면 이런 행보는 (위험할 정도는 아니지만) 아무런 의미가 없다. 처음에 이러한 지식을 만들어 낸 사람의 안내 없이는 무용지물일 뿐이다.

게다가 자칫하면 증권에 대해 잘못된 생각을 심어줄 위험도 있다. 기업 인수란 각 경우가 저마다 특징이 다르며 전체 과정을 모르고 보면 일이 돌아가는 형세를 차근차근 이해할 수 없으므로 도움이 되기는커녕 해가 될 뿐이다. 이처럼 추상적이고 복잡한 지식을 전달할 때에는 사람 사이의 상호작용이 이루어질 여건을 마련해야만 의미가 있다. 그렇지 않으면 아무리 많은 자료나 지식도 무용지물일 뿐이다.

## R&D 부서는 거저먹기인가?

이제 마지막으로 남아 있는 질문은 R&D 부서라 부르는 지식 창출 집단에 관한 것이다. 혁신과 개발의 핵심인 R&D 부서가 완전히 쓸모없는 존재로 전락할 수 있을까? 이 질문은 부연설명이 조금 필요하다. 대개 R&D 부서는 첨단 기술, 신제품, 새로운 처리과정 등을 개발해야 한다는 기대를 받고 있다. 하지만 항상 그런 기대에 부응하는 것은 아니다. 어떤 기업의 R&D 부서는 단 한 차례도 시장에 선보인 제품을 생산하지 못한다. 그렇다면 이런 부서를 운영하는 것이 시간과 비용 낭비에 불과한 것일까? 결론부터 말하자면 꼭 그런 것은 아니다.

오랫동안 경제학자들을 비롯하여 경영 조직을 연구하는 사람들은 새로운 것을 창출하는 일이 R&D 부서의 업무라고 굳게 믿었다. 제대로 된 기술이나 아이디어를 상품화하여 수익을 올려야만 R&D 부서에 투자할 가치가 있다는 것이 그들의 논리였다. 아무것도 산출하지 못하면 돈만 낭비하는 꼴이라는 것이 통념이었다.

그러나 경영학 교수 두 사람이 (경제학자가 아니라는 점이 중요하다!) 흥미로운 연구 결과를 내 놓았다. 웨슬리 코헨Wesley Cohen 교수와 다니엘 레빈탈Daniel Levinthal 교수의 주장을 한마디로 요약하자면 R&D부서가 아무것도 내놓지 못해도 기업에 분명히 도움을 준다는 것이다. 얼핏 보기에는 자이로 기어루스Gyro Gearloose(디즈니 만화에 나오는 괴짜 발명가 캐릭터—옮긴이) 같은 사람들만 모여 있는데 그래도 괜찮단 말인가?

다양한 분야에서 어떤 기업이 발명한 것은 라디오 전파나 대기 오염처럼 순식간에 퍼지기 마련이라는 점을 생각해 보자(사실 어떤 의미에서 보면 거의 모든 분야가 그렇다). 따라서 다른 기업도 신기술 또는 신제품을 쉽게 접하고 모방할 수 있다. 경제학자들은 모방에는 전혀 비용이 들지 않는다고 생각했다. 길바닥에 버려진 동전을 줍듯이 그냥 모방하면 된다는 식이었다. 특허권이 정말 대단한 의미가 있는 특수 분야가 아니라면 경쟁사가 멋진 신기술을 내놓는 것을 반가워해도 된다. 직접 R&D에 돈을 쏟아 붓지 않아도 되기 때문이다. 손 안 대고 코를 푸는 격이다.

하지만 그런 관점이 지나치게 단순하고 어리석었다는 것이 드러났다. 먼저 경쟁사를 모방하는 것이 그리 쉽지 않다. 따라서 R&D에 한 번도 투자해 보지 않은 기업은 모방하라고 등을 떠밀어도 못한다. 그에 반해 어수룩한 천재들만 모여서 제대로 하는 일이 없는 R&D 부서라도 둘 수 있는 기업은 남을 모방하는 데 훨씬 유리하다. 이것이 바로 R&D 부서를 운영할 때 생기는 예상 밖의 수확이다. R&D 부서가 없으면 남의 기술을 제대로 이해해서 자사의 제품이나 기업 운영에 활용할 수 없다.

웨슬리 코헨 교수와 다니엘 레빈탈 교수는 이 문제를 오랫동안 연구하여 유명 학회지에 많은 기사를 발표했다. 그중 '혁신과 학습 : R&D의 두 얼굴' '흡수 능력 : 학습과 혁신에 대한 새로운 시각', 그리고 내가 가장 좋아하는 기사로 '운명의 여신은 준비된 기업의 편이다' 등이 있다. 이를 통해 우리는 R&D에 투자할 때 두 가지 이점이 있음을 알 수 있다. 하나는 새로운 것을 발명하는 것이고, 다른 하나는 남들이 생각해 낸 것을 이해하고 모방을 통해 자사의 상품이나 기술로 활용하는 능력이다.

# 07

## 변화무쌍한 비즈니스 환경이라
## 경쟁력 확보가 어렵다?

# 비즈니스 환경은
# 절대 급변하지
# 않는다

## 붉은 여왕 효과

"둘은 손을 잡고 열심히 달렸다. 여왕이 너무 빨라서 앨리스는 숨이 넘어가도록 달리는 수밖에 없었다. 그런데도 여왕은 계속 "더 빨리 뛰어. 더 빨리!"라고 소리쳤다. 앨리스는 더 이상 뛸 수 없었지만 너무 숨이 차서 한마디도 할 수 없었다. 그런데 이상하게도 주변에 있는 나무나 다른 사물은 같은 자리에 그대로 있었다. 죽을힘을 다해 뛰었지만 모든 것이 제자리였다."

루이스 캐럴Lewis Carroll의 《거울나라의 앨리스》라는 동화책을 읽었다면 위의 내용이 앨리스가 붉은 여왕을 만난 장면임을 눈치 챘을 것이다. 두 사람은 계속 달리지만 모든 것이 제자리에 가만히 있는 것처럼 보였다. 기업 간의 경쟁도 마찬가지다. (겉으로 드러나든 그렇지 않든 간에) 그들은 단거리 달리기 선수처럼 전력질주하고 있다. 경쟁에 뒤처지지 않으려고 신기술을 수용하고 신제품이나 새로운 서비스를 선보이며 비즈니스 모델을 재정비하는 등 끊임없이 변화를 시도한다.

그러다 보면 어떤 순간에는 정말 숨이 넘어갈 것 같이 지쳐버린다.

"갑자기 두 사람은 멈춰 섰다. 앨리스가 지쳐서 쓰러지기 일보 직전이
었다. 앨리스는 자기도 모르게 바닥에 털썩 주저앉았다. 숨이 곧 넘어
갈 것 같았고 눈앞이 핑핑 돌았다.

주변을 둘러본 앨리스는 너무 놀라서 심장이 멎을 것 같았다. "이럴
수가! 그렇게 달렸는데 아직도 이 나무 아래에 있단 말이야? 처음에
만난 장소에 그대로 있는 거잖아."

"물론이지."라고 붉은 여왕이 말했다. "너 지금 무슨 말을 하는 거니?"

앨리스는 숨을 헐떡이며 말했다. "내가 사는 곳에서는요, 이렇게 뛰
면 다른 곳으로 갈 수 있어요. 우리 둘이서 정말 오랫동안 전속력으로
달렸잖아요."

"거긴 참 게으른 곳인가 보구나."라고 여왕이 응수했다. "이곳은 죽을
힘을 다해서 뛰어야 제자리를 유지할 수 있어. 다른 곳으로 가고 싶다
면 방금 달린 속도의 두 배로 뛰어야 해."

달리기를 싫어하는 독자도 있을지 모른다. 여하튼 전력질주를 하
면 온몸이 피곤하지만 더 나은 기업이 될 수 있다. 스탠퍼드 대학의
빌 바네트Bill Barnett 교수는 비즈니스 세계에서 나타나는 붉은 여왕 효
과를 심층적으로 연구한 결과, 경쟁과 변화를 끊임없이 추구하는 기
업일수록 크게 성장하여 건실해진다는 사실을 밝혀냈다.

'다윈주의 효과'와 '학습 효과'도 밀접히 관련된다. 약한 기업은

어떤 대상이 변화를 하더라도 주변 환경이나 경쟁 대상이 더 빠르게 변화함에 따라 상대적으로 뒤처지게 되는 원리가 '붉은 여왕 효과'다. 루이스 캐럴의 소설 《이상한 나라의 엘리스》의 속편 《거울을 통하여》에서 붉은 여왕이 한 말에서 비롯되었다. 시카고 대학의 진화학자 밴 베일른은 생태계의 쫓고 쫓기는 평형 관계를 생물학의 '붉은 여왕의 효과'라고 불렀다.

파산하고 가장 강한 기업만 살아남는다. 이 결과는 살아남은 기업이 새로운 것을 빨리 배우고 적응하도록 자극한다. 그로 인해 부지런히 노력하여 예전보다 더 큰 경쟁력을 키우게 되면 주변의 다른 경쟁자들도 박차를 가할 것이다(물론 이 과정에서 도태되어 사라지는 기업도 있다). 군비확장 경쟁과 비슷한 점이 있으나 소비자와 사회 전체에 유익을 준다는 면에서 차이가 난다.

빌 교수는 또 다른 장기적인 효과를 찾아냈다. 그것은 바로 모든 주자가 엉뚱한 방향으로 질주할 때가 있다는 점이다. 누군가가 잘못 방향을 잡아서 뛰어가면 나머지 주자들도 그 뒤를 쫓는다. 2장에서 설명한 성공의 덫과 비슷한 면이 많다. 수많은 기업이 죽을힘을 다해 특정 방향으로 뛰어가지만 결국 지나고 보면 세상이 변하고 반대 방향에 더 나은 시장이 형성되어 있는 것을 보게 된다. 바로 이런 현상 때문에 새로운 기업이 다크호스로 등장하고, 그 분야를 장악하던 기존의 기업들은 다크호스를 따라잡으려고 아등바등 달려야 한다.

디스크 드라이브 분야에서는 이미 이런 현상이 발생했다. 화물운송업체들이 범선에 의존하다가 증기선의 도입으로 새로운 세상을 맛보았다. 금융권은 혁신 상품과 기술이 등장했을 때, 주유 업계는 셀프서비스 제도와 세차 서비스, 미니마켓을 도입했을 때, 강철 산업은 고철 재생 공장을 세우기 시작했을 때, 자동차 타이어 업계는 바이어스 기술에서 레이디얼 기술로 업그레이드했을 때 비슷한 변화를 겪었다. 이처럼 붉은 여왕 효과는 어느 곳에서나 관찰할 수 있다. 사실 이 세상 어느 곳도 경쟁에서 벗어날 수 없다. 이왕에 경쟁을 벌일 거라면 모든 기업이 같은 방향을 향해 질주하는 분야를 선택하라. 그러면 머지않아 다같이 막다른 골목에서 멈출 것이다.

## 먼 곳까지 볼 수 있다는 착각을 버려라

비즈니스 세계는 한순간도 쉬지 않고 변화를 거듭한다. 따라서 언제 무엇이 변할지 예측하는 것은 불가능에 가깝다. 이곳은 그야말로 불확실성이 넘쳐나므로 어떤 전략을 수립하기란 매우 어렵다. 내년에 무슨 일이 벌어질지도 모르는데 어떻게 10년을 내다보고 계획을 세우겠는가? 말도 안 되는 이야기다.

유추의 대가이자 런던 경영대학원 돈 설Don Sull 교수는 학생들에게 쌍안경을 들여다보는 항해사 그림을 보여 주면서 이렇게 말한다. "이것은 전략 수립에 대한 기존의 시각을 상징합니다." 자기가 원하는 목적지에 도달하기 위해 구체적인 계획을 세우려고 쌍안경을 통해 멀리 내다보는 모습이다. 하지만 전략 수립의 현실은 전혀 다르다. 오히려 안개가 짙은 도로에서 창밖을 뚫어지게 보며 조심스럽게 운전하는 모습이 더 적절할 것이다. 그는 갑자기 시야에 장애물이 들어올까 봐 한시도 마음을 놓지 못한다.

나는 이 비유가 매우 적절하다고 생각한다. 비즈니스 세계에서 원하는 목표를 정하기는 쉽지만 그곳에 도달하는 과정은 온갖 불확실성과 예기치 못한 일들로 채워진다. 기술의 발전, 시장의 수요, 기존 경쟁사의 반응, 새로운 경쟁사의 등장, 고객의 선호도, 화산폭발을 비롯한 예기치 못한 자연재해, 미시경제 등을 생각해 볼 때 잠시 후에 벌어질 일을 예측하기도 어렵다.

안개가 짙은 도로를 달리는 운전자를 다시 떠올려보자. 물론 도로에는 다른 차량, 즉 경쟁사들이 있다. 이런 날씨에 통행량이 많은 도로를 달린다면 어떻게 운전할 것인가? 아마 앞차의 불빛을 예의주시할 것이다. 그 불빛은 일종의 가이드 역할을 하기 때문이다. 이런 식으로 자기 앞에 가는 차에게 어느 정도 의지하는 것은 자연스런 반응이다.

앞차의 불빛을 따라가면 마음은 조금 편하겠지만 정말 그래도 되는 걸까? 앞차 운전자도 당신과 같은 처지일 뿐인데 말이다. 그러다 보면 앞차를 놓치지 않으려고 자기도 모르는 사이에 속력을 낼 수도 있다. 게다가 깊이 생각해 보지 않고 앞차에 너무 가까이 붙어서 오히려 안전운행을 망칠 수 있다. 안개가 짙은 날 다중충돌 사고가 빈번한 이유가 바로 여기에 있다. 앞차가 낭떠러지로 곤두박질하거나 나무를 들이받거나 다른 차량에 부딪히면 어떻게 할 셈인가?

비즈니스 세계에서도 이와 비슷한 상황이 종종 연출된다. 경쟁은 일종의 경주다. 단, 이 경주가 벌어지는 장소는 짙은 안개가 깔린 도로다. 다들 3G 라이선싱3G Licensing(라이선스 발급 관리처―옮긴이), 중국 시장 진입, IT 기업 합병 등 선두에서 달리는 주자를 무턱대고 따라간다. 그러다가 그 주자가 넘어지면 그 뒤를 따르던 주자들도 전부 넘어져서 이마에 큰 혹을 얻는다.

물론 남들이 열심히 달릴 때 혼자 뛰지 않으면 경주에서 낙오할지 모른다. 그렇다면 이처럼 치열하고 숨 가쁜 경쟁 속에서 어떻게 해야 할까? 일단 앞차와의 안전거리를 반드시 확보해야 한다. 그래야만 앞차가 사고를 당해도 정지할 시간을 벌 수 있다. 둘째, 앞차의 속도가 불안할 정도로 빠르면 그 속도에 맞추려고 하지 마라. 물론 앞차가 당신보다 먼저 목적지에 도착할 수도 있지만 중도에 큰 사고를 당해서 아예 목적지에 가지 못할 확률도 높다. 때로는 위험 요소의 경우 일단 피하고 보는 것이 바람직하다.

마지막으로 쌍안경을 과감히 버려라. 먼 곳까지 볼 수 있다는 말은 착각일 뿐, 오히려 쌍안경 때문에 코앞의 돌부리를 보지 못하고 넘어질 수 있다. 지나치게 세분화된 장기 전략을 고집하다 보면 예기치 못한 상황에 유연하게 대처할 수 없다. 갑자기 눈앞에 장애물이 나타나도 피할 수 없고 좋은 기회가 와도 잡을 수 없다.


## 급변하는 비즈니스 환경이라고? 전과 다름없는데!

하지만 지나친 비약은 금물이다. 비즈니스 세계에서 경쟁이 면제되는 곳은 없다. 경쟁 못지않게 변화의 물결도 크다. (그렇지 않은 사람도 있겠지만) 대다수 '경영사상가' 는 이 세상이 변하는 속도가 갈수록 빨라진다는 말이 지겹지도 않은 모양이다. 나는 그 말을 귀가 따갑도록 들어도 전혀 공감할 수 없다.

아마 독자도 어디선가 이런 말을 들어본 적이 있을 것이다. "오늘날 비즈니스 환경의 특징은 갈수록 불확실성이 커지고 변화의 물결이 거세진다는 점이다." 표현은 조금 달라도 취지는 동일하다. 어쨌든 유명 경영 잡지에 실리는 기사의 절반 이상이 이런 표현을 첫 문장으로 내놓는다.

"요즘처럼 급변하는 세상에서는…" "어디를 둘러봐도 급속한 변화가 가장 큰 특징을 이루고 있습니다" "고속열차처럼 순식간에 변하는 주변 환경" "무한경쟁의 가속화" 등 진부한 표현이 한두 가지가 아니다.

이런 표현에 짜증을 내는 것 자체가 쓸데없는 짓인데도 인상을 찌푸리게 된다. 사람들이 이런 말도 안 되는 표현을 대단한 진실인양 받아들이는 것이 못마땅해서 그런 것 같다. 정말 요즘에 와서 비즈니스 환경이 더 급변하는 것일까? 이 세상에 컴퓨터가 등장하기 전, 베를린 장벽이 무너지기 전, 아니 그보다 더 옛날로 돌아가서 전기가 발명되기 전에는 이렇지 않았단 말인가? 나는 그 말에 동의할 수 없다. 하지만 사람들은 기회만 있으면 "비즈니스 세계만큼 갈수록 불안정하고 변화무쌍한 곳도 없다."고 말한다. (말만 하지 말고 구체적인 증거를 하나라도 제시해 주면 좋으련만.)

다행히도 미시간 주립 대학의 게리 맥나마라Gerry McNamara 교수와 그의 동료 두 명도 나와 비슷한 고민을 안고 있었다. 그들은 (나처럼 불평만 한 것이 아니라) 20년 이상에 걸쳐 5,700여 개 기업의 수익 실적을 분석했다. 수익 안정성, 시장 안정성, 지나치게 높거나 낮은 사업 수익률, 산업 역동성, 풍요도 등을 모두 살펴보았으나 아무것도 찾아내지 못했다.

1970년대 후반을 기점으로 여러 산업 분야에 관한 11만 4,191가지 연구 결과를 분석해 보니 몇몇 분야에서는 급격한 변화가 일어나고 있으나 예전에 비교할 때 급격하다는 표현은 어울리지 않았다. 두 사람은 이렇게 결론지었다. "연구 결과에 의하면 요즘 기업이 활동하는 시장은 과거와 비교해서 변화무쌍하거나 새로운 기회가 많지 않으며 경쟁력을 확보하는 것이 더 어렵다고 말할 이유가 전혀 없다."

그러나 제발 "비즈니스 세계가 갈수록 빠르게 변한다."는 말은 그만하기 바란다. 사실과 전혀 다르니 말이다. 예전이나 지금이나 변화의 속도나 범위는 크게 다르지 않다.


## 혁신이 너무 과대평가되고 있지 않는가

이제 비즈니스와 관련하여 언론 매체가 가장 좋아하는 주제인 혁신을 도마 위에 올려야 할 것 같다. 혁신이라는 주제가 나오면 어김없이 '혁신은 현대 비즈니스 성공의 핵심'이라는 찬사가 쏟아진다. 누구나 혁신을 위해 아낌없이 모든 것을 투자해야 한다는 식이다. 이처럼 혁신은 매우 대단한 업적으로 포장되고 혁신을 이룬 기업이나 사람은 영웅 대접을 받는다. 그들은 다른 사람들이 보지 못했거나 놓친 것을 찾아냈고 남들에게 손가락질당하면서도 꿋꿋하게 자신의 길을 걸었고, 온갖 역경을 이겨냈으며 성공하리라는 보장이 전혀 없는데도 포기하지 않았다. 그들에게 쏟아지는 찬사는 그야말로 끝이 없다.

물론 혁신이 위대한 업적으로 평가받을 만한 이유는 충분하다. 그렇지만 허상인 줄 모르고 강한 확신을 가지고 일을 추진했다가 낭패를 본 사람, 말도 안 되는 아이디어를 고집스럽게 끝까지 밀어붙이다가 땅을 치고 후회한 사람, 고생만 하다가 결국 회사 문을 닫은 사람도 많을 텐데 그런 이야기는 좀처럼 들리지 않는다.

혁신을 추진하는 기업은 수익성도 좋을까? 각종 연구 결과를 종합해봐도 그 점을 확신할 수 없다. (특허를 더 많이 내는 등) 혁신을 추구하는 기업의 실적이 월등하다는 구체적인 증거는 어디에도 없다.

중국 제약업체이며 활발하게 움직이는 1,300개의 기업들이 이룬 혁신에 관한 데이터베이스가 있었다. 여기서 말하는 혁신은 반드시 블록버스터 수준의 반응을 일으킨 약품만 말하는 것이 아니라 각종 신약 및 애플리케이션을 총칭한다. 말 그대로 신약을 출시하는 것도 혁신이지만 기존에 있던 약의 복용량을 바꾸고 (알약이나 주사와 같이) 복용 방법을 달리하는 것이나 새로운 애플리케이션(어떤 약이 새로 발견된 질병에도 효과가 있다는 점을 알아낸 것을 말함)도 포함된다. 이처럼 모든 혁신이 급진적인 것은 아니지만 출시하기 전에 임상 실험을 반드시 거쳐야 한다는 공통점이 있었다.

나는 몇 가지 획기적인 통계자료 분석 방법을 적용하여 이러한 혁신이 각 기업의 성장에 실질적인 도움을 주었는지 확인해 보았다. 조사 결과는 명확히 '그렇지 않다'로 드러났다. 사실 혁신을 추구하는 기업일수록 성장 속도가 느린 편에 속했다.

그때 이런 생각이 머릿속을 스쳤다. "이들은 아마 기업의 성장에 문제가 있다고 판단했기 때문에 혁신을 시도했을 거야." 그래서 나는 더 정확한 통계기법으로 자료를 분석했으니 예상은 또 한 번 보기 좋게 빗나갔다. 혁신을 시도한 기업은 분명히 크고 작은 장애물에 부딪혀 성장에 어려움을 겪었다. 이는 혁신을 추진했기 때문에 생긴 직접적인 결과였다.

"내가 초점을 잘못 맞추었나? 성장이 아니라 기업의 생존 여부를 따져보면 어떨까?" 이렇게 생각을 바꾼 후에는 혁신이 기업의 생존 여부에 끼친 영향을 알아보기 위해 처음부터 자료를 다시 분석했다. 그래도 결과는 마찬가지였다. 혁신 기업은 다른 기업에 비해 파산하거나 폐업할 확률이 훨씬 높았다.

"혁신으로 인한 위험 부담이 너무 커서 그런 것 같군. 이런 기업들은 대실패로 끝나는 편이 아니면 대박을 터뜨리는 쪽이 될 거야(처음부터 이렇게 생각했더라면 얼마나 좋았을까… 다른 사람들에게는 비밀로 해야겠다)." 나는 다시 한 번 마음을 가다듬고 (혁신을 시도하지 않은 기업과 비교할 때) 혁신 기업의 평균 생존 가능성 및 그들이 '변화된 정도'를 연구했다. 이번에 사용한 방법은 앞서 반복된 연구에서 활용한 것보다 훨씬 진보된 통계 분석법이었다. 그러나 나의 예상은 또 한 번 빗나가고 말았다. 혁신기업은 '위험'을 더 많이 감수하는 것도 아닌데 실패율은 훨씬 높았다. 쉽게 말해서 회사 문을 닫을 확률만 엄청나게 높아진 것이다. 위험과 수익률의 상관관계는 전혀 보이지 않았다. 혁신을 아예 시도하지 않으면 위험부담도 적고 수익도 올릴 수 있다는 것이 여기에서 얻을 수 있는 결론이다.

결국 나는 이 연구를 깨끗이 포기했다. 그러면 기업이 혁신을 시도하는 것 자체가 어리석은 일일까? 조직의 생사 여부를 놓고 보면 기존의 사업에 충실한 것이 위험 부담을 낮추고 성공률을 높이는 유일한 방법이다. 남들보다 먼저 새로운 것을 이루어 내려고 애쓰기보다는 혁신을 이룬 다른 기업을 조용히 따라하는 편이 낫다.

이게 정말 사실이라면 이 점은 되도록 사람들이 모르게 해야 할 것이다. 누가 뭐라 해도 혁신은 사회 발전에 꼭 필요하지만 기업 하나하나의 입장에서 볼 때 혁신이 야기하는 문제나 위험이 그렇게 크다는 것을 알면 누가 혁신을 시도하려 하겠는가? 그러니 이 점은 우리만 아는 비밀로 남겨두자.


## 진정한 혁신은 고객의 취향마저 바꿀 수 있다

주제를 바꾸기 전에 혁신에 대해 한마디만 덧붙일까 한다. 나는 혁신을 매우 높이 평가한다. 정말 솔직하게 말하는 것이니 꼭 믿어주기 바란다. 단지 모든 기업이 혁신을 추구해야 하는지 확신이 서지 않는 것뿐이다. 역설적이게도 비즈니스 세계는 변화무쌍한 곳이지만 (중국 제약업계를 보면 알 수 있듯이) 그 변화의 물결이 반드시 혁신에서 비롯된 것은 아니다. 어떤 면에서 따져보아도 신상품이나 신기술을 개발하려고 애쓰는 것보다 기존에 하던 일에 집중하는 편이 훨씬 유리하다.

그러나 이러한 논리에는 이 세상에 정말 대단하고 흥미로운 기업, 즉 혁신의 첨단을 달리는 기업이 있다는 사실이 배제되어 있다. 그들이 이룬 혁신은 우리 모두에게 신선한 충격과 자극을 준다. 정말 잘 되기만 하면(그냥 괜찮은 정도가 아니라 복권에 당첨되는 것 이상의 행운이 찾아왔다고 말할 수 있을 정도로 잘되어야 한다.) 혁신으로 부를 거머쥘 수도 있다.

앞서 설명한 연구 결과를 보면 혁신을 이루려고 갖은 애를 쓰는 기업 중에서 실제로 성공하는 사례는 매우 적다는 것을 알 수 있다. 그래서 나는 위대한 혁신을 이룬 기업의 성공 비결을 알아내려고 그들을 자주 연구하는 편이다. 혁신에 성공한 기업은 어떻게 조직되어 있을까? 새로운 변화와 거리가 먼 기업이나 성공의 덫에 걸려 꼼짝달싹 못하는 기업과 비교할 때 이들은 도대체 무엇이 다를까?

이러한 의문을 풀기 위해 사방으로 뛰어다니다가 아크람 칸 댄스 컴퍼니Akram Khan Dance Company를 알게 되었다. 현대무용을 창작하는 소규모 기업이었다. 규모는 작지만 꽤 혁신적인 아이디어를 추구하여 성공가도를 달리고 있었다. 이 회사의 공동창립자이자 프로듀서인 파루크 차우드리Farooq Chaudhry를 만나보았다. 그는 성공적인 혁신을 유지하는 창립 비결에 관해 여러 가지 흥미로운 이야기를 들려주었다. 그중 가장 기억에 남는 말은 바로 이것이었다. "진정한 의미의 혁신을 이루려면 고객은 신경 쓰지 말아야 합니다."

나는 머리를 한 대 맞은 기분이었다. 마케팅에 대해 잘 모르지만 (내가 경영대학원 교수라는 사실은 잠시 접어두었으면 좋겠다) '고객 중심' '고객을 위한 혁신' '고객이 왕이다'와 같은 말도 있는데 이 사람은 도대체 무슨 생각을 하는 걸까?

"파루크씨, 그 말씀은 혁신과 창업을 논할 때 고객은 크게 고려하지 않아도 된다는 뜻인가요?"

"아니오. 제 말씀은 고객은 아예 신경도 쓰지 말라는 겁니다."

'세상에, 도대체 무슨 이야기를 하는 걸까? 동종업계 내에서 최고의 혁신기업으로 손꼽히는 회사를 일구어낸 사람이 분명한데….'

어리둥절한 표정을 감출 수 없었지만 일단 그의 이야기를 계속 들어보기로 했다. 그는 고객의 요구에 맞추려는 태도를 과감히 버려야 진정한 혁신이 가능하다고 말했다. 그는 기업이 생각하기에 고객이 좋아할 만한 것을 개발하려 하면 기존 고객의 필요와 선호도 외에는 아무것도 생각할 수 없다. 이렇게 되면 고객을 주도하는 것이 아니라 고객의 꽁무니만 쫓아다니게 된다. 하지만 진정한 혁신은 고객의 취향마저도 바꾸는 힘이 있으며 고객이 상상조차 못한 새로운 것을 창출해 낸다.

그의 말은 논리적인데다 설득력이 있었다. 뭔가 새로운 것을 시도할 거라면 고객에게 의견을 구하지 말고 알아서 그들이 좋아할 만한 것을 일구어내는 편이 낫다(고객 자신도 미처 생각해 보지 못한 참신한 것을 선보여야 진정한 혁신이다).

## 수단과 목표, 수익과 혁신

혁신을 자주 성공시키는 기업을 연구해 보니, 혁신적인 태도와 시각을 계속 유지하는 것 자체가 상당히 어려운 일임을 알게 되었다. 어떤 기업은 단 한 번 혁신에 성공하여 엄청난 돈을 벌어들인다. 그런데 지갑이 일단 두둑해지면 굳이 또 다른 신제품 개발에 아등바등할 마음이 생기지 않는 것 같다. 그들에게 계속 창의적인 시도를 하려는 의지를 찾아보기란 매우 어렵다. 2장에서 언급한 성공의 덫도 관련된 것 같다. 한 번 정도는 수고를 아끼지 않고 혁신에 매달릴 수 있지만 이러한 과정을 거듭 반복하는 것은 전혀 다른 이야기다.

혁신을 계속 이어가는 기업을 연구할 때 나는 이 질문을 반드시 사용한다. "왜 기업의 혁신을 계속 유지하려 합니까?" 그러면 어느 기업이나 이구동성으로 이렇게 대답한다. "장기적으로 볼 때 수익을 유지하려면 혁신 외에는 방법이 없으니까요."

이 점은 굉장히 중요하다. 지금 돈을 많이 번다고 해서 언제까지나 그 상태를 유지하리라는 보장은 어디에도 없다. 회사의 수익이 급격히 떨어질 때 부랴부랴 혁신을 시도하면 이미 때는 늦다. 제대로 된 혁신은 리드 타임이 굉장히 길다. 그러므로 기존 상품이 서서히 빛을 잃는 것을 보고 부랴부랴 신제품을 구상한다면 충분한 리드 타임을 확보할 수 없다. 게다가 그때쯤이면 혁신에서 손을 놓은 지 한참 지나서 무엇을 어떻게 해야 할지 난감할 수 있다.

나는 작년부터 굉장히 독특하며 한결같이 혁신을 추구하는 기업

하나를 연구하고 있다. 이 기업이 단연 전 세계 어느 기업에 견주어도 뒤처지지 않는 혁신 기업이라고 생각한다. 바로 런던의 유명 극장인 새들러스 웰스다.

이곳은 현대 무용을 주로 상영하는 대규모 극장이며 객석 수는 1,900석이 넘는다. 이곳에서는 전 세계를 통틀어 가장 혁신적인 작품을 기획·상영하며 공연마다 엄청난 관객을 동원하기 때문에(극장 공연이 매번 성황을 이루기란 몹시 어려운 일이나 새들러스 웰스는 예외인 것 같다.) 외부의 후원 없이 독자적으로 운영된다.

나는 공연기획자인 크리시 샤프Chrissy Sharp와 총감독인 앨리스테르 스팔딩을 만나 새들러스 웰스에서 기획·공연한 수많은 작품을 돌이켜보고 극장을 조직·운영하는 방식 및 운영자와 공연 배우들 사이의 관계 등에 대해 이야기를 들어보았다. 그런데 내가 "두 분은 왜 혁신을 계속 추구합니까?"라고 질문하자 그들은 갑자기 어색한 표정을 지으며 나를 물끄러미 바라보았다. 어디를 가나 항상 하는 질문이었지만 이런 반응은 거의 처음이었다.

'너무 한심한 질문이라 농담인지 진심인지 헷갈리는 걸까? 아니면 여기서 인터뷰를 중단하려고 저런 표정을 짓는 걸까?' 나는 도무지 두 사람의 마음을 알 수 없었다. 한참 후에야 크리시가 약간 더듬거리며 대답했다. "아니 그게 말이죠…혁신을 해야 하니까 하는 거지요…그게 우리 일이잖아요."

그 후로 극장 내의 다른 직원들과 더 이야기를 나눈 후에야 나는 새들러스 웰스 극장과 일반 기업 사이에는 혁신을 바라보는 시각에서 미묘하지만 아주 큰 차이가 있음을 깨달았다. 일반적으로 기업은 목표를 이루기 위해 혁신이라는 방법을 선택한다. 즉, 기업의 수익을 유지하거나 높이기 위해 혁신을 시도한다. 그러나 새들러스 웰스 극장의 시각은 전혀 달랐다. 그들은 혁신을 계속하는 것을 목표로 일정 수준 이상의 수익을 유지하고 있었다.

> 혁신은 잡초처럼 살아남아야 하고 궁극적으로 재무적인 성과를 일구어야 한다. 그러기 위해서는 시장 지향적일 필요가 있다. 혁신적인 기술 우위와 뛰어난 제품 효용으로 시장 성공을 이루는 열쇠는 시장과의 연결이다.

그들에게는 혁신이 궁극적인 목표이고 수익은 이를 이루기 위한 수단이었다. 기업이 잘될 때에도 진정한 의미의 혁신을 계속 시도하는 것은 굉장히 드문 일이다. 기업 경영에 문제가 없으면 절박하게 새로운 것을 일구어야 할 필요성이나 의지가 약해지기 때문이다. 하지만 새들러스 웰스는 전혀 달랐다. 그들은 수익에 연연하지 않고 혁신을 계속 시도했다. 아니, 좀 더 정확히 말해서 수익이 오르면 오를수록 더 자주 혁신을 추구했다. 그들은 몇 년이고 전석 매진을 기록하는 유명한 작품만 공연하는 것이 아니라 언제나 새롭고, 다소 위험 부담이 있으나 창의적이며, 이 세상 어느 관객도 본 적이 없으나 분명히 관객의 심금을 울리는 작품을 무대에 올렸다. 고전 작품을 아예 무시하는 것은 아니지만 수익의 상당 부분을 새로운 작품 기획에 쏟아 붓는 것은 확실했다.

나는 이런 태도, 즉 혁신 자체를 궁극적인 목표로 삼는 기업이 더 있는지 궁금해졌다. 수익을 마다하는 기업은 없을 것이다. 수익은 많으면 많을수록 좋다. 하지만 기업의 장기적인 번영을 약속하는 것, 고객과 직원 모두를 행복하게 해주는 것은 현재의 수익이 아니라 혁신이다.

## 운이 좋아서 성공했다고 말해도 괜찮다

혁신에 대한 경험담 하나를 소개하겠다. 영국 사람이라면 누구나 잘 아는 혼비라는 기업의 이야기다. 혼비라는 이름만 듣고도 옛 추억에 잠기는 사람도 있을 것이다. 이 회사는 모형기차를 만드는 곳으로 역사가 매우 깊다.

10년 전에 혼비는 파산 위기에 처했는데 비용을 줄이려고 중국에 공장을 마련했다. 중국에서 제품을 생산하면 비용이 절감될 뿐만 아니라 품질도 훨씬 나았다. 그래서 중간관리자는 절감된 비용으로 제품 디자인을 개선했다. 식당 칸의 테이블마다 전등을 배치하고 기관차에 와이퍼를 달아주며 화물차 바닥에 (페인트로) 먼지가 쌓인 느낌을 주는 등 아주 미세한 부분까지 신경을 썼다. 이제 혼비의 제품은 그야말로 실물을 그대로 축소해 놓은 것처럼 보였다.

그러자 놀랍게도 매출이 급격히 증가했다. 회사 측은 덩실덩실 춤을 추고 싶었을 것이다. 경영진은 매출이 갑자기 호조를 보이는 이유를 알아보려고 판매점을 찾아다녔다. 그동안 아이들 장난감으로만 여겨지던 혼비 제품이 이제는 성인 남자들에게도 큰 인기를 누리고 있었다(사실 아이에게 주려고 구입하는 어른들보다 직접 소장하려고 구입하는 어른들이 훨씬 많았다). 이렇게 해서 혼비는 장난감 시장에서 취미용품 시장에 뛰어들게 되었다. 이제 어린 아이들이 아니라 성인 수집가가 그들의 주요고객으로 자리 잡았다.

경영진은 '장난감이 아니면 어때? 새로운 기회이니 한 번 도전해 보자.'라고 생각했다. 그로부터 얼마 지나지 않아 혼비의 매출은 눈부시게 도약하여 몇 년 만에 주가가 뛰어오르는 등 FTSE를 훌쩍 넘어섰다.

여기에서 배울 수 있는 교훈은 무엇인가? 혼비의 똑똑한 변화와 혁신 전략은 순전히 운이 좋았던 것이 아닌가? 그런 면이 없잖아 있다. 그것이 바로 첫 번째 교훈이다. 사우스웨스트 항공사, 자라, CNN처럼 혁신으로 큰 성공을 거둔 기업을 보면 초반에 운이 따라준 경우가 많다. 하지만 그들은 마치 처음부터 다 계획된 것인 양 운이 좋았던 것을 인정하지 않는다(아마 우리가 그 입장이라도 그랬을 것이다).

왜 그럴까? 운이 좋은 것이 부끄러워할 일은 아니지 않은가? (혼비의 프랭크 마틴 사장처럼) 기발한 전략을 세워야 유능한 경영자가 되는 것은 아니다. 오히려 행운이 문을 두드릴 때 그 기회를 놓치지 않고 잡은 후에 그 효과를 극대화하기 위해 (마케팅, 투자자 관계, 유통망 등을 위해) 어떤 노력도 아끼지 않는 사람이 진정 유능한 경영자다. 운이 좋았다는 사실을 숨기는 데 급급하기보다는 성공을 하려면 운이 따라야 한다는 사실을 솔직하게 인정하고 그 기회를 극대화하려고 노력하면 어떨까?

# 행운의 여신은 준비된 기업의 편이다

또 다른 사례를 생각해 보자. 오래전에 런던에는 제프리 워드Geoffrey Ward라는 배관공이 살고 있었다. 어느 날 지방 공무원이 찾아와서 그의 사무실과 작업장이 있는 지역은 소매 상권이므로 당장 철거하라고 지시했다.

마침 가게에는 손님이 내버린 고장 난 라디에이터가 한 대 있었다. 낡았지만 모양이 이국적이어서 인테리어 효과를 기대할 수 있었다. 제프리는 라디에이터를 창문 옆에 놓아두었다. 이렇게 하면 작업장이 아니라 물건을 파는 가게처럼 보일 것이라고 생각했다. 실제로 많은 사람이 작업장에 들어와서 저런 독특한 라디에이터를 사고 싶다고 말했다. 그는 '독특한 디자인의 라디에이터'를 만들어 팔면 돈을 훨씬 더 벌 수 있겠다는 생각에 아예 직업을 바꿔버렸다. 비스크Bisque라는 기업은 이렇게 출발했다.

이것도 단지 운이 좋아서 성공한 기업일까? 물론 운이 따른 것은 사실이다. 그러나 앞서 말했듯이 사람들은 행운의 여신이 찾아와서 코앞에 서 있는데도 무시해 버린다. 하지만 제프리는 여신의 손을 덥석 잡았다는 점이 다르다.

인텔사의 전前 CEO인 앤디 그로브는 이를 '전략적 인지 능력'이라고 부른다. 쉽게 이야기하자면 '자신에게 행운이 찾아온 시기를 잘 파악하는' 능력이다(이렇게 표현을 바꿔놓고 보니 원래 표현이 훨씬 멋지다는 생각이 든다). 마이크로프로세서를 생산하여 역사상 유례없는 성공을 이룬 인텔마저도 행운의 여신에게 도움을 받았다. 한창 마이크로프로세서를 개발하던 1980년대 초반에 인텔은 이 제품을 어떻게 활용해야 할지 갈피를 잡지 못했다.

그들은 휴대용계산기에서 가로등 기둥에 이르기까지 이 제품을 활용할 만한 곳은 모두 타진해 보았다. 가로등 기둥은 좀 심하다고 생각하는 독자도 있을 것이다. 그러나 인텔은 끝내 컴퓨터에 마이크로프로세서를 연결하는 방안은 생각해 내지 못하다가 IBM이 찾아와서 "우리 제품에 마이크로프로세서를 장착해서 PC라는 신제품을 내놓으면 어떨까요?"라는 말에 정신이 번쩍 들었다.

인텔이 대박을 터뜨린 것도 결국 행운의 여신 덕분이었을까? 나는 그렇게 생각하지 않는다. 앤디 그로브를 비롯한 당시 경영진은 (생각지도 못하게 IBM이 사업을 제의했을 때) 행운이 찾아왔다는 것을 직감했기에 이 모든 일이 가능했던 것이다. 여기에 또 하나의 중요한 요소가 더해져서 인텔의 성공이 이루어졌다.

루이 파스퇴르는 "행운의 여신은 준비된 자의 편이다."라는 명언을 남겼다. 파스퇴르 자신도 몇 번이나 운이 따랐기에 (광견병 백신과 같은) 중요한 발견을 이루어냈다. 그러나 파스퇴르의 업적은 순전히 운이 좋았던 탓이라고 말할 수 없다. 그는 자기에게 찾아온 기회를 알아보았으며 그것을 성공으로 연결할 기술, 지식, 능력을 모두 갖추고 있었다. 그는 여러 해 동안 피땀 흘려 집중적으로 연구와 실험을 반복했기에 성공에 필요한 조건을 모두 갖출 수 있었다.

그러나 파스퇴르의 성공에서 가장 중요한 점은 따로 있다. 그는 침대에서 빈둥거리며 행운이 찾아오기만을 기다렸는가? 아니다. 파스퇴르는 실험실에서 열심히 연구에 몰두하고 있었다. 물론 대부분의 실험이 실패로 끝났지만 그의 노력은 절대 헛되지 않았다.

인텔도 마찬가지였다. 포기하지 않고 계속 새로운 가능성을 찾아다녔다. 물론 그러한 노력에 바친 시간과 돈은 밑 빠진 독에 물 붓기처럼 보였을 것이다. 당신의 기업에도 어느 날 예기치 못하게 행운이 찾아올지 모른다. 덕분에 '마이크로프로세서'가 부럽지 않을 성공을 거둔다면 얼마나 좋겠는가. 그렇게 되면 그동안 수없이 반복된 실패가 더 이상 원망스럽지 않을 것이다.


## 판단하지 않아야 할 때를 분별해야 한다

얼마 전에 프리맨틀 미디어의 CEO인 토니 코헨을 인터뷰할 기회가 있었다. 이 회사는 세계 전역의 TV 프로덕션 제작사를 보유하고 있다. (팝 아이돌Pop Idol이나 더 프라이스 이즈 라이트The Price Is Right와 같은) 프로그램 하나는 일단 성공하면 다른 나라에 보급해서 여세를 확장할 가능성이 있다. "어느 나라에서 어떤 프로그램이 성공할지는 어떻게 결정하십니까?"라고 묻자 그는 "저도 잘 모릅니다."라고 말했다.

그는 이렇게 덧붙였다. "다른 사람들이 다 모르는 사실을 저라고 알 도리가 있겠습니까? 그래서 저는 그런 결정은 아예 안 합니다." 물론 기업 경영진으로서 여러 가지 결정을 내려야 할 순간이 있다.

그가 하는 일은 최고의 결정을 내리도록 미리 적절한 업무 체계를 구축하는 것이다. 일례로 토니 코헨은 해마다 프리맨틀 마켓Fremantal Market을 개최한다. 이는 각국의 프리맨틀 지사 간부들이 모두 런던에 모이는 날이다. 그들은 서로 자기 나라에서 개발한 새 프로그램을 소개하는데 그중 개발 단계에 있는 것도 있고 시험용 방송분량을 촬영한 것도 있다.

그래서 올해에는 나도 프리맨틀 마켓에 참석해 보았다. 그곳에 보인 간부들은 모두 자기네 신규 프로그램을 상대방에게 '팔아보려고' 홍보에 열을 올리고 있었다. 예를 들어 네덜란드에서 제작한 신규 프로그램이 영국에서도 방영되면 네덜란드 지사는 엄청난 수수료를 받게 된다. 마찬가지로 영국 지사도 다른 나라에서 개발된 신규 프로그램 중에서 반응이 좋은 것은 하나도 놓치지 않으려고 눈에 불을 켠다. 외국에서 입증된 프로그램을 도입해서 영국 내 방송사에 소개하면 엄청난 수익이 돌아오기 때문이다.

그래서 토니 코헨을 비롯하여 프리맨틀 본사의 경영진은 내년에 어느 프로그램이 국제적으로 인기를 끌지 미리 판단하려 하지 않는다. 그는 단지 각 지역을 맡고 있는 지사가 알아서 훌륭한 프로그램을 선별하도록 후원할 뿐이다. 이렇게 하면 정확히 어느 프로그램이 인기몰이할지는 모르지만 분명히 때가 되면 윤곽이 드러나리라 확신할 수 있다. 물론 토니 코헨이 남몰래 유망주로 지목한 프로그램도 있고 그가 전혀 생각지 못한 프로그램이 큰 인기몰이를 할 때도 있다.

물론 토니 코헨의 방식은 우리가 흔히 생각하는 CEO와는 다르다.

CEO라면 짧은 시간에 모든 것을 고려하여 단호하게 결정을 내리는 사람이 아닌가.

토니 코헨과 이야기하다 보면 인텔의 CEO이었던 앤디 그로브가 생각한다. 1980년대에 인텔이 DRAM과 마이크로프로세서를 두고 갈팡질팡할 때 (직원, 증권분석가, 주주 등) 많은 사람이 그의 사무실에 찾아와서 "제발 이제는 결정을 내려주세요. DRAM입니까, 아니면 마이크로프로세서입니까?"라고 닦달했다. 그러나 앤디 그로브는 "아직은 저도 잘 모르겠습니다. 아니, 저는 둘 중 하나를 선택하는 쪽으로 가지 않을 겁니다. 당분간은 그냥 지켜볼 생각입니다."라며 초지일관했다. 한번은 스탠퍼드 대학의 로버트 버지먼Robert Burgeman 교수에게 이렇게 털어놓았다. "어떤 경우에는 모호한 상황을 그대로 받아들일 줄 알아야 합니다. 이러쿵저러쿵 말이 많겠지만 느긋한 마음으로 지켜보세요. 그러면 갈수록 직원들도 상황이 어떻게 되는지 서서히 알게 될 겁니다."

앤디 그로브는 자신의 말대로 행동했다. 그는 중간관리자들이 작업의 초점을 어디에 맞출지 결정하도록 물러나 있었다. 또 제조 공장 책임자에게 시장, 이윤, 생산 효율성 등에 대한 엄청난 분량의 자료를 모두 넘겨주면서 "(나는 잘 모르니) 이걸 보고 무슨 제품을 생산할지 결정하세요."라고 말했다. 시간이 지나자 (DRAM이 아니라) 마이크로프로세서에 관심을 보이는 중간관리자들이 늘어났다. 공장책임자도 자기가 받은 자료를 검토하더니 마이크로프로세서를 생산하는 데 주력했다. 이렇게 사내 모든 부서가 마이크로프로세서를 선택하자 앤디 그로브는 이렇게 말했다. "이제야 제가 결정을 내릴 때가 되었습니다. 우리 회사는 앞으로 마이크로프로세서 기업이 될 겁니다." 그러자 이미 그렇게 되었는데 무슨 소리냐며 다들 황당한 표정을 지었다.

내가 보기에 앤디 그로브가 '우유부단' 하게 행동한 덕분에 인텔이 20년 이상 세계 최고의 기업이 되어 엄청난 수익을 벌어들인 것 같다. 그는 어려운 결정을 빨리 내리는 것이 아니라 본인은 결정을 유보하고 기업이 스스로 자기 행보를 결정하게 했다. 토니 코헨이 본격적으로 투자·홍보할 프로그램을 직접 선택하지 않았던 것처럼 말이다.


## 돈 버는 요령이 무엇인가

비즈니스 세계에 존재하는 이런 모호성과 격변 때문에 경영인의 삶은 고달파진다. 모든 일이 속을 훤히 꿰뚫어 볼 수 있고 손쉽게 예측할 수 있으면 좋겠다고 생각할지 모른다. 정말 그럴까? 그러면 문제가 더 심각해진다. 이 세상에 모호성이 사라진다면 어느 기업도 돈을 벌지 못할 것이다. 그 이유는 다음과 같다.

내가 경영대학원 교수라는 말을 들으면 10명 중 9명은 이렇게 묻는다. "아, 그러니까 학생들한테 돈 버는 방법을 가르치시는 거예요?" 그러면 나는 옅은 미소를 지으며 고개만 끄덕인다. 물론 속은 부글부글 끓지만 내색할 수 없다.

예전에 뉴욕, 콜롬비아 경영대학원에서 교수생활을 하던 시절에 JFK 공항에서 택시를 탔다. 운전사와 이런저런 이야기를 하다가 "손님은 무슨 일을 하십니까?"라는 질문을 받았다.

"네, 저는 경영대학원 교수입니다."

"아, 학생들에게 돈 버는 방법을 가르치는군요."

"(한숨을 내뱉으며) 네, 학생들에게 돈 버는 요령을 가르칩니다."

그러자 운전사는 이렇게 응수했다. "그 돈 버는 요령이 도대체 뭔가요?"

순간 한 인간으로서 나의 신용도가 도마에 오른 기분이었다.

그때 내가 뭐라고 말했는지 기억이 나진 않지만 나중에 '이렇게 말했으면 좋았을 걸.' 하고 생각했던 기억은 난다. 하나는 '가치 창출'이었고 다른 하나는 '가치 유지'였다. 가치 창출이란 제품을 생산 비용보다 높은 가격에 판매하는 것이고 가격 유지는 다른 기업이 동일한 제품을 출시하여 제품 가격을 생산비용 수준으로 낮춰야 하는 상황을 뜻한다.

각종 비즈니스 계획이나 제안서를 보면 사람들은 '가치 창출'만 고민하는 것 같다. 그들은 자신들이 세운 계획의 특징이 무엇인지 강조하며 고객들이 그 제품을 좋아하고 구매하게 될 이유를 내세운다.

하지만 두 번째 항목인 가치 유지를 염두에 두는 사람은 거의 없다. 그것까지 신경 쓸 여력이 어디에 있겠는가? 가치 창출 능력을 계속 보유하게 해주는 힘, 더 나아가 경쟁사가 지금 당장 당신의 아이디어나 상품을 모방하지 못하도록 보호해 주는 것이 나에게 있긴 있단 말인가?

이제 갓 비즈니스를 시작한 경영인에게는 매우 까다로운 문제다. 지금 당장은 해답이 없어도 괜찮다. 남들도 잘 모르는 것 같은데 내가 꼭 이 문제를 고민해야 할 이유가 있을까? 그렇다. 당장은 그렇지 않아도 앞으로 1~2년 내에는 반드시 해결책을 강구해야 한다. 그렇지 않으면 비즈니스다운 비즈니스를 지속할 수 없다.

따라서 특허나 브랜드, 상권만이 '모조품을 만들기 어렵게 만드는 보호책'이라고 생각해서는 안 된다. 기업이 특별히 노력한 또 다른 요소도 그와 동일한 효과를 낼 수 있다. 수년간 연구한 결과 모조품을 방지하는 가장 효과적인 요소는 의외로 평범했다. 그것은 바로 기업의 경쟁 우위다. 사실 해당 기업의 경영주도 어떻게 해서 그런 우위를 손에 넣었는지 모르기 때문이다.

이것은 바로 '인과관계의 모호성'이라고 부른다. 말도 안 되는 표현처럼 보이지만 우리 주변에서 자주 볼 수 있다. 어떤 기업은 경쟁사보다 적은 비용으로 제품을 생산하며 또 다른 기업은 제품 홍보 및 매출에서 강세를 보인다. 생산 공정의 불량률이 현저히 낮은 공장도 있다. 그러나 그 비결을 스스로 아는 기업은 하나도 없다.

인과관계의 모호성 때문에 어느 기업도 자기가 경쟁사를 앞서는 힘의 근원이 무엇인지 알지 못한다. 그러나 걱정할 필요는 없다. 그게 오히려 다행스러운 일이기 때문이다. 본인도 잘 모르는 일이라면 경쟁사가 함부로 모방할 가능성은 걱정할 필요가 없다.

# 기업 복제—승리의 공식을 바꾸는 방법

어떤 기업이 (우수한 경영실적을 기록하며) 특정 분야의 경쟁 우위를 선점하면 분명히 지구 반대편의 또 다른 기업이 모방하려 할 것이다. 그러나 말이 쉽지 정작 성공한 기업도 모르는 이유를 파악하기란 불가능하다. 설령 그 이유를 찾아낸다 해도 외국 환경에 그대로 적용해서 성공하리라는 보장은 없다.

몇 가지 예를 생각해 보자. 해외 시장에 진출했으나 현지 환경에 제대로 적응하지 못해서 망신을 당한 기업은 한두 개가 아니다. 제품이나 영업 방식, 브랜드를 적절히 바꾸지 않은 것이 화근이었다. 유나이티드 항공United Airlines은 늘 하던 대로 홍콩발 기내에서 승객들에게 흰 꽃을 나누어 주었다. 하지만 홍콩인들에게 흰 꽃은 죽음과 불운의 상징이었다. 인도 기업인 M.P. 빈 프로덕트M. P. Been Product는 내수 제품에는 하나도 빠짐없이 만자卍字를 인쇄했다(이 기호는 극동 지방의 여러 국가에서 행운을 상징하는 것으로 여겨진다). 하지만 이 방법은 독일에서 출시한 필스너에서는 통하지 않았다. 사실 일본 관광회사인 킨키 니폰Kinki Nippon 여행사는 해외에 처음 진출했을 때 이 방법을 사용했다가 달갑지 않은 손님들이 몰려서 혼쭐이 났다.

이 문제는 시간이 흘러도 끝날 줄 모른다. 코카콜라는 1920년대에 중국 시장에 진출했으나 냉담한 반응에 어찌할 바를 몰랐다. 코카콜라라는 브랜드 이름을 음역한 것이 중국어로 "밀랍 올챙이를 깨물어라."가 된다는 것을 한참 동안 몰랐기 때문이었다. 과거로 더 거슬러

올라가면 1857년 영국 동인도 회사의 실수담을 들을 수 있다. 당시 동인도 회사는 돼지의 지방으로 감싼 총알을 인도 군인에게 지급했다. 현지 인도인들은 종교적인 이유로 돼지고기를 먹지 않았기 때문에 총알을 장전하려면 지방으로 봉한 부분을 입으로 물어뜯느니 차라리 군을 떠나겠다는 군인들이 속출했다.

> 복제란 현지 사정에 맞추는 것이 아니라 처음부터 뭔가 바꾸려고 시도하지 않는다는 의미다. 우선 기업의 기존 방침을 그대로 복제한 다음에 차차 주변 환경에 적응하면서 한 번에 하나씩 조절하면 된다.

이러한 실패 사례를 통해 우리는 한 가지 중요한 교훈을 얻는다. 그것은 바로 "제발 현지 상황에 맞추려고 노력하라."는 것이다. 새로운 시장에 진출했다면 그곳의 환경에 적응해야 살아남을 수 있다.

이러한 사례도 의미가 있지만 나는 하나부터 열까지 현지에 맞추는 것이 과연 현명한 결정인가라는 의구심을 버릴 수 없다.

기업은 굉장히 복잡한 조직이다. 각 기업이 보유한 비즈니스 모델도 눈에 보이는 요소에 더하여 수많은 추상적인 요소가 더해진 것이다. 그래서 어떤 기업이 성공한 이유를 정확히 설명하기란 거의 불가능하다. 그 기업에 근무하는 직원도 할 말이 없기는 마찬가지다. 상승세를 누리는 사우스웨스트 항공을 한 번 생각해 보자. 신속한 물류체계와 업무 처리 절차, 항공사 및 부품과 연료 표준화 추진, 안정한 기업 문화, 리더십 스타일, 신입사원 채용 과정 중 어느 것이 성공 비결일까? 정답은 아무도 모른다. 아마 앞서 이야기한 요소가 모두 합쳐져서 이런 성과를 낸 것이 아닐까?

스타벅스는 또 어떠한가? 우수한 원료와 커피를 맛있게 내리는 비결, 서비스 교육을 잘 받은 직원들, 매장의 인테리어와 분위기 때문에 이렇게 승승장구하는 것일까? 역시 정답은 아무도 모른다. 단지 크고 작은 요소가 한데 모여서 놀라운 경쟁력을 창출한 것이라 추론할 수밖에 없다.

이처럼 복잡한 기업의 경우 한두 가지 요소만 달라져도 어떤 변화가 일어날지 쉽게 예측할 수 없다는 문제가 있다. 모든 요소가 상호작용을 하기 때문에 자칫하면 전혀 예상치 못한 방향으로 엇나가버리거나 해결책은커녕 무엇이 문제인지도 파악할 수 없는 상황이 벌어질지 모른다.

이에 인시아드의 가브리엘 스줄란스키 교수와 펜실베이니아 경영대학원의 시드 윈터 교수는 '복제'를 적극적으로 추천한다. 현 상황에 맞게 조절하려고 궁리하기 전에 일단 기존의 자기 모습을 그대로 복제하는 것이다. 그 다음에 차차 주변 환경에 적응하면서 한 번에 하나씩 조절하면 된다.

스타벅스 이야기로 다시 돌아가 보자. 창립자인 하워드 슐츠Howard Schultz는 이탈리아의 에스프레소 바를 모델로 삼아 이를 완벽하게 재현하려 했다. "스타벅스? 이탈리아 에스프레소 바와 비슷한 구석이라고는 눈을 씻고 찾아봐도 없는데?"라고 반문할지 모른다. 지금은 많이 다르지만 시애틀에서 문을 연 1호점은 이탈리아에 있는 커피전문점을 그대로 옮겨놓은 것 같았다. 직원들은 모두 나비 넥타이를 매고 있었고 오페라 음악이 흘러나왔으며 저지방 우유가 아닌 전지 우유를 사용했고 커피점 안에는 앉아서 마실 공간을 마련하지 않았다. 일단 문을 연 지 한참 후에야 하워드는 시행착오를 겪어가며 한 번에 하나씩 변화를 시도했다. 가게 문을 열자마자 머리부터 발끝까지 뜯어고치려 했다면 지금의 스타벅스는 존재하지 않았을 것이다.

여기서 말하는 '복제'란 현지 사정에 맞추는 것이 아니라 처음부터 뭔가 바꾸려고 시도하지 않는다는 의미다. 처음부터 현지의 요구 조건에 모두 맞추려고 하면 탈이 나기 쉽다. 그보다는 욕심을 버리고 조심스럽게 행동해야 한다. 우선 기업의 기존 방침을 그대로 복제한 다음 어느 정도 적응 기간을 거쳐서 필요한 부분을 차츰 바꿔야 한다. 그러면 로마에 있는 커피전문점과는 전혀 닮은 구석이 없어도 고객의 사랑을 듬뿍 받는 커피전문점을 운영할 수 있다.

## 인수합병 전문가를 해고해야 할 때

기업은 매우 복잡한 조직이므로 무모한 변화를 금물이다. 특히 해외 시장에 진출할 때에는 빨리 적응해야 한다는 강박관념을 버려야 한다. 세계 어느 곳에서나 환영받는 비즈니스 모델은 이 세상에 없다. 그러므로 현지의 특징을 잘 분석한 다음, 그곳에 적응하여 지속적으로 사업을 확장하는 방향으로 변화를 모색해야 한다. 기업인수도 절차가 복잡하고 매번 특색이 다르다는 면에서 이와 비슷하다.

얼마 전에 기업 인수를 주제로 여러 분야의 CEO들 앞에서 프레젠테이션을 하게 되었다. 프레젠테이션의 주제는 기업 인수의 목적에 따라 각 거래의 특징이 크게 달라진다는 점이었다. 나는 (한 가지 방법을 고집하며) "이렇게 하셔야 인수 후에 문제가 없습니다."라고 말하는 컨설턴트는 일말의 주저 없이 해고하라는 말로 프레젠테이션을 마무리했다. 원래 기업 인수는 목적이나 성격이 각기 다르기 때문에 매번 방법을 달리할 수밖에 없다. 그런데 '만병통치약' 과 같은 방법이 있다고 주장하는 사람이 있다면 일찌감치 쫓아내는 것이 낫다.

하지만 다음 발표자가 '기업 인수에서 기억해야 할 점' 이라는 주제로 화려한 파워포인트 자료를 준비했을 줄 상상도 하지 못했다. 그녀는 난감한 표정을 감추지 못했다. 사실 그녀의 기업이 바로 모임의 협찬사였기에 나 역시 가시방석에 앉은 기분이었다.

그래도 내 말을 철회할 생각은 전혀 없었다. 어떤 경우에는 기업 간의 통합을 통해 설비 과잉over capacity(생산설비의 공급능력이 현실 수요를 웃돌아 생산설비의 가동이 적정수준을 밑도는 상태—옮긴이) 문제를 해결하고 해당 분야의 경쟁력을 높이기 위해 기업 인수를 시도할지 모른다(독일의 자동차 및 자동차부품 제조회사 다임러Daimler와 크라이슬러의 합병이 대표적인 사례다). 그런가 하면 여러 기업이 비교적 자율적으로 활동하는 동시에 힘을 모으는 것이 유리할 때에는 단결하는 방식도 있다(수십 개가 넘는 지방 신문사를 통합시킨 존스턴 프레스Johnston Press의 사례가 여기에 해당한다). R&D 부서를 대신할 기업을 인수하는 경우도 있다(실제로 시스코는 실리콘 밸리의 벤처 기업을 수십 개 이상 인수했다). (하이네켄이 해외 시장의 맥주 공장을 사들인 것처럼) 기업 인수를 통해 신제품이나 지리적 표적 시장으로 영역을 넓히는 경우도 있고 (다양한 분야에 자회사를 보유한 비아콤처럼) 분야를 따지지 않고 영역을 확대하기도 한다. 인수 후에 모든 기업을 똑같이 대하면 문제가 없으리라 생각하는 것은 몰라도 너무 모르는 소리다.

어느 경우이든 간에 '효율적인 커뮤니케이션 계획'을 마련하여 '통합 절차에 문제가 없도록 만전을 기하고', '쓸데없이 과도한 프리미엄을 지불하지 않도록' 해야 한다. 그러나 이런 식의 조언은 매일 듣는 어머니의 잔소리처럼 한 귀로 흘려듣게 된다. '대충 해도 괜찮다', '프리미엄을 듬뿍 얹어줘라', '커뮤니케이션 계획 따위는 중요하지 않다'는 식으로 막말하는 컨설턴트(또는 경영전략 교수)의 말에 아무도 귀를 기울이지 않는 것과 같은 이치다.

그렇다면 기업 인수는 어떻게 하면 좋을까? 우선 기업 인수의 목적이 분명해야 한다. 다시 말해서 그 기업을 인수하려는 이유를 곰곰이 따져보라. 그 기업을 손에 넣으면 어떤 이득이 생기는가? 이 점을 분명하게 한 다음, 그대로 유지하거나 통합시킬 부분, 수정하거나 제거할 부분을 계획해야 한다. 실제로 한 번 해보면 그 다음에는 커뮤니케이션 계획이나 통합 방식 및 프리미엄 액수를 잘 조절할 수 있다. 또한 "어느 컨설턴트의 말에 귀를 기울여야 할까?"에 대한 대답도 차차 명확해질 것이다.

# 문제가 모두 문제는 아니다

기업 인수는 잠시 접어두고 다른 이야기를 하나 소개할까 한다. 얼마 전, 방금 기업 인수를 마무리한 어떤 경영주와 이야기를 나눌 기회가 있었다. 그는 '기업 통합의 후유증'을 논하면서 이렇게 말했다. "후유증을 말끔히 해결하는 방법을 찾았어요. 기업을 인수하자마자 빨리 기존 체계에 온전히 흡수하면 돼요." 실제로 그는 기업을 인수하자마자 인수 기업의 직원들을 다른 부서로 흩어버리거나 새로운 사무실로 발령내 버렸다.

그로부터 얼마 지나지 않아서 (M&A를 맡은) 또 다른 기업 중역을 만나게 되었다. 그 역시 '기업 통합의 후유증'에 대해 이렇게 말했다. "저도 나름대로 대처 방안이 있습니다. 간섭하지 말고 가만히 내버려 두면 다 해결되더라고요." 그는 기업을 사들이기만 할 뿐 그 후로는 통합된 기업 전체가 어떻게 돌아가든 각 부서의 자율성에 맡겨 두었다.

그렇다면 누가 옳고 누가 그른 것일까? 나는 굳이 시시비비를 따지고 싶지 않다. 둘 다 옳을 수도 있고 그를 수도 있기 때문이다.

두 가지 전략의 공통점은 기업 통합으로 지나친 긴장감이 형성되지 않게 하며, 가치 창출을 전혀 하지 않는 것이다. 두 기업을 통합하기 전과 비교할 때 새로운 가치를 창출하려면 실질적인 통합이 이루어져야 한다. 그렇지 않으면 여러 회사의 주식을 사들이는 일반 주식 투자자들과 다를 바가 없다(한 가지 다른 점이 있다면 별것 아닌 기업을 얻으려고 터무니없이 비싼 값을 치른 것이다). 이와 마찬가지로 두 기업을 완전히 섞어버리면 새로운 가치를 창출할 잠재력이나 가능성이 완전히 짓밟힌다. 새로운 가치는 기업의 규모를 키울 때 만들어지는 것이 아니라 두 기업의 개성과 경쟁력에서 비롯되기 때문이다. 이를 무시하면 (프리미엄은 고사하고) 시간과 노력을 들여서 기업합병을 추진한 의미를 전혀 찾을 수 없다.

화학회사 시바가이기Ciba-Geigy와 제약회사 산도즈Sandoz가 만나서 노바티스Novartis가 탄생하자 CEO가 된 다니엘 바셀라Daniel Vasella는 새로운 기업 창출을 목표로 하는 통합 프로그램을 발표했다. 이 프로그램은 거의 모든 면에서 기존의 두 회사와 전혀 다른 특징을 추구했으며 1년도 되지 않아서 노바티스의 주가를 두 배 이상 높였다. 합병을 통해 탄생한 제약회사인 아벤티스Aventis의 전前 CEO인 이고르 란다우Igor Landau 역시 이렇게 말한 바 있다. "성공 비결은 두 회사를 덧붙이는 데 만족하지 않고 새로운 기업으로 재탄생하려는 의지입니다. 새로운 가치를 창출하지 못하면 모든 것이 수포로 돌아갈 수밖에 없다고 생각했습니다."

기업인수가 무조건 나쁜 것은 아니다. 기존의 두 회사가 각자의 힘으로는 해낼 수 없었던 새로운 가치를 창출할 때에는 득이 될 수 있다. 하지만 둘 중 하나를 완전히 분산시켜 버리거나 알아서 하도록 방치하는 등 (기업 통합의) 후유증을 무조건 회피해서는 안 된다. 이런 경우야말로 정면 돌파 외에는 해결책이 없다. 지금은 힘들어도 이 과정을 견디면 앞으로 기업 전체가 활기를 되찾아 더 건실하고 유망한 기업으로 성장할 것이다.

## 변화를 위한 변화

잘만 하면 기업 인수를 통해 성공의 덫에서 벗어나거나 아예 빠지지 않도록 보호받을 수 있다. 이미 성공의 덫에 걸렸다면 적잖은 고통을 감수하며 힘겨운 사투를 벌여야 한다. 구조조정도 이와 비슷한 효과가 있다. 아니 기업 인수보다 더 효과가 나을지 모른다. 인생을 살다 보면 누구나 한 번쯤 구조 조정에 맞먹는 변화를 겪지만 그 순간을 즐기는 사람은 거의 없다. 당시에는 언제 이 소용돌이가 끝날지, 왜 이런 일을 겪어야만 하는지 이해하기 어렵다.

당신이 근무하던 기업이 아무런 이유 없이 구조조정을 선언한 적이 있는가? 나는 그런 일을 겪었다. 아주 오래전에 '전략' '운영' '인사' 등으로 부서를 구분해 놓은 컨설팅 기업에서 근무한 적이 있었다. 어느 날 갑자기 그 기업에서 산업 분야별로 부서를 재구성하겠다고 선언했다. 그래서 우리는 일용소비재, 공기업 및 정부관련 업무, 중장비 산업, 전문 서비스 등 새로운 부서에 배치되었다.

직원들이 이유를 물으면 회사 측은 같은 분야에 종사하는 고객을 대하는 것이 컨설턴트에게 훨씬 편리하다며 그들을 설득하려 할 것이다. 그러면 직원들은 불만 가득한 얼굴로 고개를 젓거나 동료 컨설턴트와 눈을 맞추며 한숨을 쉬었을지 모른다.

그때 나는 '원래 방식대로 부서를 유지하는 것이 훨씬 더 나은 이유가 분명히 있을 텐데.' 라는 생각을 떨칠 수 없었다. 대부분 기업은 변화하지 않는 편이 훨씬 유리하다. 일례로 은행이 지역을 기준으로 부서를 구분하는지 생각해 보라. 어차피 같은 나라에 사는 고객이지만 때로는 모든 업무를 총괄할 책임자가 필요하다. 한편, 상품의 종류에 따라 은행 구조를 바꾸면 어떻게 될까? (세계 어느 나라이든) 같은 상품을 만드는 사람들끼리 서로 도와주고 협력하는 게 바람직하다. 그처럼 은행도 고객의 종류에 따라 구분하면 효율적이라는 주장을 제기할 수 있다. 거래 규모가 큰 고객은 관심이 가는 은행 상품이 달라져도, 심지어 해외 여행을 가거나 이민을 떠나도, 자기와 친숙한 담당자와의 거래를 선호할 것이다.

그래서 산업 분야별로 재구성하는 편이 훨씬 낫다는 것이 타당하지 않다면 원래대로 부서를 편성하는 것이 더 바람직하다고 굳게 믿었다. 까닭 없이 대규모 기업의 수많은 직원을 이리저리 끌고 다니는 것은 무의미하게 보였다.

하지만 지금은 생각이 완전히 달라졌다. 이제는 (주기적으로) 명확한 이유가 없어도 수많은 직원을 이리저리 끌고 다니는 것이 꼭 필요하다고 생각한다.


무슨 말인지 의아해 하는 사람이 있을 것이다. 구조조정을 이루는 과정에서 새로운 가치가 창출된다는 점은 아마 몰랐을 것이다. 직원들은 사내의 다른 부서 사람들과 협조해야 하듯이 (세계 전역을 불문하고) 동일한 제품을 생산하는 다른 기업의 직원들이나 자기와 비슷한 자리에 있는 직원들과도 협조해야 한다. 한편, 경영주는 어떤 기준으로 구조조정을 할 것인지 결정해야 한다. 불가피하게 역할에 따라 부서를 조직했다면 직원들은 여러 해 동안 함께 근무하면서 같은 부서 사람들과 긴밀한 유대를 형성했을 것이다. (같이 보내는 시간이 늘어날수록) 부서원의 영향을 많이 받으며 심지어 배타적인 성향이 생길지 모른다. 이렇게 되면 같은 기업에 근무하는데도 다른 부서 사람들에 대한 배려심이 사라지거나 그들에게 무관심해질지 모른다.

경영주로서 이런 문제를 미연에 방지하려면 자주 부서 배치를 바꿔야 한다. 서로 헤어지기 싫어하는 눈빛에 마음이 동요되어서는 안 되고, 새로운 기준으로 부서를 편성하여 모든 직원을 재배치해야 한다. 처음에는 다들 입을 꾹 다물거나 불평을 늘어놓을지 모른다. 새 부서 직원들은 예전 동료들보다 못하다며 옛날이 그립다고 투덜거리는 사람도 있을 것이다. 부서를 재편성한 이유가 바로 그런 생각을 깨뜨리려는 것인데 말이다.

일단 새로운 환경에 적응되어 예전 부서원들을 아예 찾아가지 않거나 부서 이외의 사람들에게 배타적인 태도를 보이기 시작하면 또 한 번 조직을 개편해야 한다. 이렇게 해도 몇 년 정도는 기존 부서 사람들과 인맥이 유지되며 기존 부서의 업무 태도나 방식 등을 그대로 보유한 상태에서 새로운 부서의 문화를 흡수한다. 즉, 직원들이 두 가지 부서를 모두 수용하여 더 그릇이 큰 인재가 되므로 회사에는 반가운 일이다. 단, 이들이 새로운 자리에 또다시 안주하려는 낌새가 보이면 또 한 번 변화를 단행해야 한다.


## 변화하는 편이 훨씬 낫다

대부분 기업은 외부 환경이 달라져서 기존의 기업 구조가 더 이상 무의미할 때에만 개편을 결심한다. 하지만 내가 보기에 그들이 변화를 시도해야 할 이유는 훨씬 더 많다. 일례로 비공식적인 네트워크와 각 부서를 초월하는 통합적인 시각을 형성하기 위해 변화가 필요하다. 비공식적인 네트워크와 공식적인 네트워크가 서로 보완 효과를 나타내면 기업의 고질적인 문제인 비협조적 태도를 극복할 수 있다. 평소에 다른 부서 사람들과 의사소통을 원활하게 하지 않으면 그들을 깊이 이해할 수 없기 때문에 그런 문제가 발생한다.

사실 수많은 기업이 구조 조정을 감행하는 것을 지켜보면서 변화가 필요한 이유를 더 많이 알게 되었다. 그중 너무 늦기 전에 권력의 편중화 현상을 해결하고 기업의 변화 적응력을 발전시켜야 한다.

각 사람이나 부서마다 영향력, 즉 권력의 범위가 전혀 다르다. 공산주의처럼 모든 부서나 직원이 평등할 수 없으므로 이 자체는 문제가 될 수 없다. 하지만 연구 결과에 나와 있듯이 권력은 이미 권력이나 영향력을 가진 사람에게 더욱 편중되는 경향이 있다. 따라서 필요 이상의 권력을 갖는 사람이 생긴다. 유명한 CEO나 성공가도를 달리는 기업은 너무 늦기 전에 이러한 권력 구조를 빨리 변경한다. 그들은 힘의 배분에 문제가 생겨서 회사가 무너지기 전에 행동한다.

그뿐 아니라 (직접 경험한 적도 있겠지만) 시간이 지나면 기업은 경직되고 무력해지는 경향이 있다. 사람처럼 기업도 끝까지 한결같은 마음과 열정을 유지하기 어려운 모양이다. 따라서 구조조정을 통해 가끔 정신을 맑게 하는 것이 기업의 전반적인 적응력과 새로운 가치를 창출하고, 변화에 대처하는 힘을 기르는 데 도움이 된다. 사실 이것이 바로 성공 비결이자 무한경쟁에서 살아남는 생존 비결이기도 하다.

하지만 지금까지 살펴본 내용이 최선의 방책은 아니다. 가장 중요한 점은 바로 균형을 유지하는 것이다. 모든 것이 그렇듯이 지나치면 독이 된다. 꼭 그래야 할 이유가 없다면 변화하지 않는 편이 낫다는 편견은 어떻게 되었는가? 그것은 책임을 전가해 보려는 핑계에 불과하다. 변화하는 과정 속에서 새로운 가치가 창출되므로, 변화하면 절대로 안 되는 이유가 없는 이상 변화하는 편이 훨씬 낫다!

## 계속 변화를 추구하는 사람

기업 경영 및 정기적인 구조조정이 가져오는 이점을 연구하던 중에 알 웨스트Al West라는 사람을 인터뷰한 적이 있다. 그는 정말 사나이 중의 사나이였다. 그는 펜실베이니아 주 옥스Oaks에 본사를 둔 투자

서비스 기업 SEI의 창업주로, 매년 40%가 넘는 수익 성장률을 기록하고 있었다. 하지만 그것 외에도 알 웨스트를 빛나게 하는 이유가 있었다. 그것은 바로 그의 경영 방식이었다.

인터뷰 일정을 정하려고 비서의 연락처를 요청했더니 자기는 비서가 없다고 말했다. 알고 보니 사무실로 정해놓은 곳도 없었다. 그를 직접 만나려고 런던 지사에 가서 알 웨스트를 만나러 왔다고 하자 안내데스크의 여직원은 이렇게 대답했다. "네, 알 웨스트라고요? 우리 회사에 그런 분이 있는지 모르겠네요. 확인해 보겠습니다." 그는 독재주의나 남성우월주의를 내세우는 전형적인 CEO와는 거리가 멀었다.

무엇보다도 알 웨스트에게 강한 인상을 받은 이유는 그가 '계속 변화를 추구' 하기 때문이다. 사실 바로 그 때문에 나는 그를 직접 인터뷰하고 싶었다. 직원들의 이야기를 들어보니 알 웨스트는 기업 구조나 인센티브 제도, 의사결정 절차 등 기업을 끊임없이 재정비했다. 그런데도 한 번도 만족스러운 표정을 짓거나 변화를 그만둘 의향을 보인 적이 없었다고 한다. 그것이 바로 SEI의 성공 비결일지 모른다는 생각이 머릿속을 스쳤다.

1990년에 그는 스키장에서 다리를 다쳐 입원하게 되었다. 꼬박 3개월간 병원 신세를 졌으며 회사로 돌아온 후에는 아무 탈 없이 잘 돌아가는 회사를 대대적으로 정비해 나갔다. 직원들은 "지금 모든 게 잘 돌아가는데 왜 바꾸는 거야? 그동안 병원에서 어지간히 심심했나 보군. 침대에 누워서 어떻게 회사를 바꿀지 궁리했나 봐. 시간이 지나면 잠잠해지겠지." 그러나 알 웨스트의 시도는 아무리 시간이 흘러도 멈출 기미를 보이지 않았다. 그는 주기적으로 회사를 뒤엎다시피했다.

그는 자기 회사가 편안하게 안주하는 것을 원하지 않았다. 그 덕분인지 SEI는 지금까지 수십 년 동안 꾸준히 상승세를 기록하고 있다. 매년 40%의 성장률을 유지하는 것은 전례를 찾아보기 어려운 일이다. 한편, 알 웨스트는 기업 인수에 한 눈을 파는 일이 없다(그런 성장은 조직 관리에 방해가 된다고 여기기 때문이다). 성공을 거두면 기고만장하거나 성공의 덫에 걸려서 서서히 경직되는 기업이 많지만 SEI는 변함없이 성장과 혁신을 거듭하고 있다.

그렇다면 기업이 성공을 거두다가도 결국에는 문제를 겪는 이유는 무엇일까? 시간이 흐를수록 사고가 편협해지고 자기 방식만 주장하기 때문이다. 이렇게 되면 환경에 많은 변화가 생긴다. 하지만 알 웨스트는 SEI에 끊임없이 변화를 기하여 한 가지 방식에 집착하지 못하게 했다. 또한 기업 내에서 실권이 있는 개인이나 무리는 시간이 지날수록 영향력이 더 강해진다. 사실 그들이 인사 문제, 예산 집행, 자원 배분 등에 직접 관여하기 때문이다. 이렇게 사내 권력이 한쪽으로 편중되면 기업에 해가 된다. 그런데 SEI 직원들은 그 정도로 결정권을 거머쥘 시간이 없다. 알 웨스트는 결단코 그런 현상을 방관하지 않았다.

나와 친분이 두터운 파니시 푸라남과 란제이 굴라티Ranjay Gulati도 시스코의 주기적인 구조조정을 연구한 끝에 동일한 결론에 이르렀다. 시스코는 여러 차례 단행할 구조조정으로 인해 부서 간 협력을 독려하는 문제 때문에 겪던 미묘한 어려움을 효과적으로 해결했다. 어느 기업을 보더라도 직원들이 자기가 속한 팀이나 부서에만 집중하는 현상이 두드러진다. 그들이 사물을 판단하는 시각이나 인간관계 및 주요 관심사가 모두 소속된 부서 위주로 이루어지는 것이 문제다. 그러나 시스코는 정기적으로 부서를 바꾸기 때문에 직원들은 항상 새로운 시각을 갖게 되고 다른 부서와 적극적으로 협조하는 법을 배운다. 물론 예전에 함께 일하던 부서원들과의 유대 관계도 그대로 이어지므로 회사 측은 일거양득의 효과를 얻는다. 니커슨 교수와 젠거Zenger 교수 역시 휴렛-팩커드가 집권화와 분권화를 주기적으로 반복하여 비슷한 결과를 얻었다고 알려준다.

하지만 직원들에게는 (이유를 알려주지 않으면) 정기적인 변화가 스트레스로 다가올 수 있다. ("우리 모두 열심히 근무하고 있잖아. 왜 바꾸려 하는 거지?") 그러나 종국에는 이러한 변화가 더 큰 문제를 방지한다.

앞의 내용은 1장에서 소개한 대로 큰 성공을 거두는 기업일수록 어떤 식으로 전략을 세우는가와 밀접한 관련이 있다. 성공하는 기업의 전략은 조금의 융통성도 용납하지 않는 결정 사항이 아니라 기업 내부에서 자연스럽게 형성되는 것이다. 이 세상에 불확실성에서 자유로운 기업은 하나도 없다. 모든 것이 안개에 가린 듯 불확실한 상황에서 어느 기업이 모든 일을 다 예측하여 척척 들어맞는 계획을 세울 수 있겠는가? 그러나 어느 정도 믿을 만한 방식으로 기업을 조직하되 이를 반복함으로써 기업을 올바른 방향으로 이끌 수 있다.

## 혁신 네트워크에 경쟁사와 고객을 포함시켜라

비즈니스 세계는 이처럼 불확실한 상황에 둘러싸여 있기 때문에 기업도 지금까지 살펴본 것처럼 불확실성을 염두에 두고 행동해야 한다. 그러나 기업 구조를 관리하는 방식에 대한 문제는 기업 내부만이 아니라 혁신 네트워크를 통해 외부 세상과 어떻게 소통하는가와 관련 있다.

내가 관찰하거나 연구한 바에 의하면 혼자 힘으로 혁신하는 것이 어렵다고 느끼는 기업이 갈수록 늘어나고 있다. 진정한 의미의 혁신에는 방대한 양의 능력과 지식, 통찰력이 요구되지만, 단일 기업으로서 그런 요소를 모두 갖춘 경우는 극히 드물다. 따라서 전혀 새로운 것을 창출하고 싶다면 기업 외부로 눈을 돌리는 것이 바람직하다.

바로 여기에서 '혁신 네트워크' 라는 개념이 성립한다. 다른 기업의 지식이나 기술을 빌려 쓰거나 자기업의 자원과 결합시켜서 어느 기업도 혼자 힘으로는 해낼 수 없는 결과를 창출하는 것이다. IBM은 매우 조직적인 방식으로 혁신 네트워크를 통해 꾸준히 변화를 해나가고 있다. IBM은 특정 프로젝트를 정한 다음 관련 분야의 동업자를 찾아서 적극적으로 협력한다. 경쟁사와 손잡을 때도 있고 자기 분야와 전혀 무관한 분야의 기업에 손을 내밀기도 한다. 멀티미디어 프로세서를 개발하는 세포 칩Cell Chip 프로젝트에서는 소니, 도시바, 알바니 나노테크 센터Albany Nanotech와 협력했고 휴대전화 칩의 제조 공정을 설계하는 파운드리Foundry R&D 프로젝트에서는 차터드Chartered, 인

피네온 Infineon, 삼성, 프리스케일 Freescale, ST마이크로전자 STMicroelectronics를 선택했다. 이 밖에도 다양한 파트너 기업과 함께 여러 가지 프로젝트를 진행하고 있다.

한편, 기업 내부에 국한되는 네트워크도 있다. 앞서 살펴본 런던의 새들러스 웰스 극장은 파격적인 현대 무용을 창작하는 기업인데도 전속 오케스트라나 발레단이 없다. 그 대신 자연스럽게 인맥을 맺기 어려운 무용가들을 서로 소개해 줘서 새로운 현대 무용 작품이 탄생하도록 유도한다. 극장 측은 무용가들이 한자리에 모일 수 있는 자리를 마련해 주며 즉흥 공연을 기획하거나 머리를 맞대고 의논할 수 있는 공간과 예산을 지원한다. 또 여러 무용가의 재능과 기술을 하나의 작품으로 승화시키도록 필요한 시설을 제공하거나 적절한 조언도 아끼지 않는다. 단, 작품이 완성되면 새들러스 웰스에서 초연해야 한다.

그러나 내가 본 내부 혁신 네트워크의 사례 중에서 혼비와 스케일엑스트릭이 가장 인상적이었다. 혼비는 모형 기차와 스케일엑스트릭이라는 슬롯카(장난감 경주용 차) 경주용 트랙을 생산하는 영국의 유명 장난감 제조업체다. 이 회사는 소프트웨어 개발자와 디지털 전자회사와 공식적으로 협력 관계를 맺어서 가상 기차 운영체제와 디지털 슬롯카 경주 트랙을 개발하는 데 도움을 얻는다(디지털 경주 트랙에서는 경주차 여러 대가 달리면서 앞차를 추월할 수 있다. 여가수에 대한 환상을 제외하고 남학생들이 가장 동경하는 것이다). 또 혼비는 비공식적인 네트워크도 잘 정비되어 있다. 사실 최근에 선보인 증기기관차도 바로 비공식적인 네트워크에서 아이디어를 얻은 것이다. 여기서 말하는 증기기관차란 모양만 본뜬 것이 아니라 실제 증기로 움직이는 것을 말한다(이 모형 기차는 소매가가 자그마치 350파운드다). 조그마한 휘슬러는 전기가 아니라 실제 증기로 작동한다. 흥미로운 점은 이런 아이디어를 낸 경위다. 사실 이것은 직원이 아니라 고객의 아이디어였다. 그들은 웹사이트, 수집가들의 모임 결성, 토너먼트 개최 등 다양한 방법으로 수집가들과 긴밀한 관계를 유지했다. 그 덕분에 실제 증기기관차의 모형을 제작한 사람을 알게 되었고, 그를 찾아가서 제작법을 배웠다고 한다.

얼마 전에 혼비의 CEO인 프랭크 마틴을 만나려고 마게이트Margate에 갔다가 내부 혁신을 위한 네트워크의 가장 좋은 사례를 알게 되었다. 그는 사무실에 있던 슬롯카 경주용 트랙을 가리키며 이렇게 말했다. "이번에 새로 제작한 최신 트랙입니다. 실제 트랙과 거의 흡사하지요? 또한 모형차가 미끄러지지 않습니다. 스페인에 있는 어느 경쟁사에서 제작한 것인데 우리에게도 하나 보내주었지요." "네? 경쟁사에서 이런 것을 만든다고요? 어떻게 그런 기술을 얻었나요? 우연히 성공한 것이 아닌가요?" "아닙니다. 그쪽에서는 새로운 제품을 개발하면 우리에게 샘플을 보내줍니다. 우리도 그렇게 하고 있습니다."

나는 경쟁사와 그런 관계를 유지하는 것은 말이 안 된다고 이야기하고 싶었지만 그는 들으려 하지 않았다.

이렇게 신기술로 만든 제품의 샘플을 교환하기로 구체적인 약속을 하거나 정식 계약을 맺은 것은 아니었다. 그렇지만 그의 설명을 듣고 나니 모든 것이 이해가 되었다. 그는 "우리가 이룬 혁신을 경쟁사가 못 보게 꽁꽁 감출 수도 있지만 서로 공유하는 편이 양쪽 모두에게 이득이 됩니다."라고 말했다. 각자 숨기기에 급급했더라면 아무것도 얻을 것이 없지만 서로 손을 잡으면 시장의 규모도 커지고 결국 양쪽 모두 유익한 결과를 얻게 된다.

이것은 굉장히 독특한 혁신 네트워크다. 오로지 호혜성과 신뢰에 따라 경쟁사 및 고객을 혁신 네트워크에 포함하는 것이다. 그런데 혼비의 경우 이 방식이 제대로 효과를 발휘하고 있다. 지난 몇 년 사이에 혼비의 주가가 5배 이상 상승한 데에는 분명히 혁신 네트워크가 기여한 바가 크다. 어느 분야든 어떤 기업이든 혁신을 가볍게 생각해서는 안 된다. 그러므로 혼자 힘으로 혁신을 이루겠다는 지나친 자신감은 빨리 버려야 한다.

## 회전하는 고객―맥킨지 효과

눈치가 빠른(똑똑하다는 표현이 더 어울릴지 모르겠다) 경영인은 직접 네트워크를 만들 수도 있다. 어쩌면 직원들을 동원해서 고객 네트워크를 만드는 것도 가능할지 모른다. 후자의 방식을 바로 맥킨지 효과라 한다.

얼마 전에 나는 맥킨지에서 근무하는 컨설턴트 세 명과 점심을 먹었다. 그들은 자기네 회사 사람들이 모두 개성이 강하다며 이야기꽃을 피웠다. 그들의 열띤 대화에 귀를 기울이는 내내 나는 이렇게 생각했다. '생김새, 말투, 옷 입는 스타일에 심지어 생각하는 방식까지도 어쩜 이렇게 똑같지?' 자기들은 서로 달라도 너무 다르다고 생각할지 모르지만 외부 사람이 보기에는 아무것도 아니다. 아니, 다들 붕어빵처럼 똑같아 보일 수 있다.

몬티 파이튼Monty Python의 《라이프 오브 브라이언Life of Brian》에서 본 장면이 생각났다. 집 앞에는 브라이언의 연설을 들으려고 수없이 많은 사람이 모여 있었다. 브라이언은 창밖을 내다보면서 "여러분은 모두 다른 존재입니다."라고 소리쳤다. 그러자 군중은 미리 약속이라도 한 듯이 "맞아요, 우린 모든 달라요."라고 외쳤다. 브라이언이 "여러분 개개인은 모두 소중합니다."라고 말하자 그들은 "네, 우리 개개인은 모두 소중해요."라고 앵무새처럼 그의 말을 따라 했다.

여하튼 맥킨지를 존경하는 사람도 많지만 그들을 비난하는 무리도 많다. 개인이나 기업이 큰 성공을 거두어 유명해지면 이렇게 상반되는 평가를 받는 일이 빈번하다. 내가 존경하는 동료인 도미닉 홀더 Dominic Houlder 교수는 그들을 예수회 사람들 다음으로 가장 성공적인 종교 창시자라고 부른다. 하지만 나는 그들이 분명히 여러 가지 옳은 일을 많이 한다고 생각한다. 이를테면 맥킨지의 평균 근속연수는 3년에 불과하지만 한번 그 회사에 입사하면 평생 맥킨지 사람이 될 가능성이 크다. 회사를 떠나도 맥킨지의 영원한 졸업생으로 남을 수 있다.

이는 기업에 굉장히 유리하므로 적극적으로 장려할 만하다. 직원들 대다수가 회사를 떠난 후에도 적극적으로 회사를 옹호하고 홍보해 주기 때문이다. 일례로 맥킨지는 예전에 근무했던 사원들을 자랑스러운 옛 동료로 치켜세웠다(실제로는 엔론의 제프 스킬링이야말로 맥킨지가 가장 큰 기대를 거는 인물이라는 점은 입 밖에도 내지 않았다). 만약 이런 직원들이 나중에 창업하면 어떤 효과가 있을까? 그렇다. 그들은 맥킨지의 컨설턴트를 채용할 것이다.

맥킨지 효과의 긍정적인 결과는 파급 효과가 매우 커서 다른 기업에도 도움을 준다. 디파크 소마야, 이안 윌리엄슨, 나탈리아 로린코바Natalia Lorinkova 교수는 미국 로펌 123개와 〈포춘〉의 500대 기업으로 선정된 다양한 분야의 109개 기업 사이에 특허권 전문변호사의 이직 경로를 추적했다. 〈포춘〉이 선정한 500대 기업 중 하나가 로펌을 통해 특허권 전문변호사를 채용하면 다른 회사들도 모두 그 로펌의 문을 두드렸다. 아마 다른 분야에서도 이와 비슷한 현상이 많이 일어날 것이다.

흥미롭게도 세 교수는 반대 현상도 찾아냈다. 어떤 로펌에서 〈포춘〉이 선정한 500대 기업 중 하나에 근무하던 사람을 채용하면 두 기업 사이의 업무 거래가 더욱 늘어나는 경향을 보였다. 그뿐 아니라 어떤 로펌이 경쟁사에서 인재 하나를 데려오면 그 사람의 고객들도 줄줄이 뒤따라왔다. 고객들은 자기 변호사가 어디를 가든 새끼 오리처럼 따라다니는 것이 분명하다.

그러므로 맥킨지처럼 직원들이 이직하는 것에 너무 민감하게 반응할 필요가 없다. 거래처나 경쟁사에서 좋은 직원을 스카우트하고 싶은 마음이 있다면 상대방도 충분히 그럴 수 있다는 점을 이해해야 한다. 직원들이 짐을 싸서 나가버린다고 욕하거나 적대시하기보다는 그들과 우호적인 관계를 유지할 수 있어야 한다. 취미 활동을 함께하거나 저녁 식사에 초대할 수 있고 연말연시에 따뜻한 마음을 담은 연하장을 보내는 것도 바람직하다. 그 정도는 할 수 있지만 '내 직원이 경쟁사로 이직하는 것만은 도저히 못 참겠다.'라는 생각이 들지 모른다. 그래도 괜찮다. 그 직원 덕분에 경쟁사와 비즈니스 관계가 개선될지도 모를 일이다.

함께 일하던 직원들을 떠나보내는 일은 앞으로도 계속될 것이다. 누군가 회사를 떠나더라도 (향후) 고객이 될 여지를 남겨두기만 하면 된다. 그것이 바로 맥킨지의 성공 비결이었다. (엔론으로 간 스킬링처럼) 새로 몸담은 회사 하나를 아예 망치는 직원들도 있다. 그럴 때는 침묵을 지키는 것이 상책이다. 이 또한 맥킨지의 비결임을 기억하기 바란다.

# 08
## 연봉의 격차가 실적 향상에 도움이 된다?

# 연봉 차등화는
# 최선의
# 선택이 아니다

## 자기자본의 숨겨진 비용

도대체 상장 기업이 뭐길래 다들 야단법석일까? FTSE 지수 250을 기록한 어느 기업의 CEO에게 "상장 기업이 되면 좋은 점이 무엇인 가요?"라고 물어보았다. 그러자 그녀는 어깨를 으쓱하며 "글쎄요. 자본을 투자받을 기회가 많아지겠죠. 그것 말고는 … 딱히 생각나 는 것이 없네요."

자본 확보의 기회라면 어느 기업이든 구미가 당길 것이다. 사람들 은 CEO가 된 것으로 만족하지 않는다. 이왕이면 상장 기업의 CEO 를 꿈꾼다. 그런데 정말 상장 기업이 되면 뭐가 좋은 걸까? 물론 주 식을 팔면 돈을 벌 수 있지만 훨씬 다양한 방법으로 투자 계획을 뒷 받침할 자본을 구할 수 있다. 어쨌든 상장 기업이 되면 자본 확보에 유리하다는 점은 인정한다.

그렇지만 기업을 상장하는 데에도 비용이 든다. 투자 은행가들이 라면 자기 자본을 포함하여 자본을 늘릴 수 있는 방법들의 장단점을 자세히 설명해 줄 수 있다. 하지만 그들이 한 가지 간과한 점이 있다.

얼마 전에 나는 (스카티시 텔레콤에서 발전한) THUS의 CEO인 빌 앨런Bill Allan을 만날 기회가 있었다. 몇 년 전에 이 회사는 갑자기 FTSE 지수가 100으로 치솟았다. 그러자 펀드 매니저, 애널리스트, 투자자, 언론 기자들을 만나느라 눈코 뜰 새 없이 바쁘게 움직여야 했다. 다소 이례적인 상황이었다. 이동통신사 붐이 일어나서 THUS의 FTSE 지수가 갑자기 치솟았지만 실제로 THUS는 아무런 준비가 되지 않았다. 내가 사적으로 대화를 나누어 본 상장 기업의 CEO들은 하나같이 업무 시간의 30%를 '주식시장'에 관련된 문제(펀드 매니저, 애널리스트, 기관 투자자 및 개인 투자자)에 허비한다고 털어놓았다. 상장 기업이 아니라면 겪지 않아도 될 부담이었다.

한 번 생각해 보라. 그 정도면 엄청난 비용이 아닌가? 당신의 기업이 제대로 성장하여 이제 주식시장에 입성하게 되었다. 그때부터 CEO인 당신의 역량 중 30%는 주식시장 관리에 뺏길 것이다.

정말 그만큼 시간을 투자할 가치가 있을까? 기업을 더욱 건실히 세우거나 직원들을 다독이고, 앞으로 성장할 기회를 구상하거나 인수 계획을 검토하는 등 더 의미 있는 일을 하는 게 낫지 않을까?

막상 겪어보면 거기에 투자하는 30%의 시간이 즐겁지 않다는 것을 알게 된다. 당신의 기업이나 활동 분야를 잘 모르는 사람들, 경영 전략의 개념조차 모르는 사람들, 전략을 세우는 훈련을 받아본 적 없는 사람들, 아예 경영 전략에는 관심도 흥미도 없는 사람들에게 기업을 알려야 한다. 했던 말을 몇 번이고 반복하는 것이 얼마나 귀찮고 힘들며 머리 아픈 일인지 해본 사람만 안다.

자, 이것이 바로 상장 기업이 되기 위해 치러야 하는 비용이다. 이를 돈으로 환산할 수 있을까? 아마 불가능할 것 같다(환산할 수 있었다면 지금까지 이야기하지 않았을 리가 있겠는가?) 장담하건대, 대다수 CEO를 사석에서 만나면 상장 기업이 그리 좋아할 일은 아니라고 할 것이다(손으로 입을 가리고 살짝 귀띔할 기회가 있어야 한다). 이럴 줄 알았다면 주식시장에 발을 들여놓지 않았겠지만 이제 와서 그런 말이 다 무슨 소용이 있겠는가.

## '주주 가치 지향' —도대체 어디서 생겨난 말인가?

상장 기업의 CEO는 '주주 가치' 라는 말을 가장 많이 사용한다. 이것이 바로 상장 기업에 가장 중요하고 궁극적인 목표다. 그런데 '주주 가치 지향' 이라는 말은 어디에서 생겨난 말일까? 정답부터 말하자면 미국이다. 물론 영국도 일부 관련이 있다.

일단 '주주 가치 지향' 이라는 용어를 (다행히도) 아직 모르는 사람들을 위해 간단히 설명하자면, 상장 기업의 목표는 주주를 위해 기업의 가치를 최대화하는 것이다. 전통적으로 이러한 관점은 영미 사회에 뿌리를 두고 있다. 반면에 유럽의 다른 국가나 아시아에서는 공기업이 단지 주주의 이익만 우선시하는 것이 아니라 사회 전반을 고려해야 하므로 직원, 고객, 지역 공동체도 배려해야 한다는 견해를 고수한다(하지만 최근 20년간 '주주 가치 지향' 이라는 개념이 산불처럼 급속히 퍼져서 전혀 예상치 못한 독일이나 프랑스에서도 논의되고 있다. 혹시 산불을 비유로 든 것이 너무 과격한 느낌이 든다면 정중히 사과드린다).

현직 기업 임원이나 MBA 과정을 밟고 있는 학생들에게 "기업의 주된 책임은 누구에게 있습니까?"라고 질문하면 열에 아홉은 일말의 주저 없이 "주주에게 있지요."라고 말한다. 의심스러운 장기 마케팅 이론을 들먹이며 "기업은 고객 중심적인 태도를 지향해야 한다." 이므로 고객을 항상 우선시해야 한다는 소수 의견도 있다 (주주 가치를 얻으려면 고객을 우선시하는 것이 가장 좋은 방법이다).

그런데 왜 하필 주주일까? 기업의 일차적 수혜자는 왜 주주라고 단언할까? 어떤 사람들은 그런 질문 자체가 말도 안 된다며 불쾌한 표정을 짓는다. 감히 의혹을 제기하거나 (토론은 둘째 치고) 감히 머릿속에 떠올려서도 안 되는 신성한 진리라도 되는 건가?

오해는 없기 바란다. 주주에 초점을 맞추는 것이 옳지 않다는 뜻이 아니라 기업이 궁극적으로 (오로지) 주주 앞에서만 책임을 져야 한다는 생각은 '자연의 법칙'에 어긋난다는 것을 말하고 싶을 뿐이다. 이것은 일종의 선택사항이 아닐까? 비즈니스를 하려면 이것저것 선택해야 하는 것이 많다. 경영인이라면 기업의 궁극적인 목적이 주주인지 아닌지 주기적으로 고민해 봐야 할 것이다.

나의 옛 동료(이자 유명한 기업인인) 수만트라 고셜은 (평소처럼 술이

> 상장 기업의 목표는 주주를 위해 기업의 가치를 최대화하는 것이 '주주 가치 지향'이다. 전통적으로 이런 관점은 영미 사회에 뿌리를 두고 있다. 반면에 유럽의 다른 국가나 아시아에서는 공기업이 단지 주주의 이익만 우선시하는 것이 아니라 사회 전반을 고려해야 하므로 직원, 고객, 지역 공동체도 배려해야 한다는 견해를 고수한다.

거하게 취하면) 주주는 절대 기업의 소유주가 아니라고 주장할 것이다 (안타깝게도 그는 몇 년 전에 고인이 되었다. 혹시 내가 그의 견해를 잘못 알고 있다면 고인에게 머리 숙여 사죄드린다. 우리가 함께 대화를 나눌 때 수만트라만 술에 취한 것이 아니었기 때문에 내가 잘못 기억하는 것일지 모른다). 수만트라가 살아 있다면 이렇게 말할지 모른다. "당신이 개를 한 마리 키우는데 이 녀석이 어느 날 옆집에 들어가서 세간을 다 망쳐놨다고 가정해 봅시다. 그러면 개 주인인 당신이 피해 보상을 해야겠지요. 하지만 당신이 주주로 있는 정유 회사의 유조선 한 대가 파선하여 주변 환경에 10만 달러 규모의 피해를 야기한 경우는 조금 다릅니다. 당신은 실제로 보유한 주식만큼만 변상하면 됩니다. 그게 당신이 지불해야 할 최대비용입니다."

물론 법정에 가면 이 문제가 다르게 계산된다는 것은 수만트라도 잘 알 것이다. 그의 요지는 주주의 소유권이나 책임에는 일정한 한계가 있다는 점이다. 주주는 곧 투자자이며 배당금 등을 요구할 권리가 있다. 그러나 '소유주'라는 말은 어울리지 않는다. 그가 기업 전체에 대한 권리를 주장할 수 없기 때문이다. 수만트라는 직원에 대해서도 남다른 주장을 펼칠 것이다. 직원은 자신의 지적 자산, 충성, 아이디어, 특정 업무에 대한 기술, 자기계발을 위한 투자 등 회사를 위해 많은 것을 내놓아야 한다. 실제로 기업은 직원들에게 그런 '재능과 자산'을 얻어내기 위해 노력을 기울인다. 직원으로서 당신이 회사에 (돈이 아니라) 돈 이상의 가치와 아낌없는 노력을 바친다면 기업의 충성도와 우선순위를 따질 때 직원들을 함부로 배제해서는 안 될 것이다.

## 주주가 우선이라고 말할 수 있나

미국의 대표 기업인 사우스웨스트 항공의 창립자이자 전前 CEO인 허브 켈러허 Herb Kelleher는 "우리 회사는 직원을 가장 중시한다."라고 입버릇처럼 말했다.

대기업 CEO가 주주가 아니라 직원을 우선시한다는 말을 공개적으로 했다니 정말 놀라운 일이다. 단, 허브 켈러허는 이 말을 꼭 덧붙였다. "직원들이 행복해야 고객을 행복하게 할 수 있다. 우리 회사의 고객이 모두 행복하면 주주들도 행복해지지 않을 수 없다."

"아, 결국에는 다 똑같아지네요. 시간이 지나면 직원, 고객, 주주의 이익을 모두 배려한 결과가 되겠군요."라며 무릎을 치는 독자도 있을 것이다. 물론 장기적으로 보면 옳은 말이다. 지금 논점은 "누구를 우선시해야 하는가?"이며, 일단 지금 당장에는 '직원 지향'과 '주주 가치 지향'은 전혀 다른 결과를 낳는다.

사우스웨스트 항공은 허브 켈러허의 경영 신조를 그대로 실천했다. 일례로 회사는 직원들에게 완벽한 직업 안정성을 보장했다. 9 · 11 사건으로 전 세계 항공사들이 위기에 처했으며 결국 대규모 감원 정책을 실시했다. 그러나 사우스웨스트의 현 대표이자 COO인 콜린 바레트 Colleen Barrett는 이렇게 단언했다. "우리 회사는 지난 30년간 감원을 실시한 전례가 없으며 앞으로도 그럴 겁니다." (이에 직원들은 모두 한마음이 되어 '회사 사랑 실천' 운동을 펼쳤으며 그 일환으로 2001년 마지막 4분기에는 32시간 무급으로 근무했다.)

> 1971년 사우스웨스트 항공은 '자가용처럼 자주 출발하고, 매우 값이 싼 항공사'라는 기치를 걸고 출발했다. 식사와 불필요한 서비스 및 비싼 티켓 가격으로 비행기를 타지 않는 고객에 초점을 맞춘 새로운 개념의 항공사다. 비행기가 자주 출발할 수 있도록 변두리 공항을 이용하고, 비싼 식사나 라운지 등 고급서비스를 없앴다.

이와 대조적으로 US에어웨이US Airway 항공은 최고경영진 세 사람에게 3,500만 달러의 퇴직금을 지불했고, 직원 1만 2,000명을 해고했으며 은퇴하는 파일럿에게 5억 6,500만 달러를 지급하기로 약속했다. 잠시 CEO를 지낸 라케시 갠그워스Rakesh Gangwas는 (최고경영진에게 할당된 3,500만 달러 중에서 1,500만 달러를 차지했는데) 사임하기 며칠 전에 이렇게 선언했다. "9·11 테러로 항공사는 어쩔 수 없이 구조조정과 대규모 감원 정책을 선택한 것입니다."

US에어웨이 항공은 2003년에 결국 파산 신청을 했으나 사우스웨스트 항공은 1년 안에 안정을 되찾았다.

당장 보기에는 직원을 우선시하는 태도를 이해하기 어려워도 장기적으로 보면 매우 효과적이다. '주주가 좋다고' 회사가 발전하는 것은 아니다. 회사가 발전하려면 무엇보다도 직원들이 달라야 한다. 말과 행동으로 직원의 복지를 우선시하면 장기적으로 회사의 재정에 큰 도움이 된다.

충성, 신뢰, 가외의 노력 등은 쌍방이 함께 힘써야 하는 요소다. 나는 아무것도 주지 않으면서 상대방에게 그런 것을 요구할 수 없다. 기업과 직원도 마찬가지다.

## 자기밖에 모르는가, 아니면 공동체를 지향하는가

이제 기업의 본질 아니 인간의 본질을 한 번 이야기해 보자. 기업 내에서 서로 협조하는 이유, 인간으로서 우리에게 의욕을 주는 요소가 무엇인가와 관련이 있다. 비즈니스 세계에서 노동과 의욕에 관련된 인간의 본질적인 면이 제대로 연구되어 있는지 확실치 않다.

좀 더 자세히 설명해 보겠다. 경영진에게 회사를 더욱 활기차게 만들거나 고객 중심의 기업이 되려면, 아니 단지 수익이라도 올리려면 어떻게 해야 하는가 하고 물으면 그들은 항상 자신 있게 "인센티브를 주면 됩니다."라고 말한다. 직원들의 아이디어, 노력, 솔선하는 태도를 보상하겠다고 공언하면 행동이 완전히 달라진다는 식이다.

그러면 나는 또 이렇게 질문한다. "당신이 직원이라면 정해진 급여를 받으면서도 여전히 새로운 아이디어를 구상하고 열심히 일하며 고객들에게 최고의 서비스를 제공할 겁니까?" "물론이죠. 돈만 보고 회사에 다니는 것이 아니잖아요." 그러고는 자기 일에서 최고가 되거나 새로운 일을 먼저 제안하거나 고객들에게 최상의 서비스를 제공하면 정말 보람 있고 행복하다고 말한다.

그러면 왜 내가 아닌 다른 사람은 금전적인 인센티브를 제공해야 의욕이 생기고 그들을 자극할 수 있다고 생각할까? 경영진은 누가 시키지 않아도 기업의 성공을 위해 최선을 다해 일하지 않는가? 직원들은 뭐가 다르단 말인가?

자, 왜 다른 사람은 돈을 줘야만 열심히 일한다고 생각하게 되었을까? 지금과 같은 기업을 구성하는 방식이 어디에서 시작되었는지 생각해 보면 그 점을 이해할 수 있다. 우리 사회에서 기업 조직 방법의 출발점은 크게 두 가지로 나뉜다. 하나는 로마 군대(명령 체계에 의한 계급 구조 등이 여기에서 유래했다)이고 다른 하나는 경제 원리다.

경제 원리는 기업을 운영·통제하는 방식에 큰 영향력을 끼친다. 일례로 최고경영진에게 스톡 옵션을 인센티브로 제공하는 방안은 '대리인 이론'에서 시작된 것으로 미국 내 여러 경영대학원에서 이 이론을 가르치기 시작하자 덩달아 스톡 옵션 인센티브 제도가 급속히 확산되었다. 이 밖에도 경제 원리가 적용된 비즈니스 기법은 셀 수 없이 많다. 그런데 대리인 이론을 포함한 모든 경제 원리는 인간이 이성적 동물이며 자기 이익을 우선시한다는 가정에서 출발한다. 인간은 보상이 있어야 반응을 보이며, 직접적인 보상이 아예 없거나 아무도 지켜보지 않으면 금세 나태해지거나 흥미를 잃어버린다. 이 논리가 바로 인센티브 제도의 원동력이다. 아무것도 주지 않으면 아무것도 하지 않는다는 뜻이다.

나도 인간이 이성적인 동물로서 자기 이익을 중시하므로 돈이 효율적인 인센티브라는 점에 어느 정도 동의한다. 그러나 오랜 기간 진화하면서 형성된 인간 본성에는 또 다른 중요한 특징이 있다. 모든 인간은 공동체에 소속되기를 바라며 자신이 공동체에 어떤 방식으로든 기여하려는 열망이 있다.

인간은 특정 부족의 일원으로서 진화되었기 때문에 공동체 의식이 강하다. 이기적이고 꾀를 부리며 게으른 사람은 공동체에서 쫓겨나거나 죽을 정도로 몰매를 맞았다. 어떤 부족은 그런 사람을 죽인 다음 사체를 먹어버리기도 했다. 따라서 인간의 유전자는 이기적 성향보다 공동체 지향적인 성향이 훨씬 더 강하다. 개인적으로 직접적인 보상이 없어도 자기가 속한 공동체에 기여하는 일을 할 때면 누구나 강한 의욕을 보인다. 지금 우리가 속한 공동체는 과거의 부족을 상징하며, 비즈니스 세계에서는 기업을 의미한다.

관리자 또는 CEO가 직원들을 대할 때 이와 같이 근본적인 욕구를 충족시키면 기업 전체가 더욱 건실해질 것이다. 사람들은 자기가 다니는 회사에 일조를 하고, 기업 경쟁력을 강화하는 일에서 보람을 느낀다. 그러나 매번 금전적인 인센티브를 주지 않아도 된다. 인간 본성을 알면 인센티브 효과를 낼 수 있다.


## 캘커타 도심의 회사

나와 기업은 애증 관계라고 할 수 있다. 이제는 솔직히 인정할 수밖에 없다. 물론 기업은 매우 멋진 존재다. 개인이 혼자 힘으로 절대 만들 수 없는 것, 이를테면 항공기 제작, 심장수술, 고층건물 공사 등을 척척 해내지 않는가. 반면에 기업은 한심할 정도로 어리석은 면도 있다. 영국 도시가스공사는 100파운드 요금 고지서 때문에 28차례 독촉장을 보내고 법정관리인도 세 명이나 불러낸다. 옆집 미터기를 보고 잘못 부과한 요금이라는 증거를 아무리 보여줘도 막무가내다(이런 사례는 내가 마음대로 상상한 것이 아니라 실제로 우리 주변에서 일어나고 있다). 파이어스톤은 전 세계 기업들이 레이디얼 기술의 시대가 열렸다고 인정하는데 아직도 바이어스 타이어를 고집한다(심지어 파이어스톤 직원들도 레이디얼 기술이 대세라고 말한다). 아홀드는 입사한 지 며칠 안 된 새내기 직원마저 뭔가 불안하다는 것을 직감했는데도 기업 인수 전략을 계속 밀어붙였다.

무엇보다도 내가 대기업에 대해 가장 불만스러운 것은 허울만 좋지 회사 생활이 따분하고 지겹다는 점이다. (학력 좋고 일 욕심이 많은) 내 친구들도 그 점 때문에 월요일 아침이면 출근하기 싫다고 투덜댄다. 이는 기업이 보유한 자산 중에서 가장 가치 있고 잠재력이 풍부한 인력을 충분히 활용하지 못하고 있다는 증거다.

대기업 역시 더욱 활동적이고 효율적으로 변모할 필요성을 어느 정도 인식하고 있다. 그래서 직원들에게 각종 트레이닝 과정이나 교양 강좌를 마련해 준다. 함께 모래성을 쌓고 게임을 하거나 악기 연주와 사교댄스를 배우면 부서원들끼리 사이가 좋아져서 좀더 의욕적으로 일하며 창의성을 한층 발휘하리라 기대하는 것 같다.

이런 이야기가 나오면 수만트라 고셜에게 들은 일화가 생각난다. 그는 기업 간부들에게 매년 8월 아이들이 방학하면 직원들 가족을 데리고 고향인 캘커타에 가서 한 달쯤 보낼 거라는 말을 자주 했다.

하지만 캘커타 시내는 8월에 너무 무더워서 방에 누워 잠을 청하는 것 외에는 할 일이 없다. 반면 프랑스의 삼림 보호지역 한가운데 자리 잡은 퐁텐블로Fontainbleau는 봄에 가면 꽃 피는 모습을 구경할 수 있다(그는 인시아드 경영대학원에 재직하는 동안 그곳에 살았다고 한다). 그곳에 가면 휘파람이 절로 나오고 숲을 마음껏 누비고 다닐 수 있다. 아마 나뭇가지를 잡아보려고 폴짝거릴지도 모른다.

"대기업의 문제점은 말이죠, 기업 내에 한여름 캘커타 시내 같은 분위기를 만든다는 거죠. 그러고는 직원들에게 온갖 트레이닝을 시키면서 창의성을 계발하고 의욕을 돋우라고 말합니다. 문제의 핵심은 직원들이 아닌데 말입니다. 퐁텐블로의 봄날 같은 분위기를 만들어보세요. 그러면 경영진이 기대하는 의욕과 창의성이 절로 솟구칠 겁니다. 트레이닝 같은 것은 전혀 필요 없습니다. 가만히 두면 직원들이 알아서 달라질 겁니다."

수만트라는 경제이론에 나오는 인간의 어두운 본성과 그에 따라 기업을 설립·통제하는 방식을 인정하지 않았다. 그는 모든 인간이 열정적이고 창의적이 되기를 원하며 (기업을 포함하여) 자기가 속한 공동체의 복지에 기여하고자 노력하는 존재라고 생각했다. 하지만 지금 대기업을 보면 비관적인 (경제학) 이론에 따라 잘못된 방식을 고수하여 직원들의 사기를 제 손으로 꺾고 있다. 변해야 할 것은 직원 개인이 아니다. 기업의 구성 및 경영 방식이 달라져야 한다.


## 연봉의 차등화—팀의 실적 향상에 과연 도움이 될까

이제 추상적인 이야기는 그만하고 더 현실적인 이야기를 해보자.

우리의 생활과 가장 밀접한 문제는 바로 연봉이다. 자, 어떤 팀이 동일한 작업을 하는데 (축구 선수나 현악 4중주, 공학 기술자들처럼) 모든 팀원이 비슷한 역할을 수행한다면 연봉을 어떻게 줘야 할까? 동일한 금액을 지급하는 게 나을까 아니면 팀원들 간에 차등을 주는 것이 나을까? 이 질문을 제시하면 굉장히 열띤 토론이 벌어진다. 어떤 사람은 "똑같이 일했으니 똑같이 받게 해줘야 한다. 같은 팀인데 액수가 다르면 차별하는 거잖아요. 누구는 많이 받고 누구는 적게 받으면 팀원들이 서로 질투하고 미워하지 않겠어요?"라고 말한다. 그런가 하면 "그런 바보 같은 소리 말아요. 모두 동일한 금액을 받으면 누가 열심히 하려 하겠어요? 더 열심히 일하고, 팀 전체에 도움이 되는 사람에게 돈을 더 줘야 해요. 그러면 나머지 사람들도 다음에 더 열심히 할 겁니다."라고 말하는 사람도 있다.

누구 말이 옳은지 어떻게 알 수 있을까? 이 문제는 제대로 조사하기가 매우 어려워서 결정적이고 신뢰할 만한 결론을 기대할 수 없다. 팀에 속한 모든 사람이 각자 얼마를 받는지 정확히 알아야 하고 각자의 업무와 전체 팀의 실적에 더하여 유의미한 비교 대상이 될 만한 다른 팀을 많이 확보해야 한다. 말이야 쉽지 이런 조건을 모두 충족하기란 거의 불가능하다. 그런데 노트르담 대학의 매트 블룸Matt Bloom 교수가 도전장을 내밀었다. 연구의 신빙성을 확보하려면 동일한 작업을 수행하는 비슷한 팀을 다수 확보해야 하는데 매트 교수는 메이저리그 야구팀을 선택했다.

다소 특이한 발상이지만 좋은 아이디어다. 나는 개인적으로 야구를 잘 모르지만 아무튼 모두가 동일한 규칙에 따라 움직이며 각 팀의 규모도 일정하고 활동내용이 동일하므로 모든 조건에 부합했다. 그는 우선 29개 팀의 야구선수 1,644명에 대한 자료를 수집했다. 나는 하나도 모르는 말이지만 타율, 수비율, 방어율, 피칭 런pitching run(리그 평균을 0으로 놓았을 때 투수의 팀 기여도를 상대적으로 수치화한 것―옮긴이), 선수 등급 등을 정리했으며 각 팀의 출전 성적과 수익, 즉 승률과 수입 및 시즌 순위 등도 놓치지 않았다. 이렇게 해서 매트 교수는 각 팀의 실적과 각 선수의 실적을 비교할 수 있게 되었다.

마지막으로 그는 각 선수의 연봉을 조사했다. 〈USA 투데이〉에 모든 야구선수의 연봉과 인센티브가 공개된 것이 큰 도움이 되었다. 그런 다음 그는 '임금 격차', 즉 동일한 팀에 속하는 선수들 사이의 연봉차액을 나타내는 지표를 만들었다. 이것 덕분에 모든 선수에게 동일한 연봉을 지급하는 팀과 차등 지급하는 팀을 구분할 수 있었다.

모든 팀을 비교해 보니 선수들이 비슷한 연봉을 받는 팀일수록 팀의 성적이 좋았다. 반대로 연봉을 차등 지급하는 팀에서는 선수 개개인의 활동이 크게 저조했다. 특히 연봉을 가장 적게 받는 선수의 실적이 가장 형편없었다. 이 점은 별로 놀랄 일이 아니지만 비교적 연봉을 많이 받는 선수들, 즉 평균 이상의 연봉을 받는 선수들도 차등 지급 제도 때문에 부정적인 영향을 받는 것으로 드러났다.

그뿐 아니라 차등 지급 제도를 실시하는 팀은 다른 팀보다 승률이 현저히 낮았다. 차등 지급은 인센티브 역할을 하기는커녕 오히려 전반적인 사기를 꺾는 것이 분명했다. 남들보다 연봉을 많이 받는 선수들도 대대수가 인센티브 효과를 증명하지 못했고 결국 전체 팀의 성적은 하락세를 보였다.

## 2008년 금융 위기의 원인은 무엇인가

나는 2008년 금융 위기가 거시 경제의 문제이거나 부적절한 정부 규제와 감시체제의 실패, 최고경영진의 탐욕이 부른 재앙은 절대 아니라고 생각한다. 아마 수마트라도 내 의견에 적극적으로 동의할 것이다. 그 사건은 경영 구조의 실패를 단적으로 보여 주는 사례다. 다시 말해서 잘못된 방향으로 조직된 대기업에서 비롯된 직접적인 문제다.

2008년 금융 위기를 엔론의 파산이나 아홀드의 몰락, 1984년에 보팔에서 발생한 유니언카바이드 공장 폭발 사고와 비교해 보면 명확한 유사점을 찾을 수 있다. 지금까지 우리는 성공의 덫, 과잉개발, 터널시야, CEO와 애널리스트, 이사회의 얽히고설킨 관계, 무작정 모방하는 심리, 밴드웨건 효과 등을 알아보았다. 이런 요소는 모두 이카로스의 커다란 날개에 가려서 잘 드러나지 않는다.

금융 위기를 포함해서 지금까지 소개한 여러 사건에는 한 가지 중요한 원인이 있다. 그것은 바로 분업과 전문화다. 투자 은행의 경우 금융 전문가들이 주로 미국 부동산 시장에 뿌리를 두는 자산을 포함하는 금융 상품을 계속 출시했다. 그러나 그들은 미국 부동산 시장을 제대로 파악하지 못했다. 해당 상품을 홍보하거나 판매하는 직원들도 미국 부동산 시장의 실태나 상품의 성격 등을 잘 모르고 있었다. 부서를 거치거나 관리자 계급으로 올라갈수록 상품에 대한 이해가 희박해졌다. 그러니 최고 경영진도 자기들이 얼마나 큰 위험에 어느 정도로 노출되어 있는지 전혀 알 수 없었다.

그와 비슷하게 엔론의 관리자들은 자기와 거래하던 기업들이 무슨 생각을 하는지 파악하지 못했다. 아홀드 경영진은 전 세계 곳곳에 흩어져 있는 수많은 자회사를 제대로 챙기지 못하고 있었다. 유니언 카바이드의 경영진은 멀리 떨어진 보팔 시에 있는 공장이 어떻게 돌아가는지 관심조차 없었다. 이처럼 조직이 비대해지면 조직 전체의 의사소통이 원활하지 못하며 심지어 각 사업 부문 내에도 크고 작은 문제가 생긴다. 이는 과잉개발의 부작용으로 누가 우려를 표명해도 전혀 개의치 않으며 결국 기존의 통제 방식으로 운영할 수 있는 한계를 넘어가 버린다.

또 다른 실패 요인은 바로 성공에 우쭐한 나머지 편협한 시각으로 세상을 보는 태도다. 처음에는 기업이 소심하게 선택하지만 점차 담대해지다 보면 오히려 주변에서 우려하며 만류할 정도로 달라진다. 엔론, 아홀드, 유니언카바이드 모두 동일한 단계를 거쳤다는 점이 이미 입증되었다. 어쨌든 일이 서서히 자리를 잡고 본격적인 수익을 내기 시작하면 은행 위기의 경우에 그랬듯이 기업은 더 많은 도구를 활용하며 때로는 깜짝 놀랄 정도로 과감하게 행동하거나 높은 목표를 설정한다. 최고경영진의 운영 방식을 반대하거나 이의를 제기해도 철저히 무시되므로 나중에는 아무도 그런 말을 하지 않게 엔론은 1985년 휴스턴내추럴가스와 인터노스의 합병으로 탄생했으며, 미국과 유럽 거래 에너지의 20%를 담당하는 거대 기업으로 성장했다. 그러나 2001년 말, 수년간 차입에 의존한 무리한 신규사업으로 인해 막대한 손실을 입었고, 이를 감추기 위해 분식회계를 해왔음이 드러났다.

된다. 일례로 엔론과 아홀드는 기업의 경영 방식이 성공을 거둔 것에 너무 흥분한 나머지 경영 전략에 누군가가 의혹을 제기해도 전혀 귀를 기울이지 않았다. 그 결과 세 번째 문제가 발생한다. 그것은 바로 영향력 있는 무리를 형성하는 현상이다. 여러모로 성공을 거둔 방식을 따르지 않으면 용서받지 못할 사람으로 취급된다. 투자 은행의 경우, 주변 은행과 비슷한 참여도를 보이지 않는 은행이나 금융기업은 '융통성이 없으며 지나치게 보수적'이라는 비판을 받았다. 투자자, 애널리스트, 다른 주주들도 비판하는 무리에 가담했고 결국 감시 역할을 맡은 사람들과 기타 규제 기관은 진보와 혁신에 방해가 되니 그만 길을 비키라는 압력에 계속 시달려야 했다.

실제로 엔론은 현대적 경영 방식을 도입한 기업으로 크게 칭송받았으며 (엔론의 성공 덕분에 큰 수익을 얻은 투자 은행에 소속된) 애널리스트는 엔론이 무너지기 직전까지 주식을 '구입'할 것을 제안했다. 아홀드의 CEO 세에스 반 데르 호이벤은 회사가 급격히 무너지기 시작했는데도 곳곳에서 수상자 후보에 올랐다. 두 기업은 각계각층의 외부 인사들과 주주들의 기대 때문에 돌이킬 수 없는 방향으로 가고 말았다. 결국 은행은 강요에 못 이겨 서로의 잘못된 관행을 따라하다가 전부 낭떠러지 아래로 곤두박질 쳤고 세계 경제마저 구렁텅이로 몰아넣었다.

312

## 세 번째 죄악

이제 문제의 네 번째 원인을 살펴볼 차례가 되었다. 앞의 사건으로 인한 후폭풍이 몰아칠 때마다 사람들의 입에 어김없이 오르내렸던 말이 있다. 그것은 바로 탐욕이다. 가만히 보면 문제를 일으킨 경영인이나 기업은 상식적인 태도와 책임감마저 저버리고 눈앞에 보이는 금전적 이득을 챙겼다. 그런데 성서에서 말하는 세 번째 죄악인 허욕, 즉 탐욕은 실형을 선고받거나 사회적으로 매장된 소수의 CEO에게만 국한된 문제가 아니었다. 아홀드의 주주들도 처음에는 기업 간부들 못지않게 큰 수익을 받아갔다. 엔론의 몰락과 투자 은행의 경우, 투자자, 정치인 심지어 고객들도 초반의 횡재로 한몫을 챙겼던 것이 사실이다. 영국 국교회마저 금융 상품에 큰돈을 투자했다가 나중에 금융 위기가 몰아치자 세상 사람들에게 손가락질을 당했다.

그러나 탐욕이라는 요소는 단독으로 문제를 일으키지 않는다. 탐욕은 기업의 전체 체제에 배어들어서 문제를 낳는다. 거래업체는 돈을 더 버는 데 집중하도록 인센티브를 받으며 최고경영진은 만사를 제쳐놓고 주주들의 배를 불리는 일에 앞장서라는 압력을 받는다. 이 문제를 소홀히 하면 최고경영진은 가혹한 비판을 받게 된다. 또한 고객은 어디에서 어떻게 수익이 창출되는지 알아볼 필요 없이 무조건 자기에게 가장 유리한 상품을 고르면 된다고 생각한다.

다들 이런 식으로 행동하면 결국 위험 부담이 크고 단기 수익만 강조하는 분위기로 흘러가며 결국 돌이킬 수 없는 위험한 수위에 이른다. 그 단계에 이르면 어디를 둘러봐도 빠져나갈 길이 보이지 않는다. 피라미드 투자 구조처럼 모든 사람이 서로 얽혀 있으며 전체 구조가 무너져 내릴 때까지 일정한 수익을 얻지만, 무너져 내리는 순간에는 감당할 수 없는 피해와 고통을 겪는다. 2008년 금융 위기는 하나의 기업이 아니라 도미노가 쓰러지듯이 전 세계 금융 기관으로 퍼져 나갔다는 면에서 독특하다. 이들은 모두 믿기 어려울 정도로 비슷한 투자 전략을 구사하여 서로 밀접하게 연결되어 있었다.

이 점을 통해 우리는 경영의 구조적 문제야말로 모든 재앙의 근본 원인임을 알 수 있다. 이들 기업이 사용한 경영 체제는 패망으로 끌고 가는 소용돌이를 막을 힘이 없었다. 엔론, 아홀드, 1984년 유니언 카바이드 공장 폭발 사고, 2008년 금융 위기 등을 모두 분석해 보면 철저히 무너질 수밖에 없었다는 동일한 결론에 이르게 된다. 기업의 구조적 결함을 볼 때 요행을 기대하는 것은 불가능했다. 사실 그들은 모두 시한폭탄과 같았다.

규제를 더 강화하거나 양적 통제 수단 또는 금융 통제 수단을 더 강화한다 해도 이 문제를 해결할 가능성은 희박하며 앞으로 비슷한 사태를 막아 주리라고 기대할 수도 없다. 기업 전체는 물론이고, CEO에서 말단 사원 및 고객에 이르기까지 관련된 모든 개인이 양적 통제 수단이나 금융 통제 수단에 따라 움직이는 데 익숙해져 있다. 또한 그런 수단만이 바람직한 인센티브라고 생각한다. 그러나 오늘날의 비즈니스는 너무 복잡해서 한두 가지 규제나 금융 체제만으로는 통제할 수 없다.

그보다 기업은 공동체(기업도 공동체의 또 다른 이름이 될 수 있다)에 소속되기를 갈망하는 인간의 기본 욕구를 활용해야 한다. 인간은 이기적인 존재이기는 하지만 공동체의 이익을 위해 기꺼이 기여하려는 욕구도 있다. 하지만 증권가를 포함한 금융업계는 아직도 인센티브를 활용하여 일회성의 단기적인 성과를 얻으려 한다. 그 때문에 기업에 대한 충성심이나 공동체 의식은 각종 금전적 인센티브에 밀려나설 곳을 잃어간다. 공동체에 기여하려는 인간의 자연스러운 욕구를 억누르고 단발성의 금전적 인센티브만 내세우면 부작용이 생기기마련이다. 2008년 금융 위기가 바로 대표적인 증거다.

## 직원과 가족을 위한 배려

어떻게 하면 공동체 지향적인 기업을 만들 수 있을까? 딱 하나만 제안해 보라면 나는 '가족 복지 정책'을 추천할 것이다. 황당한 느낌이 들지 모른다. 인터넷 유아방, 출퇴근 시간 자유화, 가족 우선 배려 등의 가족 복지 정책은 언뜻 기업 운영과는 전혀 무관해 보이기 때문이다.

기업의 사활을 논하기도 바쁜 마당에 어느 기업이 그런 배부른 소리를 한단 말인가? 그게 그렇게 절박한 문제인가? 한 가지 장담하자면 고용 시장에서 높은 점수를 받을 수 있으므로 궁극적으로 회사 이익에 도움이 될 것이다. 주식시장에도 분명히 좋은 영향을 줄 수 있다.

얼마 전에 뉴멕시코 대학의 미셸 아서 Michelle Arthur 교수는 〈포춘〉이 선정하는 500대 기업을 대상으로 가족복지정책을 공표할 때 주가가 어떻게 달라지는지 조사했다. 그녀는 〈월 스트리트 저널〉을 참조하여 "IBM이 직원들을 위해 유아방 소개 서비스를 시작했다."라거나 "프록터앤갬블Procter & Gamble이 가족 친화 정책을 확대 시행하기로 했다."와 같은 뉴스가 보도될 때 해당 기업의 주가가 어떻게 되는지 주시했다. 이 방법은 통계학에서 '사건 연구'라고 한다. 이런 식으로 미셸 아더 교수는 총 231개 기업을 조사했다.

1980년대 초반에는 기업이 직원 복지를 배려하든 않든 주가에 아무런 변화가 없었다. 사실 그런 발표가 나면 오히려 주가가 아주 조금(0.35%) 떨어지는 경우도 있었다. 그러나 1990년대가 되자 상황이 크게 달라졌다. 기업이 직원가족의 복지에 관심을 보이면 주가는 즉시 반응을 보여 평균 0.48%가 상승했다. '그게 뭐 대수인가'라고 생각할지 모르지만 기업 규모가 50억 달러라면 하루아침에 기업 가치가 2,400달러나 올랐다는 뜻이 된다. 함부로 무시할 만한 금액이 아니다. 그렇지 않은가?

나는 투자 은행이 직원들에게 70시간 근무를 강요하거나 주 5일제를 적용하지 않고도 계속 정직원으로 일하게 해준다면 금융업계에서 독보적인 경쟁력을 갖게 될 것이라고 생각한다(가만히 따져보면 그리 어려운 일도 아니다). 하지만 독해야 살아남는다는 편견과 변화를 용납하지 않는 태도(이 두 가지 외에는 딱히 걸림돌이 없는 것 같다) 때문에 변화를 시도하기가 좀처럼 쉽지 않다. 미셸 아더 교수의 연구 결과를 적용해 보면 투자 은행은 아직도 1980년대 발상에 젖어 있다. 요즘은 주식 시장마저도 직원 가족의 복지 정책을 두 팔 벌려 환영하는데 말이다.

이제 정신 좀 차리고 새 시대에 발맞춰야 하지 않을까? 계속 고집을 피우면 주가가 하락할 테니 결국 자기에게 손해가 될 뿐이다. 그건 용기도 아니고 지혜도 아니고 아집일 뿐이다.

## 기업의 사회적 평판이 보험이 되는 시대

기업도 하나의 공동체라는 견해는 "기업이 선행을 하는가 또는 더 큰 공동체에 기여하는 바가 있는가?"라는 질문을 낳는다. "기업은 사회적 책임을 다하는 데 투자하는가 아니면 돈 버는 일에만 주력하는가?"라는 질문은 필연적이라 해도 과언이 아니며 각종 비즈니스 회의에서 끊임없이 논의되고 있다.

그러면 사람들은 주저 없이 "그 두 가지를 꼭 구분할 필요가 있을까요? 사회적 책임을 다하면 재정적으로도 더 나아질 텐데요."라고 말한다. 최근에도 사회적 책임과 수익 창출의 관련성을 밝히고자 225건 이상의 연구가 진행되었으나 안타깝게도 그들의 대답을 뒷받침할 증거는 거의 찾을 수 없었다.

사회적인 책임을 다하는 기업이 그런 태도 덕분에 돈을 벌 수 있다면 더없이 좋을 것이다. 그런 의미에서 나는 앞의 연구 결과가 아무런 증거를 찾지 못한 것을 '유감스럽게 여긴다.' 예를 들어 사회적으로 책임감 있는 기업이 실적도 우수한 경우가 많지만 어느 것이 원인이고 결과인지 거꾸로 생각할 때가 많다. 기업은 일정 수준 이상의 수익을 확보해야만 비로소 사회적 책임에 관심을 기울인다. 적자가 계속되면 사회적 책임을 수행하는 의무를 가장 먼저 저버리게 된다. 결론적으로 사회적인 책임을 수행하는 것은 기업의 수익 창출이나 증대에 도움이 되지 않는다. 오히려 수익이 높거나 안정되어야 사회적 책임에도 관심을 보이기 시작한다. 한 마디로 여유가 좀 생겨야 생각할 수 있는 배부른 행동이다.

그러나 긍정적으로 생각할 여지가 아직 남아 있다. 사회적으로 책임감 있는 기업이 될수록 수익이 떨어진다는 증거가 없기 때문이다. 그러니 비용이 크게 들지 않는 한 사회적 책임에 신경을 좀 쓰면 어떨까? 아동착취로 공장을 운영하는 생산업자와 거래하지 말고, 법적으로 문제가 없어도 유독성 폐기물을 버리지 말고 재활용하려고 노력하며, 지역 공동체나 직원 가족들의 복지에 투자할 수 있다. 아마 그렇게 하려면 비용이 좀 들 수 있다. 그래도 이런 친절과 호의를 베풀면 고객들에게 좋은 이미지를 심어 줄 수 있고 환경을 중시하는 투자자들에게 점수를 딸 수 있다. 이런 장점은 투자한 비용을 모두 상쇄해 준다. 칭찬도 듣고 이점도 있으니 호의를 아낄 필요가 전혀 없지 않은가? 그래도 이왕이면 사회적 책임에 민감한 기업이 수익 면에서도 유리하다는 증거 자료가 있으면 훨씬 설득력이 있다.

브리검 영 대학Bringham Young University과 노스캐롤라이나 대학의 폴 가드프리Paul Godfrey, 크레이그 메릴Craig Merrill, 재러드 한센Jared Hansen 교수는 사회적 책임을 실천하는 기업이 수익 면에서도 더 유리할 수 있다는 가능성을 두고 흥미로운 연구를 했다. 그들은 여러 종류의 기업을 대상으로 사회적 기여도와 수익 실적을 조사하되 특히 불행한 사건을 당하거나 문제가 직면한 기업에 초점을 맞추었다. 고객에게 소송을 당하거나 정부 기관에서 벌금이나 영업정지 처분을 받은 기업이 여기에 포함되었다. 그들의 목표는 이런 일이 주가가 어떤 영향을 미치는지 분석하는 것이었다. 흥미롭게도 사건 보도가 나간 후에 주가가 폭락한 정도는 해당 기업의 사회적 책임에 크게 좌우되었다.

평소에 사회적 책임에 무관심한 기업은 안 좋은 사건이 발생하자 주가가 순식간에 폭락했다. 그러나 사회 봉사에 참여하여 좋은 평판을 유지한 기업은 주가에 큰 타격을 입지 않았다. 연구팀은 사회적 책임에 대한 평판은 기업에 일종의 보험과 같다고 결론지었다. 이런 기업이 사고를 내거나 문제를 일으켜도 투자자들은 그저 실수일 뿐이니 다음에는 잘하리라고 생각하며, 뭔가 근본적으로 심각한 문제가 있는 건 아닌지 의심하지 않는다. 그러나 평소에 자기 잇속만 챙기는 밉상스런 존재였다면 주식시장과 외부관계자들은 바로 등을 돌릴 것이다. 주가가 하루아침에 바닥을 치는 것도 놀랄 일이 아니다.

이처럼 평소에 잘하면 어려울 때 빠져나갈 구멍이 생긴다. 평소에 사회적 책임을 수행하는 데 지출한 비용은 그 기업이 비틀거릴 때 비로소 그 가치를 발휘하며 종국에는 수익이 되어 돌아온다.

## 배려하는 기업

기업이 잘 모르는 세 가지 요소를 정리해 보면 공동체와 환경을 배려하는 태도, 주주 가치 지향, 그리고 인수 방어 메커니즘이다. 얼핏 보기에는 전혀 상관이 없는 것 같다. 하지만 알고 보면 세 가지 요소는 서로 연관성이 있다. 그 이유를 한 번 알아보자.

만약 기업이 (포이즌 필을 비롯하여) 각종 인수 방어 메커니즘을 가동한다면 사람들은 뭐라고 할까? 우선 주주들은 하나로 똘똘 뭉쳐서 '반대' 할 것이다. 외부의 기업인수 압력이 있어야 CEO가 한눈을 팔지 않고 주주의 가치를 최대화하는 데 주력한다고 생각하기 때문이다. 그들은 외부 압력이 사라지면 CEO가 쓸데없는 짓을 하느라 주주의 이익 따위는 안중에도 없을 거라고 주장한다.

하지만 내가 보기에 그들의 주장은 전혀 근거가 없다. 아마 그들이 말하는 쓸데없는 짓에는 자연환경이나 지역 공동체를 돌보는 일도 포함될 것이다. 기업이 그런 일에 관심을 보이면 일반 대중이야 좋겠지만 과연 주주들도 좋아할지 의문스럽다. 친절과 호의를 보이려면 아무래도 기업의 주머니에서 현금이 나가기 때문이다.

미시간 대학의 알렉산드라 칵퍼치크Aleksandra Kacperczyk 연구원은 이 문제에 현명하게 접근했다. 그녀는 1991년부터 2002년까지 델라웨어에 있는 878개의 상장 기업을 연구했다. 1990년대 중반, 델라웨어주에서는 법정 소송이 연달아 발생하여 갑자기 과격한 기업인수를 시도하는 횟수가 현저히 줄어들었다. 상황이 이렇게 되자 델라웨어

주의 기업들은 공동체와 자연환경에 관심을 보이기 시작했다. 환경을 염려해 봤자 돈만 들고 얻을 것이 없다며 다른 기업이 눈치를 주거나 위협을 가하는 일이 현저히 줄어든 덕분이었다.

그러면 주주들은 어떤 반응을 보였을까? 법원 판결을 환영했을 리 만무하다. 이제는 기업이 환경 보호나 사회 환원 등 쓸데없는 짓에 아까운 돈을 써도 막을 방법이 없었다. 주주들의 주장대로 환경보호와 사회 환원 등에 돈을 투자하는 것은 무의미한 짓일까? 절대 그렇지 않다.

그 연구 결과는 소위 '쓸데없는' 짓에 참여한 기업의 주가가 어떻게 달라졌는지 보여준다. 시간이 지나자 주가는 상승세를 기록했다! 비이기적인 활동에 참여하자 오히려 기업의 주가가 지속적으로 오름세를 보인 것이다. 이렇게 되자 처음에 반대했던 주주들도 이익을 얻었다.

그야말로 전형적인 윈윈전략인 셈이다. 강압적으로 기업을 인수해 버리겠다는 위협이 사라지자 많은 기업이 공동체를 배려하고 환경 보호에 앞장섰다. 시간이 지나자 그러한 변화는 기업의 수익에 기여하게 되었다. 그러나 한 가지 아쉬운 점도 발견되었다.

알렉산드라는 강압적인 기업 인수의 위협에서 벗어난 CEO의 연봉이 어떻게 달라졌는지 알아보았다. 이 점은 처음부터 연구하려던 것이 아니라 어느 순간에 번뜩 떠오른 것이었다. 놀랍게도 CEO의 연봉 역시 상승세를 보였다. 외부의 압력이 사라지자 공동체에 기여할 마음만 생긴 것이 아니라 자기 주머니를 두둑하게 할 마음도 커진 모양이다. 다른 사람만 배려한 것이 아니라 자기 자신도 알뜰히 챙긴 것이 분명하다.

솔직히 독자들이 내 책을 선택한 이유를 나는 알 수 없다. 사실 이 책을 다 읽었는지도 모르겠다. 이상하게도 책을 사서 볼 때 첫 페이지가 아니라 결론부터 읽는 사람이 많기 때문이다. 하지만 당신이 이 책을 처음부터 성실하게 읽었다면 분명히 마음에 들 것이다.

사실 마음에 들지 않으면 끝까지 읽지도 않을 것이다(우리 가족도 잘 읽어보지 않는데 내가 쓴 책이라고 졸음을 참아가며 끝까지 읽을 사람이 어디 있겠는가?). 이것이 바로 '선택적 편견'이다! 또 다른 이유도 있다. 아마 다른 경로로 내 글을 접해본 독자들이 추천해서 이 책을 읽은 사람도 있을 것이다.

처음에는 좋은 생각이 날 때마다 일단 블로그에 올려두었다. 뭐 그리 대단한 일은 아니다. 무료 소프트웨어로 간단하게 만들어서 사람들에게 많이 알려지지 않았다. 그런데 나중에 글감을 정리하고 책 집필을 위해 블로그에 들어갔더니 방문자 수가 엄청 올라가 있었다. 댓

글도 많고 이메일도 많이 받았다. 게다가 〈파이낸셜 타임스〉 〈비즈니스 위크〉 〈워싱턴 포스트〉 〈시애틀 타임스〉 〈하버드 비즈니스 리뷰〉 등 내로라하는 잡지사에서 내 블로그의 글을 인용하기 시작했다.

처음에는 나도 어리둥절했다. 그러나 어느 독자가 보내준 글을 읽고 조금 이해할 수 있었다. 그는 이렇게 썼다. "사람들이 전혀 관심을 보이지 않거나 분석하지 않은 주제를 새롭고 독특한 방식으로 분석하셨군요. 평소에 잘 이야기하지 않는 비즈니스의 이면을 보았습니다." 그제야 나도 사람들의 반응을 이해할 수 있었다. '내 글을 읽으면 벌거벗은 임금님을 직접 만난 느낌을 받는구나. 그래서 내 글을 좋아하는 거야.'

독자들의 표현을 빌리자면 이런 식이다. "길 한복판에 실오라기 하나 걸치지 않고 왕관만 쓴 남자를 발견한 것 같아. (이유를 설명하기는 어렵지만) 꽤 재미있는 걸."

안데르센의 유명한 동화를 다들 잘 알 것이다. 방직공을 자칭한 사기꾼 두 명이 이렇게 호언장담했다. "이 세상에서 가장 멋진 옷감을 짤 수 있습니다. 색깔과 무늬가 얼마나 곱고 세련되었는지 몰라요. 그런데 이 천으로 옷을 지어 입으면 놀라운 일이 벌어집니다. 아주 멍청하거나 자기에게 어울리지 않는 자리에 있는 사람에게는 그 옷이 보이지 않는답니다."

두 사람은 말솜씨가 어찌나 좋았는지 결국 임금님을 설득해서 다음 행차 때 입을 옷을 만들라는 명령을 받았다. 옷이 완성될 무렵 임금님은 가장 신뢰하는 고문인 나이 많은 신하를 그 두 사람에게 보냈다. "순진한 신하는 두 사기꾼이 일하던 방 안으로 들어왔다. 베틀에는 아무것도 걸려 있지 않았다. 신하는 두 눈을 더 크게 뜨고 다시 보았다. '하느님, 제발 보이게 해주십시오.' 라는 기도가 절로 나왔다. 그렇지만, 신하는 아무 말도 하지 않았다."

다른 신하들도 다녀갔지만 그 누구도 옷이 안 보인다는 말을 하지 않았다. 임금님은 마침내 새 옷을 차려입고 마차의 차양을 높이 세운 채 행차에 나섰다. 거리의 행인들과 창밖을 내다보던 사람들은 하나같이 "임금님의 새 옷이 정말 멋지지 않아? 어쩌면 저렇게 잘 어울리지? 정말 화려한 행렬이야."라고 입을 모았다. 다들 자기가 신분에 맞지 않는 사람이라고 비웃음을 당할까 봐 또는 바보로 찍힐까 봐 두려워 아무것도 보이지 않는다는 말을 입 밖에 내지 못했다. 지금까지 왕이 행차에서 입었던 그 어느 옷과도 비교할 수 없을 정도로 많은 찬사가 쏟아졌다.

바로 그때 한 꼬마 아이가 "임금님이 벌거벗었다!"라고 소리쳤다.

아이가 이 말을 하자 사람들은 어색한 미소를 지었다. 하지만 금세 서로 귓속말을 주고받더니 분위기가 완전히 달라졌고 곧 어른 아이 할 것 없이 모두 "임금님이 벌거벗었다!"라고 소리치며 박장대소했다.

## 벌거벗은 것이 나쁘다는 뜻이 아니다

이 책의 목적은 "임금님이 벌거벗었다!"라고 소리친 어린 아이를 본

받는 것이다. 비즈니스 세계에도 벌거벗은 임금님처럼 실속 없이 허세를 부리는 사례가 많다. 합리적이고 체계적이며 문제가 전혀 없다고 말하지만 사실은 그렇지 않을 때가 있다. 약간 눈치를 채는 사람도 있지만 의외로 다수가 '바보라고 손가락질 받거나 현재의 지위를 잃을까 봐 두려워서' 아무 말도 하지 못한다.

내가 쓴 글을 읽으면서 빙그레 웃는 사람들이 꽤 있다. 자랑이 아니라 실제로 그렇다. "맞는 말이야. 벌거벗은 임금님이 따로 없군.…"하고 동의하는 사람이 한두 명이 아니다. 그럴 때면 속이 시원하다. 뜻을 같이하는 사람들도 있다. "벌거벗은 임금님의 실체를 아는 사람들의 모임"이랄까? 다른 사람들에게도 임금님이 벌거벗었다고 말해줄까? 글쎄, 그 문제는 그 사람들이 알아서 하게 내버려두자. 여하튼 그 말을 하는 순간 속이 뻥 뚫릴 것이다. "난 바보가 아니야! 내가 아니라 이 세상이 이상한 거라고."

여기서 한 가지 기억할 점이 있다. 임금님이 벌거벗은 것 자체는 나쁜 일이 아니다(그 꼴로 왕관을 쓰고 있으니 우스꽝스러운 것뿐이다). 비즈니스 세계는 벌거벗은 임금님처럼 보이긴 하지만 돌아가는 데는 아무 문제가 없다. 어수룩한 짓도 하고 때로는 밑 빠진 독에 물을 쏟아붓기도 하지만 결국 우리도 그곳에 몸담고 있으니 모두 벌거벗은 것이나 다름없다. 추워지면 누가 시키지 않아도 옷을 입으려 할 것이다.

분명히 어떤 부분은 지금 그대로 두어서는 안 된다. 최근 몇 년간 지켜본 바로는 한때 주식시장의 사랑을 한몸에 받고 각종 경영 서적과 세미나 주제로 주목받던 기업이 불과 한두 해 사이에 악덕 기업으로 손가락질을 받는다. 옥석을 가리는 것은 누구에게나 어려운 일이다. 어떤 책이나 세미나에서 추천하는 경영 기법이 정말 효과적이고 합리적인지 어떻게 장담할 수 있는가? 내일이면 엔론, 리먼, 월드콤처럼 무너질 기업을 따라하는 것은 혹시 아닐까? 누구의 말을 믿어야 한단 말인가? 오늘 사람들이 옳다고 한 말이 내일이면 잘못된 경영 이론의 대표 사례가 될지 누가 알겠는가?

사정이 이렇다 보니 사람들이 내 책을 더 좋아하게 되는 것 같다. 사실 출판사 편집장이 이런 말을 하면 사람들이 책을 덮어버릴지 모른다고 절대 입 밖에 내지 말라고 했지만, 어차피 책의 마무리 단계이니 괜찮을 것 같다. 이 책은 세계적으로 내로라하는 경영대학원의 권위 있는 교수들이 연구한 자료를 철저히 분석했다. 저자의 개인적인 생각이나 추측성 발언은 전혀 없다고 보증할 수 있다. 이렇게 하면 경쟁 기업을 누를 수 있다든가 저렇게 하면 시장이 침체기일 때도 떼돈을 벌 수 있다거나 단숨에 회사를 크게 키울 수 있다는 비법 따위는 논하지 않을 것이다. 아, 오해는 없길 바란다. 시중에 나와 있는 책은 주로 개인적 견해에 치중하지만, 그중 재미있고 참신하며 합리적인 것도 있다. 그러나 나는 개인적으로 주관적 의견보다 객관적 사실을 더 좋아한다. 따지고 보면 성공 비결을 아는 사람이 이 세상에 몇 명이나 되겠는가? 이렇게 생각하는 사람은 나 혼자가 아닐 것이다.

물론 이 책에도 나의 사견이 어느 정도 들어 있다는 점을 부인할 수 없다. 모든 내용이 구체적인 연구와 분석을 통해 입증된 사실이긴 하지만 그중에서 어느 것을 선택하는가는 내가 결정한 사항이다. 경영대학원에서 가르치는 내용이나 경영 이론의 대가들의 말도 때로는 혼란을 부추길 수 있다. … 그들이 내놓은 연구 결과도 옥석을 가려야 한다.

이 책에는 내가 판단하기에 중요하거나 참신한 내용을 소개했다. 이 책이 독자의 왕관이 되길 기대해 보며 왕관을 쓴 멋진 모습을 보여 주기 바란다(단, 벌거벗은 임금님처럼 왕관만 쓰고 다니면 안 된다)!

# 비즈니스의 거짓말

지은이  프릭 버뮬렌
옮긴이  정윤미
펴낸이  김병은
펴낸곳  프롬북스

등록  제313-2007-000021호(2007.2.1.)
1판 1쇄 인쇄 2011년 8월 17일
1판 1쇄 발행 2011년 8월 24일

주소  경기도 고양시 일산동구 장항동 867 웨스턴타워 1동 717호
문의  031-931-5990
팩스  031-931-5992
홈페이지  www.frombooks.co.kr
전자우편  edit@frombooks.co.kr

ISBN  978-89-93734-14-0  13320
정가  15,000원